[제6판]

사회복지법제와 실천

홍봉수
길태영 · 민복기 · 박영애 · 이혜경 · 최용희

KNOWLEDGE COMMUNITY 공동체

머 / 리 / 말

시민사회의 발전은 복지국가라는 최대의 성과물을 지구상에 구축하였다. 또한 이러한 복지국가는 이념적 배경과 법의 지지를 바탕으로 수립되고 성장한다. 법은 이념을 구체화하는 최고의 수단 중 하나이다. 즉, 시대와 이념의 궁극적인 반영물인 것이다.

현재 우리나라의 사회복지는 태동기와 성장기를 지나 성숙기에 접어들었다. 하지만 급변하는 사회복지환경은 사회복지법체계에서의 계속적인 성찰과 반성을 필요로 하며, 이러한 시대 조류에 편승하여 사회복지법체계도 양과 질에서 엄청난 발전을 이루었다. 이러한 변화는 크게 두 가지 방향에서 두드러지게 나타나고 있다.

첫째, 저출산 · 고령화 시대를 맞이하여 법체계에서도 출산율을 높이고 자녀양육에 필요한 제도를 강구하고 있다. 한국사회의 지속 가능한 성장과 고령화 시대를 대비하는 유일한 해결책이 출산율을 높이는 것이기 때문이다. 사회 전체가 저출산 정책을 추진할 만큼 자녀 출산지원과 보육지원, 그리고 교육지원까지 사회복지법체계를 초월하여 지원책 마련에 노력하고 있다. 하지만 이러한 지원책은 사회 내에서 개인의 욕구수요를 충분히 반영하지 못하고 있다. 그러나 지속적인 관심과 법체계의 개선은 향후 가시적인 성과로 나타날 것이라고 믿어 의심치 않는다.

둘째, 고령화 사회는 노인 실업문제와 함께 다양한 복지서비스를 요구하게 되어 젊은층의 재정부담이 증가하게 되었다. 따라서 고령층 · 신중년층을 사회자원으로 육성하고 활용할 수 있는 방안을 마련하고, 이러한 시대적 상황을 반영하여 고령자와 퇴직자를 위한 사회복지법체계의 방안 마련이 필요하다. 최근에는 공적연금 개선을 통해 노후 소득보장 강화, 노인일자리 확충 및 공익활동비 인상 등 소득지원과 사회참여에 적극 지원을 하고 있다. 향후 노후생활 유지뿐만 아니라 이들의 잠재적인 역량을 이끌어 내는 방안도 법체계에서 마련되어야 할 방안이다.

본 교재에서는 이러한 사회적 환경변화와 시대적 조류에 대한 해답과 이해를 돕기 위해 사회복지 현장에서의 강의와 경험을 토대로 전체 12장으로 구성하였다. 이 교재의 구성을 각 장별로 살펴보면,

제1장은 사회복지법제의 기초이론과 헌법의 전문, 사회복지 관련 헌법 조문과 헌법 개정절차 등에 대하여 살펴보았고,

제2장은 사회복지법이 발전하게 된 원인을 기술하고, 외국 및 우리나라의 사회복지법 역사에 대해 설명하였다.

제3장은 한국의 정부수립 이전 · 이후의 사회복지입법과 시대적 배경에 대하여 기술하였고,

제4장은 사회복지법의 체계와 권리성, 사회복지법과 타법과의 관계, 사회보장수급권에 대해 설명하였다.

제5장은 사회복지법과 국제법의 관계와 사회복지와 관련된 국제협약 등에 대해 알아보았고,

제6장은 사회복지사의 자격관리 및 권한 등과 사회복지사의 처우향상과 권리와 의무에 대해 설명하였다.

제7장은 사회보장기본법의 출현 연혁 및 의의와 사회보장제도의 운영에 관하여 알아보았고,

제8장은 사회복지사업법과 영유아, 아동, 청소년, 노인을 위한 관련법을 순서대로 설명하였다.

제9장은 5대 사회보험법으로 산업재해보상보험법, 국민연금법, 고용보험법, 국민건강보험법, 노인장기요양보험법에 대해 살펴보았고,

제10장은 5대 공공부조법으로 국민기초생활보장법, 의료급여법, 긴급복지지원법, 장애인연금법, 기초연금법에 관하여 기술하였다.

제11장은 건강가정기본법, 자원봉사활동기본법, 저출산 · 고령사회기본법, 고

용상 연령차별금지 및 고령자고용촉진에 관한 법률 등에 관하여 실용적인 방안을 연구하였고,

제12장은 법률제정과 시행령 및 시행규칙의 입법과정, 조례와 규칙의 제정과정 그리고 불문법에 관하여 기술하였다.

또한 각 장별로 끝 부분에 'Key point(요점정리)'로 내용이 어려운 사회복지법제 용어를 보다 쉽게 이해할 수 있는 방안을 강구하였고, 사회복지 현장에서 필요한 생활상식을 이해하기 쉽게 비교 설명하였다.

아울러 본 교재의 끝 부분에 부록으로 주요 공소시효와 소멸시효를 요약하였다. 이는 시효가 도과(경과)되어 권리구제에 있어서 불이익이 발생하는 상황을 방지하기 위하여 정리하였다.

그리고 2010년, 2011년, 2015년, 2018년, 2019년 발간한 홍봉수(공저)의 사회복지법제론을 토대로 저술하였다.

이 책은 사회복지를 공부하고 있는 학생, 이와 관련된 연구자분들께 도움이 되고자 노력하였다. 출판을 앞두고 다소 부족하고 아쉬운 점이 많지만, 향후 기탄없는 비판과 질책을 겸허히 수용하여 보다 좋은 교재로 거듭날 것을 약속드린다.

출간을 결정하신 도서출판 공동체의 김동훈 사장님과 편집을 위해 수고해 주신 임직원 여러분들께 깊은 감사를 드린다.

끝으로 여러분들이 이 교재를 통하여 연구하는 과정에서 조금이나마 도움이 되어 큰 결실을 얻기를 바란다.

2026년 1월

대표저자 홍 봉 수

차 / 례

01

CHAPTER

사회복지법의 기초

제1절 법의 기초 이해

제2절 사회복지법의 의미와 역할

제3절 관련 헌법 이해

CHAPTER 01

사회복지법의 기초

제1절 법의 기초 이해

1. 법의 형성

우리는 사회 구성원의 한 사람으로 태어나 공동사회의 환경 속에서 상호작용을 연속하면서 규범과 가치를 공유하며 살아가게 된다.

또한 변화하는 현대 사회에서 각자 자신을 위한 생활방식이나 목표가 다를 수 있으므로 평온하고 질서 있는 공동생활을 위해서는 개인과 개인 또는 개인과 공동체와의 관계를 규율하는 규범이 필요하다.

규범이 없으면 권력이나 재화를 가진 사람들의 권리 남용으로 사회적 약자는 자유와 권리를 침해당할 수 있으며, 또한 사회 구성원 간의 신뢰가 무너지고 혼란한 사회가 야기될 수도 있다.

따라서 사람들이 지켜야 할 규칙과 공동생활의 기준이 필요하며, 이러한 기준으로서의 규범은 반드시 필요하다고 할 수 있다.

또한 인간이 사회를 구성하면서 만들어진 태생적 규범에 대한 이해가 선행되어야 한다. 이 규범을 사회규범이라고 하는데 여기에는 법외에 사회생활의 준칙이라고 할 수 있는 윤리 · 도덕 · 관습 · 종교 등의 가치가 포함된다. 그중에서도 법은 사회적 합의에 의해 반드시 지켜져야 하는 강제와 처벌의 영역으로서 강력한 준수기준을 가졌다고 할 수 있다.

이처럼 법의 형성은 모든 사람의 자유와 권리를 보장하기 위해서, 또는 사람들 사이에서 발생하는 분쟁 해결의 기능을 수행함으로써 정의로운 사회를 만들기 위해서 제정되었다고 할 수 있다.

2. 법의 원칙

1) 공공복리의 원칙

공공복리의 원칙이란 개인에게 보장된 권리라도 공익을 목적으로 개인의 권리를 제한할 수 있다는 것을 말한다.

현대사회에서는 개인이나 사적 영역의 문제가 사회적 문제로 인식되면서 사익과 공익 간의 충돌이 발생한다. 따라서 현대국가에서의 권리는 상대성과 공공성의 요청을 수용하였고, 이를 통해 자유로운 권리행사에 대한 제한이 이루어졌다. 그러나 제한하는 경우에도 본질적인 내용은 침해할 수 없다는 한계가 있다.

또한 권리는 그 행사에 있어서 관련되는 사익과 공익 간의 합리적 조화를 위하여 적극적인 제도적 장치로서의 사회적 책임성도 강화되고 있다.

우리나라 헌법 제23조 제1항에서는 "모든 국민의 재산권은 보장된다. 그 내용과 한계는 법률로 정한다."라고 정의하고, 동조 제2항에서는 "재산권의 행사는 공공복리에 적합하도록 하여야 한다."라고 되어 있다. 이는 사유재산권 행사에서도 공공복리가 우선할 수 있다는 의미로 해석할 수 있다.

2) 신의성실의 원칙

신의성실의 원칙이란 개인의 권리행사는 신의에 어긋나지 않도록 상대방에 대하여 성실하게 행하여야 한다는 것을 말한다. 신의성실의 원칙은 공공복리의 원칙과 더불어 권리행사에 있어 권리주체에 대한 사회적 의무·사회적 책임을 강조하는 것이다.

신의성실의 원칙은 일련의 행동원칙으로 선언되지만 법률행위의 해석기준이 될 수 있고, 당사자 간의 권리와 의무관계를 결정하는 기준이 될 수도 있다. 또한 성문법이 예정한 범위를 넘는 사회적 관계에서 나타나는 규범관계를 구체화하는 기능도 한다.

따라서 모든 사람들은 공동생활 속의 일원으로서 상대방의 신의에 반하지 않도록 합리적으로 행동하여야 하며, 권리자가 신의성실의 원칙에 어긋나게 권리를 행사한 때에는 그 행위는 사회질서에 반하는 것으로 되어 무효가 되거나 권리남용이 된다.

신의성실의 구체적인 내용은 때와 장소에 따라 변화하는 것으로 결국 그 사회의 상식이나 일반통념에 따라 결정되기도 한다.

3. 법의 해석과 효력

1) 법의 해석

법의 해석이란 법규가 가지는 의미나 내용을 명백히 확정하는 논리적 과정이다. 법은 본래 현실의 다양한 사회현상을 개념화한 것으로 일반성과 추상성을 갖는다.

이와 같이 법규란 복잡하고 유동적인 사회현상을 미리 예견하여 완벽하게 규정할 수 없기 때문에 사회 변화에 탄력적으로 적응하기가 어렵다. 따라서 일반적이고 추상적인 법률의 내용을 구체적인 사건에 적용하기 위해서는 법의 해석이 필요하다.

또한 해당 법률이 없을 때에는 법률과 법률사실에 공백이 발생하게 되는데 이런 경우에도 구체적 법률분쟁이 발생할 수 있다. 이때 법 해석자는 관련되는 법을 찾아 구체적 사실에 적용시키도록 역할을 하여야 한다.

이처럼 법은 완전무결하다기보다는 입법기술상의 한계, 법의 불완전성, 법의 부존재 등에 따른 문제가 상존하고 있어 법을 적용하기 위해서는 반드시 법의 해석이 필요하다.

2) 법의 효력

법의 효력이란 법 규범을 현실적으로 사회에 실현하게 하는 힘을 말한다.

즉, 법이 법으로서 현실화되었을 때 사람은 그 법이 규정하는 범위에 한해서 사회생활을 요구받게 된다.

따라서 법 규범이란 그것이 실현되든 안 되든 관계없이 '법은 준수되어야 한다.'는 것이다. 악법도 법이라는 소크라테스(Socrates)의 일화 역시 악법도 법으로 인정하겠다는 것이 아니라 이미 지키기로 합의한 사회적 합의를 중시해야 한다는 의미로 봐야 할 것이다.

이와 같이 법이 실현되어야 한다는 당위성의 요구를 법의 타당성이라고 한다. 이것은 법이 구속력을 행사할 수 있는 정당성을 갖게 하는 법의 가치로서 정의에 위배되는 법은 타당성을 잃게 된다는 것이다.

법의 실효성이란 법이 생활 속에서 규범력을 가질 수 있는 힘을 의미하는 것으로 법이 강제규범으로서 국가권력에 의하여 그 실현을 보장받아 강행되는 것을 말한다.

따라서 법이 본연의 효력을 발생하려면 법이 규범으로서의 타당성과 실효성을 동시에 갖춰야 하므로 이 둘은 법의 필수적인 요소로서 불가분의 관계라고 할 수 있다.

4. 권리와 의무

1) 권 리

권리는 법익을 누리기 위하여 법이 허용하는 힘으로 반드시 의무를 포함한다. 권리란 권리의무를 말하는 것이다. 따라서 권리란 일반적으로 공적 및 사적 법률관계에 있어 특정한 이익을 목적으로 특정인에게 부여된 법률상의 힘을 말한다.

대부분의 경우에는 실정법을 전제로 하지만 보편적 정의의 관념에서 실정법이 아닌 자연법을 근거로 인정되는 권리도 있다. 예를 들면, 저항권은 헌법에 명시된 규정은 없지만 자연법적 성격의 기본권으로서 우리 헌법에서 보장한다고 할 수 있다.

권리의 행사는 자유롭게 할 수 있으며 원칙적으로는 제한이 없다. 그러나 '권리 위에 잠자는 자는 보호되지 않는다.'는 말처럼 권리를 장시간 행사하지 않는 경우에는 시효에 의해 권리가 소멸되기도 한다.

2) 의 무

의무란 권리에 대비되는 개념으로 그 권리를 실현하는 방법적 성격이 강하다. 또한 의무자의 의사와는 관계없이 일정한 행위를 강제당하는 법률상의 구속이다.

의무는 적극적으로 무엇을 해야 하는 작위의무와 소극적으로 무엇을 해서는 안 된다는 부작위의무로 구별된다. 또한 의무와 권리는 상호불가분의 관계에 있으며, 원칙적으로 권리행사에서는 의무를 전제로 한다. 의무불이행은 위법행위가 되어 법적 제재가 가해지거나 권리의 실현을 불가능하게 하기도 한다.

하지만 의무 중에는 권리를 전제하지 않으면서 부과되는 경우도 있다. 예를 들면, 납세의 의무, 병역의 의무가 대표적이다. 그리고 일정한 신분법적 관계에 따라 특별한 의무가 부여되는 경우도 있다. 예를 들면, 공무원의 정치적 중립의무가 여기에 해당된다.

따라서 권리가 있는 곳에 통상 의무가 수반되지만 의무가 있는 곳에 언제나 권리가 수반되는 것은 아니다.

제2절 사회복지법의 의미와 역할

1. 사회복지법의 의미

사회복지(social welfare)는 사회 구성원 모두가 평안하고 만족스러운 상태(welfare = well + fare)를 의미하며, 사회복지법(social welfare law)은 사회복지에 관한 제반 법규를 의미한다. 즉, 사회복지가 추구하는 사회적으로 평안하고 만족스러운 상태가 되도록 규정한 제반 법규를 말한다.

사회복지법은 일반적 분류방법으로 법의 존재형식에 따라 형식적 의미의 사회복지법과 실질적 의미의 사회복지법으로 분류할 수 있다.

1) 형식적 의미

형식적 의미의 사회복지법은 사회복지법전이라는 외적 형식을 갖춘 제반 법규를 개념 규정하는 것으로, 주로 각국의 실정법상 사회복지와 연관된 법규의 모든 법들이 이에 포함된다.

우리나라는 민법전, 형법전과 같은 형식을 갖춘 총괄법전처럼 사회복지법전이 없어도 사회복지개별 법들로 사회보장기본법상 사회보장제도로 규정하고 있는 사회보험, 공공부조, 사회서비스에 속하는 법률들과 사회복지사업법상 사회복지사업에 속하는 법률들, 즉 아동복지법, 노인복지법, 장애인복지법, 한부모가족지원법, 다문화가족지원법, 청소년복지지원법 등 많은 법률들이 우리 사회의 필요에 의해 제정되어 있다.

형식적 의미의 사회복지법은 사회복지법전이라는 외형적 형식을 갖춘 성문법규를 말한다.

2) 실질적 의미

실질적 의미의 사회복지법은 법의 존재형식으로 분류한 것이 아니고 법의 내용, 의미, 목적, 기능 등이 사회정의, 사회형평, 사회통합, 인간의 존엄성, 행복추구권, 인간다운 생활 등과 같이 법에 내재하는 공통의 법 원리나 가치에 부합되는 사회복지법규를 뜻한다.

즉, 실질적 의미의 사회복지법은 법의 존재형식이나 명칭에 관계없이 법규에 내재하는 공통된 특징을 도출하고, 그것을 토대로 법 원리 및 가치에 부합되는 법규를 체계화하는 방식으로 사회복지법을 규정하는 것을 말한다.

따라서 법이란 인간이 현실적인 경험에 의한 사실에 근거하여 제정되고 시대와 장소에 따라 다르므로 완전무결한 법은 없다고 할 수 있다.

한편 우리나라 헌법 전문에는 "자유 민주주의적 기본질서를 더욱 확고히 하여 정치, 경제, 사회, 문화의 모든 영역에 있어서 각인의 기회를 균등히 하고," 라고 하여 실질적인 평등사회 건설의 이념을 천명하고 있다.

또한 헌법 제34조에서 "모든 국민은 인간다운 생활을 할 권리를 가진다."를 비롯하여 생존권을 구체적으로 규정함으로써 생존권 보장의 원칙을 선언하고 있다.

따라서 사회복지법은 헌법에서 규정하고 있는 생존권 이념과 내용을 구체화하기 위한 법으로써 국가가 국민들의 인간다운 생활을 실질적 의미로 보장함에 있어 필요한 제반 조건을 규정한 법규라 할 수 있다.

2. 사회복지법의 역할

사회복지법이란 사회 구성원들의 인간다운 삶을 보장하기 위한 사회적 노력에 관한 인간의 행위규범으로서 사회복지에서 추구하는 생존권 이념을 실현하기 위한 구체적인 실천 방안들을 법으로 명문화한 것이며, 사회복지가 법적 성격을 가진다는 것은 사회적 지원이나 배려가 도덕적 규범에서 법적 규범으로 변경되었음을 의미한다.

이러한 관점에서 사회복지법의 제정 배경이 법적 성격을 가진다는 것은 매우 중요한 일이다.

각 분야에 해당하는 사회복지법의 존재 유무는 법적으로 강제할 수 있는 근거로써 중요한 지표가 되므로 사회적 약자들은 국가나 사회의 지원을 받을 권리가 생성되었음을 의미한다.

따라서 본 교재에서는 생존권 등 기본권을 보장할 수 있는 구체적인 실천 방안들을 규정한 헌법에 대해 고찰해 보고, 또한 이와 관련된 여러 가지 법 조항의 내용들을 순차적으로 살펴보고자 한다.

제3절 관련 헌법 이해

1. 헌법 전문

헌법은 국가공동체의 존재형태와 기본적 가치질서에 관한 국민적 합의를 법규범적인 논리체계로 정립한 기본법으로서 국민의 권리와 의무, 국가의 근본조직, 통치기구 및 통치작용 등을 규정한 국가 최고의 근본법이다.

1987년 10월 29일 개정된 현행 헌법은 전문과 10장 130개 조항으로 구성되어 있다.

> **대한민국 헌법 전문(前文)**
>
> 유구한 역사와 전통에 빛나는 우리 대한국민은 3·1운동으로 건립된 대한민국임시정부의 법통과 불의에 항거한 4·19민주이념을 계승하고, 조국의 민주개혁과 평화적 통일의 사명에 입각하여 정의·인도와 동포애로써 민족의 단결을 공고히 하고, 모든 사회적 폐습과 불의를 타파하며, 자율과 조화를 바탕으로 자유민주적 기본질서를 더욱 확고히 하여 정치·경제·사회·문화의 모든 영역에 있어서 각인의 기회를 균등히 하고, 능력을 최고도로 발휘하게 하며, 자유와 권리에 따르는 책임과 의무를 완수하게 하여, 안으로는 국민생활의 균등한 향상을 기하고 밖으로는 항구적인 세계평화와 인류공영에 이바지함으로써 우리들과 우리들의 자손의 안전과 자유와 행복을 영원히 확보할 것을 다짐하면서 1948년 7월 12일에 제정되고 8차에 걸쳐 개정된 헌법을 이제 국회의 의결을 거쳐 국민투표에 의하여 개정한다.

2. 사회복지 관련 헌법 조문

헌법은 최상의 법규범으로서 전문에서 국민생활의 균등한 향상을 기하고, 제10조의 인간의 존엄과 가치·행복추구권을 가진다는 기본권을 비롯한 평등권

(제11조), 재산권(제23조), 교육을 받을 권리(제31조), 근로의 권리(제32조), 노조3권(제33조), 인간다운 생활을 할 권리(제34조), 환경권(제35조), 혼인권(제36조), 국민의 자유와 권리(제37조) 등을 규정한 것이 사회복지법의 법원이 된다.

제10조(기본권)

모든 국민은 인간으로서의 존엄과 가치를 가지며, 행복을 추구할 권리를 가진다. 국가는 개인이 가지는 불가침의 기본적 인권을 확인하고 이를 보장할 의무를 진다.

제11조(평등권)

① 모든 국민은 법 앞에 평등하다. 누구든지 성별·종교 또는 사회적 신분에 의하여 정치적·경제적·사회적·문화적 생활의 모든 영역에 있어서 차별을 받지 아니한다.

② 사회적 특수계급의 제도는 인정되지 아니하며, 어떠한 형태로도 이를 창설할 수 없다.

③ 훈장 등의 영전은 이를 받은 자에게만 효력이 있고, 어떠한 특권도 이에 따르지 아니한다.

제23조(재산권)

① 모든 국민의 재산권은 보장된다. 그 내용과 한계는 법률로 정한다.

② 재산권의 행사는 공공복리에 적합하도록 하여야 한다.

③ 공공필요에 의한 재산권의 수용·사용 또는 제한 및 그에 대한 보상은 법률로써 하되, 정당한 보상을 지급하여야 한다.

제31조(학습권)

① 모든 국민은 능력에 따라 균등하게 교육을 받을 권리를 가진다.

② 모든 국민은 그 보호하는 자녀에게 적어도 초등교육과 법률이 정하는 교육을 받게 할 의무를 진다.

③ 의무교육은 무상으로 한다.

④ 교육의 자주성 · 전문성 · 정치적 중립성 및 대학의 자율성은 법률이 정하는 바에 의하여 보장된다.

⑤ 국가는 평생교육을 진흥하여야 한다.

⑥ 학교교육 및 평생교육을 포함한 교육제도와 그 운영, 교육재정 및 교원의 지위에 관한 기본적인 사항은 법률로 정한다.

제32조(근로권)

① 모든 국민은 근로의 권리를 가진다. 국가는 사회적 · 경제적 방법으로 근로자의 고용의 증진과 적정임금의 보장에 노력하여야 하며, 법률이 정하는 바에 의하여 최저임금제를 시행하여야 한다.

② 모든 국민은 근로의 의무를 진다. 국가는 근로의 의무의 내용과 조건을 민주주의 원칙에 따라 법률로 정한다.

③ 근로조건의 기준은 인간의 존엄성을 보장하도록 법률로 정한다.

④ 여자의 근로는 특별한 보호를 받으며, 고용 · 임금 및 근로조건에 있어서 부당한 차별을 받지 아니한다.

⑤ 연소자의 근로는 특별한 보호를 받는다.

⑥ 국가유공자 · 상이군경 및 전몰군경의 유가족은 법률이 정하는 바에 의하여 우선적으로 근로의 기회를 부여받는다.

제33조(노조권)

① 근로자는 근로조건의 향상을 위하여 자주적인 단결권 · 단체교섭권 및 단체행동권을 가진다.

② 공무원인 근로자는 법률이 정하는 자에 한하여 단결권 · 단체교섭권 및 단체행동권을 가진다.

③ 법률이 정하는 주요 방위산업체에 종사하는 근로자의 단체행동권은 법률이 정하는 바에 의하여 이를 제한하거나 인정하지 아니할 수 있다.

제34조(복지권)

① 모든 국민은 인간다운 생활을 할 권리를 가진다.

② 국가는 사회보장·사회복지의 증진에 노력할 의무를 진다.

③ 국가는 여자의 복지와 권익의 향상을 위하여 노력하여야 한다.

④ 국가는 노인과 청소년의 복지향상을 위한 정책을 실시할 의무를 진다.

⑤ 신체장애자 및 질병·노령 기타의 사유로 생활능력이 없는 국민은 법률이 정하는 바에 의하여 국가의 보호를 받는다.

⑥ 국가는 재해를 예방하고 그 위험으로부터 국민을 보호하기 위하여 노력하여야 한다.

제35조(환경권)

① 모든 국민은 건강하고 쾌적한 환경에서 생활할 권리를 가지며, 국가와 국민은 환경보전을 위하여 노력하여야 한다.

② 환경권의 내용과 행사에 관하여는 법률로 정한다.

③ 국가는 주택개발정책 등을 통하여 모든 국민이 쾌적한 주거생활을 할 수 있도록 노력하여야 한다.

제36조(혼인권)

① 혼인과 가족생활은 개인의 존엄과 양성의 평등을 기초로 성립되고 유지되어야 하며, 국가는 이를 보장한다.

② 국가는 모성의 보호를 위하여 노력하여야 한다.

③ 모든 국민은 보건에 관하여 국가의 보호를 받는다.

제37조(자유권)

① 국민의 자유와 권리는 헌법에 열거되지 아니한 이유로 경시되지 아니한다.

② 국민의 모든 자유와 권리는 국가 안전보장·질서유지 또는 공공복리를 위하여 필요한 경우에 한하여 법률로써 제한할 수 있으며, 제한하는 경우에도 자유와 권리의 본질적인 내용을 침해할 수 없다.

3. 사회보장 용어의 등장배경

6·25전쟁과 4·19혁명이라는 시대적 격변을 거치면서 국민들은 민생안정과 경제적 생활보장을 절실히 갈망하게 되었다. 이러한 때 군사정부 제3공화국은 선성장·후분배라는 기본적인 정책이념하에 경제성장을 주도하였다.

그러나 민정이양을 앞둔 군사정부는 명목적이나마 사회보장제도의 확립을 제창하면서 사회복지에 관한 기본법을 마련하지 않고 무분별하게 명분만을 내세우며 무질서하게 분산적으로 사회복지 관련법들을 입법하였다.

따라서 사회복지에 관한 입법지침을 제시하고, 기존의 사회복지법을 조정하며, 사회복지 분야 간의 균형과 조화를 기하기 위하여 제3공화국 헌법 제30조 제2항의 "국가는 사회보장의 증진에 노력하여야 한다."는 조항으로 최초로 헌법에 사회보장이라는 용어가 등장하게 되었다.

4. 사회복지 용어의 등장배경

제5공화국 정부에서는 군사정부 이래 지속적인 경제성장 정책에 따른 소득분배의 불평등, 소득격차, 상대적 빈곤, 지역 간 개발격차, 산업화, 도시화에 따른 다양한 사회문제, 전통적 가치관의 분열 등으로 경제적·정신적·신체적 능력이 없거나 박약한 요보호자나 그 가족과 사회적 피해자들이 등장하게 되었다.

이들이 정상적인 생활을 할 수 있도록 원조하고 사회 환경을 조성해 주는 사회적 노력이 필요하였다.

따라서 제5공화국 헌법 제32조 제2항에 "국가는 사회보장, 사회복지의 증진에 노력할 의무를 진다."는 조항을 둠으로써 기존의 제3공화국 헌법 제30조 제2항의 "국가는 사회보장의 증진에 노력하여야 한다."는 조항에 사회복지를 추가함으로써 사회복지에 대한 용어가 최초로 헌법에 등장하게 되었다.

이는 인간다운 생활을 할 권리의 실현 내지 생존권의 실현이 소득보장·의료보장 · 고용보장 · 재해보장 등 사회보장뿐만 아니라 사회서비스 급여의 증진을 위해 국가가 노력해야 함을 규정한 것이다.

5. 대상자별 복지용어의 등장배경

1987년 6 · 29 민주화 선언, 88올림픽 개최, 남북관계 개선 등 대내 · 외적으로 커다란 정치적 · 경제적 · 사회적 변화가 있었다. 한편 이 시기 사회적으로는 인구의 급속한 증가와 인구 구조상 노인인구의 급상승, 핵가족화와 도시화에 따른 범죄의 증가, 특히 청소년의 비행문제, 산업화에 따른 환경문제, 지역 간 · 계층 간 · 세대 간 갈등문제 등이 크게 사회적 문제로 부각되었다.

이러한 사회 현상에 기인하여 지나치게 추상적인 원칙만을 규정하였다는 주장에 따라 1963년에 제정된 '사회보장에 관한 법률'을 폐지하고 1995년 '사회보장기본법'이 제정되었다.

제6공화국 헌법 제34조에서는 사회복지 대상자를 노인, 청소년, 여자, 신체장애자 및 질병, 노령 기타의 사유로 생활 능력이 없는 국민 등 국가의 보호를 받아야 할 대상자를 추가 명시함으로써 대상자별 사회복지 증진을 위해 국가의 의무를 규정해 두었다.

6. 헌법 개정 절차

1) 헌법개헌(개정)의 필요성

헌법개헌(개정)이 필요한 이유는 헌법이 국가의 근본법이며 최고법이기 때문에 안정성을 확보해야 헌법이 존중되고 준수될 수 있기 때문이다. 또한 헌법은 국민 생활 전반에 영향을 미치고 있기 때문에 시대의 변화에 맞게 수정되어야 하며, 헌법이 일반법보다 개정에 있어서 절차가 엄격한 것은 헌법의 안정성을 전제하고 있기 때문이다.

2) 헌법 개정절차

헌법 개정이란 헌법의 규범력을 높이기 위해 헌법에 규정된 절차에 따라 기존 헌법의 기본적 동일성을 유지하면서 특정 조항을 의식적으로 수정·삭제하거나 새로운 조항을 추가함으로써 헌법의 형식이나 내용에 변경을 가하는 행위를 뜻한다. 헌법 개정에 대한 절차는 헌법 제128~130조의 규정에 따라 발의, 공고, 국회의결, 국민투표, 공포의 순서로 이루어진다.

헌법개정안을 제출할 수 있는 자는 대통령이나 국회의원으로 국무회의 심의나 재적의원 과반수의 찬성이 있어야 발의로 제안된다.

제안된 헌법개정안은 대통령이 20일 이상 이를 공고하여야 하며, 국회는 헌법개정안이 공고된 날로부터 60일 이내에 재적의원 3분의 2 이상 찬성을 얻어 의결하여야 한다.

그리고 국회가 의결한 후 30일 이내에 국민투표에 부쳐 국회의원선거권자 과반수의 투표와 투표자 과반수의 찬성을 얻어야 헌법개정안은 확정된다. 이를 대통령은 즉시 공포하여야 한다.

KEY POINT

법원(法源)

법의 근원, 원천, 존재형식을 의미(법의 뿌리 의미)

법원(法院)

재판을 하는 국가의 기관으로 사법부(지방법원, 고등법원, 대법원)

법령

법령은 법률과 명령을 포함한 용어로 법률, 시행령, 시행규칙 등 총칭

① 법률 – 반드시 국회의 의결을 통해 제정되는 법

② 시행령 – 대통령령(대통령이 만든 법)

③ 시행규칙 – 총리령(총리가 만든 법), 부령(장관이 만든 법)

법의 우선 원칙

① 하위법과 상위법 : 상위법 우선의 원칙

② 일반법과 특별법 : 특별법 우선의 원칙

③ 구법과 신법 : 신법 우선의 원칙

위헌(헌법재판소 결정)

① 위헌 – 바로 시행

② 헌법불합치 - 정한 기간 내에 입법조치 없으면 해당법률 무효

헌법전문의 특징

① 3 · 1운동, 4 · 19 이념 등재

② 자유(3번), 균등(2번) 등재

사회복지 관련 헌법 조문

기본권(제10조)

평등권(제11조)

재산권(제23조)

학습권(제31조)

근로권(제32조)

노조권(제33조)

복지권(제34조)

환경권(제35조)

혼인권(제36조)

자유권(제37조)

헌법에 복지 주요 용어 최초 등재

① 사회보장(박정희 정부)

② 사회복지(전두환 정부)

③ 여성, 노인, 청소년, 장애인복지(노태우 정부)

상소(上訴)(상급법원에 재판 청구)

① 항소(抗訴)(지방법원 → 고등법원)

② 상고(上告)(고등법원 → 대법원)

고소 · 고발

구 분	고 소	고 발
주 체	고소권자	누구나
대 상	개인 손해	공익 손해
기 간	안 날로부터 6개월	무제한
취 소	1심 선고 전까지	무제한
재고소, 고발	불 허	허 용

02
CHAPTER

사회복지법의 역사적 배경

CHAPTER

02 사회복지법의 역사적 배경

제1절 사회복지법의 발달 배경

사회복지법은 산업화와 자본주의의 발달 및 정치 · 경제 · 사회체제의 변동에 따라 나타난 사회문제를 해결하기 위해서 사회복지제도와 함께 형성되고 발전해 온 법이라 할 수 있다. 즉, 법의 등장을 사회적 욕구의 반응으로 본다면 사회복지법의 등장은 사회문제에 대한 제도적 대응으로 이해할 수 있다.

산업사회로 변화하는 과정에서 개인의 기본적 욕구 충족과 문제해결이 불가능한 상황에 처한 사람들을 돕기 위한 사회사업활동은 영국의 자선조직협회나 미국의 인보관 운동 등 민간 영역에서 이루어졌으며, 이는 사회복지실천 및 사회복지행정의 역사적 효시로 기술되고 있다. 특히 19세기 말 노동자의 참정권 확대와 노동정당의 탄생은 국가로 하여금 노동자 보호의 국가적 조치, 즉 사회보험의 입법을 위한 압력으로 작용하였던 것이다.

사회복지법은 다른 법과 달리 최근에 전개 · 발전해 온 법으로 시민법의 한계에 대한 비판적 견지에서 독립된 법의 영역으로 새롭게 대두된 사회법이다. 노동법의 발전을 필두로 경제법, 사회보장법, 사회복지법의 순서로 각각 발전해 왔다. 즉, 정상적인 사회생활을 영위할 수 없는 이른바 사회적 약자를 대상으로 최저한도의 인간다운 생활을 할 수 있도록 국가의 책임을 강제하는 방향으로 사회복지법이 변화되고 발전해 온 것이다.

제2절 외국 사회복지법의 역사적 배경

사회복지법의 발달역사를 살펴보면 각국(나라)의 산업화 과정과 자본주의 발달 그리고 지배적인 이념 체계를 배경으로 전개되는 개인·사회문제는 더 이상 사회복지로서가 아닌 사회복지제도를 필요로 하였고, 제도화되기에는 정당성과 합법성을 얻고자 많은 시간이 필요했다.

1. 영국의 사회복지법

1) 구빈법(救貧法, Poor Law)의 제정 이전

봉건사회의 붕괴와 산업발전을 계기로 시민계급에 의한 자본주의 경제의 발달이 종교개혁의 진전과 함께 근대사회로 넘어온 유럽에서는 13세기 이후 도시의 발달과 십자군 원정에 의한 비용의 방출과 유럽사회를 휩쓴 흑사병으로 농노(農奴)가 감소하고 1381년 와트 타일러(Watt Tyler)의 농민반란운동과 함께 대규모의 농민단결로 농노제가 붕괴되기 시작하였다.

또한 15세기 중엽 이후 모직물 무역이 성행하자 귀족이나 영주가 목양지(牧羊地) 확보를 위한 토지를 환수함으로써 토지를 빼앗긴 사람들은 빈민이 되어 부랑화가 계속되었다. 이것이 인클로저 운동이다.

더욱이 헨리 8세의 이혼문제로 야기된 종교개혁으로 수도원이 해체되고 교회는 헨리 8세의 지배하에 들어가 교회중심의 상호부조와 자선적·박애적으로 행하였던 빈민의 구제사업을 국가가 대신해서 할 수밖에 없었다. 그래서 공적 조직화의 제도가 모색되면서 사회복지법이 제정되기 시작하였다.

1351년 에드워드(Edward) 3세는 「노동자규제법」을 제정하였고, 1531년 헨리 8세 국왕은 「걸인부랑자처벌법」을 제정하여 제한된 구역에서만 구걸할 수 있도록 하였다. 1536년 제정된 「건장한부랑인과걸인의처벌에관한법」은 구빈법(빈민법)의 골격을 형성하였다. 헨리 8세가 사망한 후 1547년 의회가 「부랑자의처벌및빈민과노동불능자의구제에관한법률」을 제정하여 노동능력이 있는 부랑자가 3일 이상 일을 거부할 경우, 가슴에 V(vagabond)자의 낙인을 찍고 그래도 일을 하지 않을 경우에는 S(slave)자의 낙인을 찍어 종신노예로 삼는 소위 '피의 입법'이 되었다.

1562년 찰스 2세는 「장인법」을 제정하여 노동능력이 있는 부랑인은 중노동을 시키고 12~60세의 걸인들은 종으로 고용하는 것을 일반에 허용하였다. 1576년 엘리자베스 1세는 빈민에 대한 강제노역을 규정한 「빈민구제법」을 제정하여 빈민이 빈민구제를 원할 때는 반드시 근로를 할 수 있도록 근로연계복지제도를 시행하였으나 1601년 엘리자베스구빈법이 제정되기까지는 실효를 거두지 못했다.

2) 구빈법 제정 이후

(1) 엘리자베스구빈법(Elizabethan Poor Laws)

1601년에 엘리자베스 1세가 제정한 법으로 엘리자베스구빈법 또는 구빈민법(Old Poor Law)이라 한다.

15세기 말 이후 시행하여 왔던 빈민 통제적 법령을 집대성하여 1598년에 마련한 초안을 입법화한 것으로 최초로 구빈의 책임을 교회가 아닌 정부(지방정부)가 졌다는 점에 큰 의의가 있으나, 실제 내용에서는 빈민구제보다는 빈민을 통제하고 관리하기 위한 법이었다.

이 법은 영국뿐만 아니라 다른 나라에서도 공공부조제도의 효시로서 중요한 역할을 하고 있다.

(2) 정주법

찰스 2세가 1662년에 제정한 법으로 빈민의 도시유입을 막기 위해 빈민의 소속교구에 정착하여 거주할 수 있는 자격을 규정함으로써 농촌노동자의 이농을 막아 노동인력을 확보하기 위한 정주제한법이었다.

(3) 작업장법

1696년에 제정된 법으로 영국의 빈민들을 훈련시켜 수출완제품을 생산하고자 의욕을 갖고 만든 법이다. 이 법은 노동 가능한 빈민들에게 기술을 가르쳐 국가의 부의 증대에 기여하는 데 의의가 있었지만 빈민의 혹사, 노동력의 착취가 문제시되었다.

(4) 길버트법

조지 3세가 1782년에 제정한 법으로 구빈법 개혁조치의 하나로서 일종의 작업장 개선운동이었다. 길버트법은 구빈세 부담을 경감시킴으로써 구빈세의 지속적인 증가를 방지하였고 교구의 연합을 통해 효율적인 구빈행정의 합리화를 도모하였으며 교구연합에는 최초의 현대 사회복지사에 해당하는 유급구빈사무원을 두었다.

근면한 빈곤자에 대해서는 자신의 집에서 공공부조를 받게 되는 원외구제(outdoor relief)제도를 최초로 창시하여 거택보호제도의 효시가 되었다.

(5) 스핀햄랜드법

1795년에 조지 3세 때 스핀햄랜드의 버크셔 카운티(Berkshire County)의 행정관이 제정한 법이다. 임금보충 방안으로 급여수당 척도를 도입하여 당시 빵 가격과 가족 중 아동의 수에 따른 생활비를 고려하여 노동임금의 부족분을 지방정부의 지방세로 보충해 주는 저임금 노동자의 임금보조로서 고용주에 있어서는 저임금을 합법화한 제도이다. 이는 최저생활보장에 기반을 둔 최초의 가족수당제도였다.

3) 개정구빈법

1834년 윌리엄 4세 때 왕립위원회의 권고로 개정구빈법이 제정되었다. 이 법은 1832년 선거법 개정으로 신흥 부르주아가 등장하면서 산업혁명으로 필요한 저임금 노동자를 확보하기 위해 스핀햄랜드법의 임금보조수당제도와 길버트법의 원외구조제도를 폐지하여 노동능력이 있는 빈민의 원외구조를 금지한 것이었다. 이 법은 빈곤을 해소하기 위한 구조적 개혁을 시도하거나 제도적인 빈민구제법이라기보다는 사회 통제적이고 잔여적인 빈민구제법으로서 주요 내용은 다음과 같다.

① 열등처우의 원칙(Principle of Less Eligibility)이다. 구빈의 대상이 되는 빈곤자의 생활수준이 노동하는 임금근로자의 임금보다 낮은 최저기준 이하가 되어야 한다는 것으로 현대의 공공부조제도의 보충급여 방식과 같다.

② 작업장의 원리 원칙(Principle of Workhouse System)이다. 노약자, 질병자 등 예외적인 경우에만 제한적으로 원외구조를 허용하고, 노동능력이 있는 빈민에게는 원외구제를 금지하고 작업장에서 수용하는데, 수용을 거부한 사람에게는 어떠한 원조도 하지 않는 제도이다.

③ 구빈행정의 중앙집권화 원칙(Principle of National Uniformity)이다. 피구제자의 구제는 지방정부가 아닌 중앙행정기관인 빈민법위원회에 의해 전국적으로 통일화시켰고, 중앙집권적인 구빈행정 전달체계를 중앙정부의 구빈법위원회, 보좌위원, 연합교구의 빈민보호위원으로 개편하였다.

4) 민간의 사회복지실천운동

영국은 1760년부터 시작한 산업혁명에 의해 자본주의 사회가 확립되면서 눈부신 경제발전과 번영을 맞이하였다.

그로 인해 자본가 계급과 근로자 계급 간의 빈부의 격차가 커지면서 자유경쟁으로부터 탈락한 빈민과 저임금 및 열악한 노동조건에서 빈곤노동자의 확산과 공장에서 기계로 대량생산체제를 갖춤에 따라 인간성의 소외 등 많은 부작용을 갖게 되었다.

또한 도시에는 빈민가와 가난한 자가 생기고 범죄가 늘어나 사회적 병리현상까지 나타남으로써 사회적 문제가 심각하게 대두되었다.

특히 기업인 찰스 부스(Charles Booth)가 매년 발표한 런던 노동자들의 사회조사 결과는 빈곤의 원인을 개인의 결함에 있다는 이전의 이론을 반박하는데 크게 기여하면서 빈곤은 단지 개인의 태만이나 무능력에 의한 것만이 아니라는 인식이 퍼지기 시작하였다.

1880년대 말엽부터는 사회개혁과 더불어 사회복지제도가 더욱 발달하기 시작하여 20세기 초반에는 복지국가의 틀을 마련하기 시작하였다.

이 과정에서 인도주의적 박애정신을 가진 사람들에 의한 사회개량운동, 사회조사운동 등이 조직적으로 활발하게 일어나 현대 사회복지실천의 기초를 마련하였다.

(1) 차티스트 운동

1830년대 후반부터 1850년대 초까지 영국에서 노동자들에 의해 일어난 사회개량운동이다. 이 운동은 노동자들에 대한 보통선거권과 무기명 투표권을 요구함과 동시에 의원들의 세비폐지 및 재산자격 등 정치적 요구권을 관철하기 위한 운동이었으나 실패로 돌아갔다.

그러나 차티스트(Chartist) 운동을 계기로 노동자들은 정치적 목적으로부터 경제적 조건의 구체적 개선수단으로 전향할 수 있었다.

(2) 자선조직협회

자선조직협회(COS : The Charity Organization Society)는 1869년 런던에 처음 설립된 단체로서, 빈곤의 원인은 빈민의 성격이나 생활방식에 있기에 빈민구제의 핵심은 사회개혁이 아니라 빈민의 변화에 있다는 것이 자선조직협회의 일관된 주장이었다.

이는 종전의 인도주의적 자선사업이 무계획적, 무차별적, 비조직적, 비전문적으로 이루어져 구제가 중복되거나 누락되는 문제가 발생하게 되자 자선단체간에 협력을 통해 구제의 중복을 피하기 위해 방문, 조사, 등록, 협력의 네 가지 요소들을 수행함으로써 서비스 제공의 효과성과 효율성을 향상시켰다.

그러나 이 단체는 구제대상을 '가치 있는 자'에 한정하여 도덕적 · 종교적 교화를 통해 "물고기를 주지 말고 물고기를 잡는 방법을 가르친다."는 슬로건과 같이 빈곤에 대한 개인적 책임을 강조하면서 공적 구빈제도를 반대하였다. 이후 자선조직협회는 현대적인 사회서비스 기관의 효시로서 지역사회조직실천방법의 출발로 지역사회계획 전문기관 탄생과 사회조사기술, 특히 케이스워크(casework)의 시발점 형성에 기초가 되었다.

(3) 인보관 운동

1884년 화이트 채플(White Chapel) 구역 안에 런던 교구 목사인 바네트(Barnett)가 토인비홀(Toynbee Hall)을 설립하면서 인보관 운동(Settlement House Movement)이 전개되었다. 인보관은 사전적 의미로 사회복지관, 즉 '영세민 구제 사회사업시설'을 뜻하며, 지역사회복지관의 역사는 영국의 인보관 운동에서 그 시초를 찾아볼 수 있다.

인보관 운동은 동일한 사회문제에 대처하기 위해 자선조직협회보다 약 15년 뒤에 시작되었으나 문제를 접근하는 관점은 매우 달랐다.

당시 자유주의와 급진주의 사상을 기반으로 하여 환경적인 요소가 바로 사회문제의 근원이기에, 문제를 접근하는 방식은 빈민을 개조하는 것이 아닌 기존의 사회질서를 바꿔야 한다는 사회개혁적인 면을 강조하였다.

인보관 운동은 중상류층의 젊은이들이 특권과 신분을 포기하고 빈민지구에 직접 나가 조사하고, 빈민과 함께 거주하면서 그 지역의 생활 상태를 파악하는 등의 실용주의적 입장에서 실현 가능한 효과적인 해답을 찾으려고 노력하였다.

이 운동은 개인의 변화보다는 사회적 환경변화에 더 무게를 둠으로써 현대 지역복지의 기원으로 평가되어 집단사회사업과 지역사회사업의 효시라고 할 수 있다. 이후 미국으로 건너가 1886년 코이트(Stanton Coit)가 뉴욕에 최초의 인보관을 설립하는 데 기반이 되었다.

5) 1900년대 이후 사회복지법

20세기 들어와 자본주의 사회를 단지 자유방임주의로 두는 것은 문제가 있다는 의식이 들기 시작하였다. 특히 몇 번의 경제공황을 경험한 영국은 사회주의 사상이 대두되면서 노동운동이 활발하게 전개되어 빈곤으로부터 해방되기 위한 사회보장제도 확립이 필요하였다.

따라서 1909년 구빈법 조사를 위한 왕립위원회가 설립되어 빈민법의 개선을 강조하고 생존권의 보장을 기본 원칙으로 세우는 것을 제창함으로써 20세기 초에 많은 법들이 제정되었다. 구빈법은 형식적으로 1929년 지방정부법이 제정되면서 폐지되었으나 실질적으로 폐지된 것은 1948년 국가부조법이 제정된 때이다.

1929년 대공황에 의해 실업자가 증가함에 따라 생활문제의 어려움, 치료, 예방에 관한 대책을 국가의 책임으로 여기며, 1934년에 실업법이 제정된 데 이어 1942년 베버리지(William Beveridge) 보고서가 나왔다.

베버리지 보고서는 국민생활에 불행을 가져오는 5대 악을 궁핍 · 질병 · 불결 · 무지 · 나태로 규정하고 모든 국민에 대하여 '요람에서 무덤까지'의 사회보장을 위한 3대 전제조건으로 완전고용, 포괄적 서비스, 가족(아동)수당의 필요성을 강조하였다. 또한 여러 가지 사회보험을 하나의 사회보험 체제로 운영할 6대 원칙 ① 행정의 통합화, ② 적용범위의 포괄성, ③ 기여의 균일화, ④ 급여의 균일화, ⑤ 급여의 적절성, ⑥ 대상의 6 분류화(노인, 아동, 자영자, 피용자, 주부, 무직자)를 주장하였다.

이에 따라 1945년 사회보장성이 확립되어 가족수당법(1945년)과 국가부조법(1948년) 등이 제정됨으로써 일단 요람에서 무덤까지의 사회보장 체제가 완성되었다. 위에 열거된 사회보장법 이외에도 지방자치단체서비스법(1970년), 사회보장법(1979년), 사회보장기여법(1999년), 복지개혁과 연금법(1999년) 등이 제정되었다.

2. 독일의 사회복지법

독일은 1871년 국가가 통일되면서부터 급속한 경제성장과 함께 산업화의 발달에 따른 노동자의 도시집중화 현상이 나타났다. 그 당시 물가상승, 열악한 노동조건, 주택난 등의 사회적 · 경제적 불만이 노동운동과 함께 사회주의 운동으로 발전되면서 사회적 혼란을 초래하였고, 이러한 혼란을 막기 위해 비스마르크(Bismarck)는 당근과 채찍의 이중정책을 펴게 되었다.

1878년 채찍정책으로 사회주의자 탄압법을 제정하여 노동운동 가담자에 대한 탄압을 하였으나 오히려 사회주의 운동은 전진하는 결과를 가져왔다.

이러한 상황에 직면하자 당근정책으로 '요보호자의 보호 확대'라는 칙령에 따라 질병보험법(1883년), 재해보험법(1884년)을 제정하여 계급투쟁을 완화하려 했으나 사회주의 단체와 근로자단체를 이간시켜 근로자대중을 장악하려는 이중정책을 취하였다.

질병보험법과 재해보험법은 1885년에 철도, 우편, 전신, 운수교통과 농업근로자에게 적용되고, 1889년에는 노령및폐질보험법을 제정하였다. 1911년에는 질병보험법, 재해보험법, 노령및폐질보험법을 통합하여 제국보험법을 제정하였다.

이후 1924년에 기존의 여러 종류의 빈민구제제도를 재조정하여 빈민구호 대신 공적 보호라는 용어로 바꾸고 공적보호법, 1994년에는 수발보험법이 제정되면서 진전된 사회보장관련법들이 생성되었다.

1) 사회보험법 제정 이전

함부르크 구빈제도는 1788년 함부르크(Hamburg)시에서 제정한 구빈제도이다. 교회의 무질서한 자선활동을 배제하고 무직자 · 구직자 · 걸인 및 부랑자의 수를 줄이기 위해 시를 각 구로 분할하여 감독관을 배치하고 중앙국이 이를 통합관리하였다.

엘버펠드의 구빈제도는 1852년 엘버펠드(Elberfeld)시에서 함부르크 구빈제도를 수정 · 발전시킨 전형적인 구빈제도이다. 이 제도의 특징은 위원 1인당 조사하는 대상자의 수를 아주 적게 하고, 사회복지조사(case-work) 방식으로 세심한 구제를 하였다. 이는 후에 영국 자선조직협회 설립에 많은 영향을 미쳤다.

주소지보호법은 1870년에 제정한 법으로 빈곤층에 대한 주소지 보호의 원칙이 정해지고 주별로 구빈조합을 창설하였다.

사회주의자 탄압법은 1871년 국가통일을 이룩한 독일은 급속한 경제성장을 이루었다. 노동자들은 도시로 몰려왔으며 심각한 물가인상, 열악한 노동조건, 주택난 등 생활난이 사회주의 운동으로 발전하게 되자 이러한 사회적 혼란을 잠재우기 위해 비스마르크는 1878년 사회주의자 탄압법을 제정하였다. 비스마르크의 사회정책은 종종 '채찍과 당근' 또는 '채찍과 사탕' 정책으로 비유된다.

2) 사회보험법 제정 이후

(1) 질병보험법

1883년 비스마르크는 근로자의 질병에 관한 법을 제정하였다. 질병에 걸린 노동자에 대한 무료치료와 질병수당을 지급하는 의료보험제도로서 사회보험법 가운데 세계에서 제일 먼저 제정한 법이다.

이 법은 광산, 공장, 철도, 수공업 등에 종사하는 모든 저소득 노동자들을 강제적용 대상으로 하였다. 보험료는 노동자가 2/3, 사용자가 1/3을 부담하였다.

(2) 재해(산재)보험법

1884년 제정된 사회보험으로 연간소득이 일정 수준 미만인 광산, 공장, 건설업 등에 종사하는 저소득 노동자를 의무적으로 가입하게 하고, 업무상 노동자에게 발생하는 재해에 대하여 사용자가 전적으로 책임질 것을 규정한 법으로 1911년 제국보험법에 규정되었으며 1996년 사회법전에 편입되었다.

(3) 노령 및 폐질보험법

1889년 제정된 사회보험으로 연간 일정 수준 미만인 모든 저소득 노동자를 의무가입 대상으로 하였으며, 이들 가운데 70세에 달하는 노동자에게는 노령연금을 지급하고 자신의 과오가 아닌 이유로 노동이 불가능하게 된 노동자에게는 폐질연금을 지급하도록 하였다.

(4) 제국보험법

1911년 질병보험법, 재해보험법, 노령 및 폐질보험법을 통합하여 제국보험법을 제정함으로써 적용대상자가 확대되고 새로운 제도가 도입되었다. 질병보험의 경우 가입대상이 농촌피고용자, 가사보조원, 가내공업 종사자까지 확대되었고, 노령 및 폐질보험의 경우 강제가입이 아닌 임의가입 형태의 부가연금제도를 도입하였으며, 과부 및 고아를 위한 유족보험을 개발하였다.

이 외에도 주요 법으로는 공적보험법(1924년), 사회보험의구성에관한법률(1934년), 수공업자보호법(1938년), 사회법원법(1953년), 아동수당법(1954년), 연금법이 개정되어 연금액이 임금상승과 연계(1957년), 고용촉진법(1969년), 사회법전(1970년), 질병보험구조개혁법(1988년), 연금개혁법(1989년), 개호보호법(1994년) 등이 있다.

3. 미국의 사회복지법

미국은 초기에 영국의 정치와 경제제도를 그대로 적용하려 하였고, 사회복지제도 역시 영국에서 1601년에 제정된 엘리자베스구빈법을 적용하였다. 이처럼 미국은 당초 영국의 사회적 여러 제도와 전통을 배웠으나 민주주의를 기초로 한 사회개량주의가 급속히 확대되어 1910년대부터 1920년대에 걸쳐서 민간에 의한 사회시설, 사회사업기관, 사회입법 등이 많이 나왔다.

1929년에 시작된 대공황에 의해 실업자가 급속히 증가하고 국민생활 파괴가 심각해지자 이 위기를 극복하기 위한 정책이 뉴딜(New Deal)정책이다. 이 정책의 일환으로 사회보험, 공공부조, 보건 · 복지서비스를 내용으로 하는 세계 최초의 사회보장법이 1935년에 제정되었다.

루즈벨트 정부의 사회보장법은 세계 최초로 '사회보장'이라는 용어를 사용하여 사회보장법이라는 새로운 법을 탄생시킴으로써 현대 미국 사회복지제도의 근간을 이루고 있다. 이른바 미국 복지국가의 권리장전이라고 불린다.

행정적 측면에서도 지방정부를 통해 재정을 조달하고 가치 있는 빈민 문제는 연방정부에서 부조하도록 하여 인간의 욕구충족을 위한 연방예산이 미국 역사상 최초로 편성되었다. 그러나 가장 시급한 욕구라고 할 수 있는 의료보험제도는 의사들의 반대로 수립되지 못하였다.

이에 비해 노령연금제도는 전국적으로 단일제도로 수립하여 전국의 고용주와 피고용인이 임금의 3%를 각각 보험료로 부담하여 재원을 마련하고, 피고용인이 65세에 이르러 퇴직하면 소득비례 보험급여를 받도록 하였다. 따라서 미국의 사회보장법은 국민의 생활보장에 대한 연방정부의 책임을 명백히 한 것이었다. 또한 상당한 결함이 있었음에도 불구하고 미국에서 사회보장의 첫 출발에 신기원을 이룬 대전환의 시작이었다. 이런 영향은 미국뿐만 아니라 많은 나라에도 영향을 미쳤다.

4. 일본의 사회복지법

메이지유신에 의해 근대화가 시작되면서 1945년까지 일관되게 추진되어 온 부국강병 · 휼구규칙(1874년)은 1932년 구호법이 실시되기까지 일본의 구빈법으로 시행되었다.

1923년 관동대지진 이후 대량의 실업자와 빈민이 발생했지만, 이는 특정 빈곤자에게만 국한된 제한적인 부조제도였으며, 전시체제하에서 일본정부는 내무성을 해체하고 후생성으로 이름을 바꿔 사회사업이라는 용어 대신 후생사업이라는 용어로 전쟁을 위한 인적자원의 확보와 생산력 증가 등에 더 치중하였다.

1945년 패전까지 각종 사회보험과 공공부조제가 성립되었으나 이는 어디까지나 전시정책을 위한 증강에 목적이 있었다. 1945년 이후 일본의 사회복지는 경제성장과 함께 큰 발전과 변화를 가져와 1945~1952년 미군정시대에 기초적인 틀을 마련하였으며, 1950년대 이후에는 우리나라의 6 · 25전쟁을 계기로 크게 성장한 일본은 경제력을 바탕으로 사회보장법의 기본체제를 체계화하였다.

따라서 일본의 국민개보험 · 국민개연금 시대가 시작되었으며, 오늘날까지 일본의 공공부조의 핵심이라 할 수 있는 생활보호법(1946년), 아동복지법(1947년),

신체장해자복지법(1949년)이 제정되었고, 1960년대에는 정신박약자복지법(1960년), 노인복지법(1963년), 모자복지법(1964년)이 제정되어 모두 합쳐 복지6법이라는 제도가 확립되었다.

이 외에도 주요 법제로는 고용대책법(1966년), 고용보험법(1977년), 노인보건법(1982년), 개호보험법(1997년) 등이 제정되었다.

제3절 우리나라 사회복지법의 역사적 배경

한국의 사회복지입법의 실질적인 형성은 1948년 7월 17일 공포된 헌법에서부터 찾아야 정확하나 우리 민족의 유구한 역사성을 간과해서는 그 흐름을 제대로 파악할 수 없을 것이다.

우리나라의 삼국시대 이전의 사회는 혈연관계의 결합에 의한 씨족사회이므로 제3자에 의한 욕구충족이나 문제해결의 필요성은 없었다.

삼국시대 이후에 씨족사회와 부족국가 사회가 해체되고 민족국가가 성립함에 따라 혈연관계에 의한 욕구충족 기회를 상실한 사람들이 나타나게 되었다.

이에 따라 사회복지의 원형이라 할 수 있는 구제제도가 국가라는 공적 기관에 의하여 마련되고 이러한 기관을 통하여 구제조치가 실시되었다.

다음에서 우리의 역사적 시대를 고조선시대, 삼국시대, 고려시대, 조선시대까지 기술하고, 일제시대부터 정부수립 이후 현재까지는 제3장에 기술하였다.

1. 고조선시대

고조선시대의 사회복지적 요소는 씨족사회의 공동체 내에서의 상부상조 정신을 가지고 있었는데 여기서 획기적인 거시적 차원의 사회정책의 흔적으로 보이는 '8조법금'은 사회의 안녕과 질서유지 차원에서 국민의 생명, 신체, 재산, 정조 등 이른바 생존권적 기본권을 지향하는 사회적 법치주의의 이념에 입각한 법제였다.

따라서 고조선의 '8조법금'은 우리나라 최초의 사회복지제도라고 할 수 있으나 구체적인 부조 활동이나 구제제도가 윤곽을 나타낸 것은 삼국시대부터이다.

2. 삼국시대

삼국시대의 대표적인 사회복지법은 진대법(賑貸法)이다. 고구려 고국천왕 16년(194년)에 그 당시 국상인 을파소의 건의에 따라 국가의 구호법적 성격의 진대법을 제정하였다.

이 법은 궁핍한 농민들에게 춘궁기인 3~7월 사이에 가구 수에 따라 관곡(官穀)을 대여하고, 추수기 10월에 환수하는 구휼(救恤)정책으로 조선시대에 와서 환곡법의 기원이 된다.

그 밖에도 홀아비, 고아, 과부, 자식이 없는 노인에게 왕의 온정으로 곡물을 나누어 주는 제도인 사궁구휼(四窮救恤)이 있었고, 풍수, 질병, 기근, 전란 등으로 백성들이 궁핍할 때 부락별로 창고에 비축한 양곡을 방출하는 창제(倉制)가 있었으며, 국가에서 방출하는 관곡(官穀)이 있었다.

또한 춘궁기에 백성에게 빌려준 관곡을 거두어들일 때 재해나 흉작으로 상환이 곤란한 경우 원곡이나 이자를 감면해 주는 대곡자모구면(貸穀子母俱免)이 있었다.

신라 유리왕 때에 구휼사업은 鰥(환 : 홀아비), 寡(과 : 과부), 孤(고 : 부모가 없는 아이), 獨(독 : 자식이 없는 노인), 老(노 : 늙은이), 病(병 : 병든 자) 등 자립무능력자를 구제하는 정책이었다.

3. 고려시대

고려시대는 봉건적 토지제도와 문무의 양반제도가 확립된 시대로 태조 왕건은 백성을 다스리는 근본으로 '훈요 10조'를 만들었다. 그 가운데 공공부조와 관련된 내용은 농민의 노역과 세금을 가볍게 하여 민심을 얻고 국부안민을 이루는 구절이다.

임금이 백성의 신망을 얻기 위해 백성들에게 일을 시키되 적당한 시기를 가리고 부역을 가볍게 하며 조세를 감면해 주는 경감대책으로 백성들의 신뢰와 존경을 받으려는 노력을 하였다.

이에 따라 공공부조적 제도로서 구빈행정을 맡아보는 중앙부서로 상설구제기관과 임시구제기관을 설치하였는데, 전자에 흑창, 의창, 상평창, 제위보, 동서대비원, 혜민국, 유비창을 두었고, 후자에는 동서제위도감, 구제도감, 해아도감, 진제도감, 진제색을 두었다.

여기서 의창은 평상시에 곡물을 비축하여 흉년, 전란, 역질 등의 비상시에 곡물을 대여하였다가 추수기에 반납하는 제도로서 고구려의 진대법과 같았으며, 한편 의창은 양곡을 대여하는 기능만 하는 것이 아니라 생활무능력자에 대한 구휼정책도 동시에 전개하였다.

또한 상평창은 물가조절의 기능을 맡게 한 시설로 곡물, 포목과 같은 생활필수품의 값이 오르면 저가로 내다 팔고 값이 떨어지면 사들이는 일을 하였다.

태조 때는 고구려시대부터 내려온 진대법을 제정하여 진휼(賑恤)사업을 행하였다. 진휼사업에는 은면지제(恩免之制), 재면지제(災免之制), 환과고독진대지제(鰥寡孤獨賑貸之制), 수한역려진대지제(水旱疫癘賑貸之制), 납속보관지제(納粟補官之制) 등 5개 종목과 행려보호 및 유민보호가 있었다.

성종 때에는 면재법(免災法)을 제정하여 수한상충(水旱霜蟲) 등으로 인해 전답의 피해가 4분 이상 손실되면 조(組)를 면제하고, 6분 이상이면 조포(租布)를 면하고, 7분 이상은 조포역(租布役)을 다 면제해 주었다.

문종 때 손재면역법(損財免役法)을 제정하였으나 내용은 성종 때 면제법과 대동소이하다.

4. 조선시대

태종 6년(1406년)에는 연호미법(煙戶米法)을 제정하였다. 조선시대 초 봄에 식량과 종곡을 무이자로 대출하고 가을에 회수하였던 의창이 대출된 환자(還子)의

회수불능, 관리의 부정부패, 백성의 낭비, 진제곡(賑濟穀) 명목의 무상계급 등으로 인해 인창의 대출재원인 원곡이 줄어들게 되었다.

이 때문에 태종 6년에 고려와 같은 연호미법을 발동하여 상호(上戶), 중호(中戶), 하호(下戶)로 구분하여 민간에서 곡식을 거두어 의창미로 충당하였다.

세종 원년 1419년에는 이재민 구제에 관한 교서를 공포하여 수재 · 한해 · 풍해 · 상설해 등 재해로 인한 빈곤한 난민들을 관곡 또는 국비로써 구제하였다. 1439년 하장자구기법(何長子球飢法)이라는 시식법을 시행하여 시식소에서 밤새워 죽을 쑤어 큰 독에 담아 식혀두었다가 이튿날 굶주린 사람들에게 급식을 하였다. 1446년 농민부담을 줄이기 위해 공법(貢法)을 시행하여 전조(田租)를 최고 20두, 최하 4두로 낮추었다.

1485년 성종 16년에 편찬한 조선시대 기본법전인 '경국대전'은 6전(이전, 호전, 예전, 병전, 형전, 공전)으로 구성되어 있는데, 이 가운데 이전의 경관직조에는 의료구제기관으로 혜민서(서민의 질병을 치료하고 예의를 교습함)와 활인서(서울지역의 환자를 구하는 기관)를 두도록 하였다.

호전의 상평창조에서는 서울과 지방에 상평창을 두어 국민의 경제안정을 도모하였고, 비황조(備荒條)에는 지방관에게 흉년에 대비하여 소금과 해초를 준비하도록 하고, 지방관이 구호행정을 소홀히 하여 굶주린 자가 사망하거나 보고되지 않는 경우에는 지방관을 중죄에 처한다는 규정을 제정하였다.

예종의 혜휼조(惠恤條)에는 아동과 노인의 구휼에 관한 내용이 규정되어 있으며, 1794년 정조 때에는 역대 구호행정에 관한 기록을 조직관으로 하여금 편찬하게 하여 '혜정연표(惠政年表)'를 작성하였다.

1744년 영조는 「경국속전」에 민간수양에 관한 규정을 제정하였다. 민간수양이 인신매매나 유아유괴 등 사회적 문제를 초래하여 관의 허가 없이 민간수양을 일절 금지하였으나 고아나 유기아 또는 흉년에 아동들을 유한한 국가 비용으로 관부에서 수용하기는 쉽지 않아 민간수양을 점차 허용하였다.

1783년 정조는 무의무탁한 사궁의 구제에 관한 진휼청의 구호사업 준칙인 자휼전칙(字恤典則)을 공포하였다.

KEY POINT

영국의 구빈제도

엘리자베스구빈법(1601)–정주법(1662)–작업장법(1722)–길버트법(1782)–스핀햄랜드법(1795)–개정 구빈법(1834)

엘리자베스구빈법(대상자 3계층)

① 노동능력이 있는 빈민계층–작업장(강제노동)
② 노동능력이 없는 빈민계층–구빈원(원내구조)
③ 빈곤 아동–도제(강제도제)

시민법 → 사회법

① 사유재산권 존중의 원칙(소유권 절대의 원칙) → 소유권 행사의 제한
② 사적 자치의 원칙(계약 자유의 원칙) → 계약 자유의 원칙의 수정
③ 과실 책임의 원칙(자기 책임의 원칙) → 무과실 책임주의

세계 최초 주요 사회복지법

법 명	세계 최초	연 도	국 가
엘리자베스구빈법	공공부조	1601	영 국
스핀햄랜드법	수당제도	1795	영 국
질병보험법	사회보험	1883	독 일
사회보장법	사회보장	1935	미 국

인클로저 운동(Enclosure Movement)

16세기 영국에서 양털 값이 폭등하자 지주들이 자신의 수입을 늘리기 위하여 농경지를 양을 방목하는 목장으로 만든 운동

차티스트 운동(Chartist Movement)

19세기 영국에서 노동자의 참정권을 쟁취하기 위하여 의회 개혁 및 성인 남자 보통선거권 획득을 시도했던 노동자 정치운동

C.O.S · 인보관 운동(영국)

구 분	C.O.S(자선조직협회)	인보관 운동
연 도	1869	1884
문 제	개인문제	사회문제
주 도	상류층 · 중류층	중산층 · 지식층
관 점	선별주의	보편주의

각하 · 기각

① 각하

소송 요건이 법규에 맞지 않는다는 판단으로 소장이나 신청을 받지 않는 것

② 기각

소송 요건은 부족하지 않으나 그 내용이 부적합하다고 판단하여 배척하는 것

판결 · 결정 · 명령

구 분	판 결	결 정	명 령
주 체	법 원	법 원	판사 · 검사
종 류	• 유무죄 판결 • 면소판결	• 보석허가 결정 • 공소기각 결정	• 모든 명령 • 약식명령(벌금)
방 법	구두변론 위주(병행)	서면 위주	서면 위주
이 유	반드시 이유 명시	원칙적으로 이유 명시	이유 명시 불요

03
CHAPTER

사회복지법의 입법 유래

CHAPTER 03

사회복지법의 입법 유래

제1절 사회복지법 연구의 의의

사회복지법은 규범으로서 지켜야 하며, 어떤 이념이나 목적을 달성하기 위한 사회적 약속으로 한 국가나 사회의 일정한 역사적 사실 속에서 생존권을 보장하기 위해 제정과 개정의 과정을 거치면서 발전해 왔다. 사회복지법은 복지국가의 등장과 함께 생성되었으며 이에 사회복지를 '복지국가의 이념을 실현하기 위한 모든 국가정책'으로 보는 견해가 있다.

생존권의 발전과정은 생존권 보장의 주체, 대상, 내용의 변화를 의미하는 것으로 초기에는 노동자와 그 가족, 노동력이 결여된 사회적 약자가 주된 대상이었으나 오늘날에는 전 국민의 생활문제로 확대되었고, 욕구나 문제의 내용도 직접적 · 구체적 생활문제에서 간접적 · 추상적 · 사회심리적 성격을 지닌 생활문제로 변화하였다.

사회복지제도는 시대나 사회변화에 따라 계속적으로 변화하고 있으며 관련법은 제정 및 개정되거나 소멸되기도 한다. 또한 그 시대의 사회문제에 직접적인 관련성을 가지는 실정법으로 일정한 국가의 정치적 조건, 국민의 의식적 욕구, 경제적 여건 등의 여러 사정과 관련되어 발전해 왔다.

따라서 사회복지법의 연구는 입법과 개정 당시 정치 · 경제 · 사회적 현상을 설명해 주며, 국민적 욕구가 무엇인가를 밝혀주기도 한다. 특히 역사적으로의 접근방법은 시간의 변화에 따라 사상이나 이념 또는 이론을 명확히 할 수 있고, 인과관계를 분석하는 데 유용하다고 할 수 있다.

제2절 정부수립 이전의 사회복지입법

1. 일제강점기 시대 사회복지법

일본강점기의 사회복지입법은 매우 단편적이고 사후적인 특성을 지닌다. 일제강점기 빈민의 형성은 식민지 농업정책에 의한 식민지 재편과정과 일제의 식민통치의 산물이었다.

한국을 침략한 일본은 1910년 8월 29일 강압에 의한 한일합병 조약과 함께 1912년 조선총독부에서 사회복지에 관한 사무를 관장하였으나 근대적 사회복지이념이라기보다 징병 및 노무징용을 강요하고, 황민사상 주입을 위한 식민정책의 일환으로 은혜적·자선적·형식적 구빈사업에 불과하였다. 또한 1874년에 제정된 휼구규칙을 폐지하고 1929년 '구호법'이 새롭게 제정되었으나, 한국에서는 새 구호법을 실시하지 않았다.

생업부조나 현물급여 등 제한된 구호를 행하였던 일본은 전시재해로 피해를 당한 '전시재해구호법' 그리고 일본에서 1932년부터 실시하던 '구호법'을 원용하여 1944년 3월에 '조선구호령'을 실시하였다. '조선구호령'은 일본의 '구호법'을 주로 하고, '모자보호법'과 '의료보호법'을 부분 종합하여 제정한 법이다. 조선구호령의 적용대상은 ① 65세 이상의 노쇠자 ② 13세 이하의 유아 ③ 임산부 ④ 불구, 폐질, 질병, 상이 기타 정신 또는 신체의 장애로 인하여 노동을 하기에 지장이 있는 자이다.

'조선구호령'은 국민의 빈곤에 대하여 국가의 보상을 선언하였다는 점과 우리나라 최초로 도입된 근대적 의미의 공공부조제도로서 국민기초생활보장법의 전신인 생활보호법의 모태가 되었다는 점에서 의의가 있다.

따라서 이 조선구호령은 미군정기간과 정부수립 이후 1961년 생활보호법이 제정되기까지 우리나라의 공공부조제도의 근거가 된 기본법이었다는 점과 우리나라 사회복지법상 최초의 근대법 형식의 실정법이었다는 점에서 사회복지 입법사적 의의가 있다고 하겠다.

2. 미군정시대의 사회복지법

일제 식민시대로부터 해방되어 대한민국이라는 독립국가가 형성될 때까지 (1945. 9. 8~1948. 8. 15)의 사회적 혼란기였으나 미군의 군정하에서 질서를 어느 정도 유지하였다.

이 시기의 구호제도는 보건후생부가 관장하였고, 일제시대의 구호제도를 계승하여 그 연장선상에서 임시적 성격의 통제 및 온정주의적 구호사업을 실시하였다. 이 시기는 열악한 경제적 상황 속에서 수많은 귀환전재민과 월남피난민들을 중심으로 광범위한 빈곤이 형성되었던 시기였다.

1946년 미군정은 후생국보 3호, 후생국보 3A호, 후생국보 3C호 및 미성년자 노동보호법 등을 제정하였다. 후생국보 3호의 C항은 조선구호령과 유사하였다. 이 호에 의하면 공공구호를 요하는 자는 ① 65세 이상 된 노령자 ② 6세 이하의 부양할 어린이를 가진 자 ③ 13세 미만의 아동 ④ 불치의 병으로 신음하는 자 ⑤ 분만 시에 원조를 필요로 하는 자 ⑥ 정신적 · 신체적 결함이 있는 자로 구호 대상자의 범위를 규정하였다.

후생국보 3A호에서는 이재민에 대한 구호를 규정하였다. 구호내용으로는 식량, 의류, 연료, 주택부조, 긴급의료, 매장, 차표제공 등을 들 수 있다. 후생국보 3C호는 국민과 실업자에 대한 구호규칙으로서 거택구호 시 세대 인원에 대한 지급한도액을 규정하고 있다.

1946년 9월 18일 미군 당국은 군정법령 제12조로 '아동노동법규'를 제정 · 공포하여 어린이의 노동을 보호하였다. 그 이후 1947년 5월 16일에 과도정부 법령 제4조로 '미성년자노동보호법'을 제정 · 공포하여 미성년자를 유해, 위험한 작업 또는 과중한 노동으로부터 보호하여 어린이의 건전한 발육과 정당한 이익을 보장하도록 하였으며, 1953년 5월 10일 근로기준법이 제정되어 폐기 전까지 아동의 복지증진에 크게 기여하였다는 점에 의의가 있다.

제3절 정부수립 이후의 사회복지입법

1. 제1, 2공화국 시대 사회복지입법

1) 시대적 배경

우리나라는 1948년 5월 10일 남한지역만이 총선거를 실시하여 국회의원 198명을 선출하여 제헌국회를 구성한 후 1948년 7월 17일에 헌법을 공포하였고, 8월 15일에 대한민국 정부가 수립되어 제1공화국(1948. 8~1960. 6)이 탄생하였다.

이 시기는 사회적 불안과 경제적 불황, 물가의 인상으로 1949년 GNP가 1인당 80달러 정도에 불과하였다. 이에 정부는 국민의 식량난과 경제적 고난을 극복하고자 미국을 비롯한 외국원조에 의존하게 되었다.

1960년 3월 15일 제4대 정 · 부통령의 부정선거로 인해 4 · 19혁명이 일어나 이승만 자유당 정부가 무너지자 1960년 6월 15일에 제3차 헌법 개정으로 의원내각제를 채택하는 제2공화국(1960. 6~1961. 5)이 탄생하였다. 새로 탄생한 민주당 정부는 그동안의 부정과 비리를 바로잡고 경제발전을 위해 노력을 하였으나 사회적 혼란으로 집권 8개월 만에 5 · 16 군사정변으로 막을 내리게 되었다.

2) 사회복지입법

(1) 제헌헌법의 생존권 규정

1948년 제헌헌법 제19조에 "노령, 폐질, 기타 근로능력의 상실로 인해 생활유지의 능력이 없는 자는 법률이 정하는 바에 의하여 국가의 보호를 받는다"고 규정하여 사회부조의 법적 근거를 마련하였고, 이는 제한적이긴 하지만 최초로 생존권의 이념을 헌법에 명시하였다는 점에 의의가 있다.

(2) 근로기준법

1953년 5월 10일에 최초의 노동입법으로 근로자의 근로조건의 향상과 보호를 위한 제도를 제정하였고, 특히 제28조에 퇴직금 제도를 명시하여 고용주 책임제의 사회보장대책을 마련하였다.

(3) 공무원연금법

1960년 1월 1일에 제정된 법으로 공무원이 퇴직, 사망, 질병 및 부상, 폐질, 재해 시 본인과 그 유족에게 적절한 급여를 지급함을 목적으로 하고 있다. 이 법은 우리나라 사회보험법의 효시로서 첫 번째 입법이라는 점에서 의의가 있다.

2. 제3공화국 시대 사회복지입법

1) 시대적 배경

1961년 5·16 군사정변으로 정권을 인수한 군사정부는 1962년 12월 17일에 제5차 헌법을 개정하여 1963년 10월 15일에 대통령 선거를 거쳐 제3공화국(1961. 5~1972. 10)을 탄생시켰다.

당시 빈곤함을 극복하고자 국가종합개발 정책으로 제1차 경제개발5개년계획을 수립하고 절대빈곤을 탈피하기 위하여 경제발전에 주력하였다.

한편 이 시기의 사회적 배경을 살펴보면, 산업화로 다양한 직종과 직업이 생겨 도시주민의 이질성과 가족의 핵가족화로 사회가 변하게 되어 한국인의 전통적 가치가 서구의 가치와 부딪혀 갈등을 일으켰다.

제3공화국은 한국 역사에서 농업에서 공업으로 대전환이 일어나는 시기로 정부정책 발표에서 복지정책에 대한 관심을 보였으나 실질적으로 실행되지는 않았다.

2) 사회복지입법

(1) 헌법의 생존권 규정 개정

유신헌법 제30조 제1항에 “모든 국민은 인간다운 생활을 할 권리를 가진다”

고 규정하고, 제2항에 "국가는 사회보장의 증진에 노력하여야 한다"고 하였으며, 제3항에 "생활 능력이 없는 국민은 법률이 정하는 바에 의하여 국가의 보호를 받는다"고 규정하여 적극적이고 보편적인 생존권의 기본권을 보장하고 있다.

(2) 생활보호법

1961년 12월 30일에 제정된 법으로 노령, 질병, 기타 근로능력의 상실로 인해 생활유지능력이 없는 자 등을 위한 법이다.

1944년에 제정된 '조선구호령'을 폐지하고 최초로 공공부조의 근간을 이루는 실정법으로 이 법은 2000년 10월 '국민기초생활보장법'으로 대체될 때까지 약 40년간 공공부조법률로서 역할을 하였다.

(3) 아동복리법

1961년 12월 30일에 아동이 건전하게 출생하여 행복하고 건강하게 육성되도록 그 복지를 보장함을 목적으로 제정하였다. 또 1961년 9월 30일에 고아입양특례법이 제정되어 외국 입양을 합법화시켰으며 1981년에 아동복지법으로 개칭되었다.

(4) 산업재해보상보험법

1963년 11월 5일에 제정하였으며 근로자의 업무상 재해나 직업병 등에 대하여 신속하고 공정한 보상을 해줌으로써 근로자를 보호하고 사용주보상책임을 대행함으로써 근로자와 가족, 사업주를 위험에서 제거 · 경감시켜 주는 것이 목적이었다.

(5) 사회보장에 관한 법률

1963년 11월 5일에 국민의 인간다운 생활을 보장하기 위한 사회보장기본법으로 제정하였으나 시행령을 제정하지 않고 있다가 1995년 12월 30일에 사회보장기본법이 제정됨으로써 폐기되었다.

(6) 의료보험법

1963년 12월 16일에 제정된 법으로 제정 당시에는 가입에 임의성을 인정으로 사회보험으로서 의의를 상실하였지만 1977년 7월 1일부터 500인 이상의 사업장은 강제가입을 의무화함으로써 본격 시행되었고, 국민건강보험법(1999. 2. 8) 제정으로 폐지되었다.

(7) 사회복지사업법

1970년 1월 1일에 사회복지사업에 대한 기본적 사항을 규정하여 그 운영의 공정·적절을 기함으로써 사회복지의 증진을 도모하고자 제정되었다. 이 법에서는 사회복지법인의 설립에 관한 문제, 사회복지사업 종사자의 자격증제도, 사회복지공동모금회 등에 관한 기본적 사항도 규정되어 있다.

3. 제4공화국 시대 사회복지입법

1) 시대적 배경

1970년대 정치적 상황은 국제적으로 양극체제 또는 냉전체제가 다극체제·다원체제로 급변하기 시작하였다. 이러한 국제정세는 국내정치에도 큰 영향을 미쳐 독재정권에 항거하는 민주세력의 등장으로 정치적 불안을 맞이하게 되었다.

그러나 제4공화국(1972. 10~1979. 10) 시기에 제3·4차 5개년경제개발계획을 계속 추진함으로써 지속적 고도성장이 달성되어 국민소득이 높아졌지만, 저임금·저곡가 정책으로 환경문제, 물가상승, 지역 간의 불균형 개발 등 여러 가지 부작용을 발생시켰다.

이 시기는 사회보험과 공공부조에 관한 법률이 대량으로 입법되어 사회복지법체제상 가장 중요한 사회보장법의 골격을 갖추게 되었다.

2) 사회복지입법

(1) 사립학교교원연금법

1973년 12월 20일에 제정된 법으로 1977년 12월부터는 학교법인 및 사무직원까지 추가로 확대 적용하였다. 이 법은 사립학교에 근무하는 교직원에게 공무원연금법과 동일하게 적절한 급여제도를 확립함을 목적으로 한다.

(2) 국민복지연금법

1973년 12월 24일에 국민의 노령, 폐질, 사망 등의 사회적 위험에 대비하여 제정되었으나 시행되지 않고 있다가 1986년 12월 31일에 국민연금법으로 전면 개정되면서 폐지되었다.

(3) 의료보호법

1977년 12월 31일에 생활유지능력이 없거나 생활이 어려운 자에게 의료보호를 실시하기 위하여 제정된 법으로 1961년에 제정된 생활보호법을 근거로 하였으며, 생활보호법과 함께 공공부조의 기본 골격은 형성되었다. 이 법은 의료급여법(2001. 5. 24)으로 법제명이 변경되었다.

(4) 공무원 및 사립학교교직원 의료보험법

1977년 12월 31일에 제정된 법으로 기존의 의료보험법은 직장인에게만 적용되었기 때문에 이 법은 공무원, 사립학교 교직원과 그 부양가족의 질병 · 부상 · 분만 · 사망 등에 대한 보험급여를 실시하였다.

4. 제5공화국 시대 사회복지입법

1) 시대적 배경

제5공화국은 정치적 · 사회적으로 매우 어려운 시기에 출범하였다. 1980년대 상황은 국제적으로 동서 간의 냉전이 종식되기 시작한 시기였으며, 국내적으로는 소위 신군부시대가 전개되었다. 10 · 26사태 후 전국에는 비상계엄령이 선포되었고, 학원자율화, 민주화 등을 요구하는 시위가 격렬하게 이루어졌던 시기이다.

1979년 10 · 26사태 이후 1980년 10월 27일 제8차 헌법이 개정되어 제5공화국, 즉 전두환 정부(1981. 2~1988. 2)가 탄생하였다. 이 정부에서는 정통성 시비, 군사정부 이래 지속되어 온 선성장 · 후분배 정책에 따른 소득분배의 불평등과 정부불신 등이 상호작용하면서 국민적 통합을 이루지 못하고 체제유지에만 급급하였다.

2) 사회복지입법

(1) 헌법의 생존권 규정 강화

제3공화국 헌법 제30조 제2항에서 "국가는 사회보장의 증진에 노력하여야 한다"는 규정을 제5공화국 헌법 제32조 제2항에서 "국가는 사회보장 · 사회복지의 증진에 노력할 의무를 진다"고 규정하여 사회복지에 대한 국가의 책임을 명백히 하였다.

(2) 노인복지법

1981년 6월 5일에 노인의 건강유지 및 생활안정을 위하여 제정되었다. 이 법은 산업화, 도시화, 핵가족화로 인한 노인의 부양의식이 약화됨에 따라 국가 및 사회가 노인문제와 욕구에 대처하기 위해 제정된 것이다.

(3) 국민연금법

1973년에 제정된 국민복지연금법의 시행이 유보되어 오다가 1986년 12월 31일에 전면 개정하여 명칭을 국민연금법으로 변경하였다. 이 법은 국민의 생활안정과 복지증진에 기여함을 목적으로 1988년 1월부터 시행되었다.

(4) 최저임금법

1986년 12월 31일에 근로자의 생활안정과 노동력의 질적 향상을 위하여 근로자의 최저임금수준을 보장하기 위해 법으로 제정되었다. 특히 이 법은 노동자의 최저생활보장을 위한 점과 근로자의 생존권을 실현하기 위한 강행법이라는 점에서 그 의의가 있다.

5. 제6공화국 시대 사회복지입법

1) 시대적 배경

1987년 6월 항쟁으로 마침내 직선제 개헌이 받아들여져 1987년 10월 27일 제9차 헌법 개정으로 제6공화국, 즉 노태우 정부(1988. 2~1993. 2)가 탄생하였다. 이 시기는 정치적으로는 민주화를 이루었으나 경제적으로는 수출경쟁력과 경제성장력이 저하되었으며 지방자치는 진전되었다고 볼 수 있다.

사회복지입법의 주요 특징을 살펴보면 첫째, 사회보험법에서 실시가 유보되었던 법률의 시행(국민연금법)과 시행 중인 법률의 적용대상 확대이다. 둘째, 사회복지사업법의 개정으로 사회복지전달체계가 구축되어 전문성을 가진 사회복지공무원이 서비스를 수행하게 되었다. 셋째, 가족과 관련된 법률(모자보건법, 영유아보육법)의 제·개정이 이루어졌다.

2) 사회복지입법

(1) 모자복지법

1989년 4월 1일에 모자가정의 생활안정과 복지증진에 기여함을 목적으로 제정하였다. 이 법이 시행되기 전까지 편모가정(모자가정)은 아동복지법과 생활보호법에 의해 보호를 받아왔으며, 2002년 12월에 모·부자복지법으로 개정되었다.

(2) 장애인복지법

1981년 제정된 심신장애자복지법을 전면 개정하여 1989년 12월 20일 장애인복지법으로 개칭하였다. 이 법은 장애인대책에 대한 국가 · 지방자치단체 등의 책임을 명시하고 그들의 생활안정과 복지증진에 기여하기 위함이다.

(3) 영유아보육법

1991년 1월 14일에 제정된 법으로 영유아를 건전하게 보육할 책임이 보호자뿐만 아니라 국가와 지방자치단체에도 있음을 명시하고 일정 규모 이상의 사업장의 사업주는 직장보육시설을 설치하도록 의무화하였다.

6. 김영삼 정부(문민정부) 시대 사회복지입법

1) 시대적 배경

이전의 군사정부들과의 차별화를 강조하며 민주주의 정착에 강한 의지를 가지고 있었던 김영삼 정부(1993. 2~1998. 2)는 보건사회부를 보건복지부로 개칭하여 사회복지에 대한 노력을 경주하였다. 또한 사회복지개혁안을 국민들에게 제시하면서 사회복지입법 역사에서 모법이라 할 수 있는 사회보장기본법을 제정하여, 한국 사회보장제도의 기본 골격에 대한 법적 토대가 형성되었다. 그러나 1997년 11월 외환위기로 인해 실업 등 경제적인 고통을 겪게 되었는데, 대량실업과 대량빈곤 현상에 대처할 사회안전망은 마련되지 않아 이후 한시적이고 즉흥적인 사회안전망 제도가 탄생하게 되었다.

2) 사회복지입법

(1) 고용보험법

1993년 12월 27일에 고용보험을 통하여 실업의 예방 · 고용의 촉진 및 근로자의 직업능력 개발 · 향상을 도모하고, 근로자의 생활안정과 구직활동을 촉진하여 경제 · 사회 발전에 이바지하기 위해 제정하였다.

(2) 사회보장기본법

1963년 제정되었으나 형식적이고 의례적인 수준인 '사회보장에관한법률'을 폐지하고 1995년 12월 30일에 제정하였다. 이 법은 사회보장에 관한 국민의 권리와 국가 및 지방자치단체의 책임을 정하고 사회보장범위는 사회보험, 공공부조, 사회서비스 및 관련 복지제도로 규정하고 있다.

(3) 정신보건법

1995년 12월 30일에 정신질환의 예방과 정신질환자 의료 및 사회복귀에 관한 필요사항을 규정함으로써 국민의 정신건강증진에 기여하기 위해 제정하였다. 이 법은 2016년 전부 개정을 거쳐 정신건강증진 및 정신질환자 복지서비스 지원에 관한 법률로 변경되었다.

(4) 사회복지공동모금회법

1997년 3월 27일에 사회복지사업을 지원하기 위하여 국민의 자발적인 성금으로 공동 모금된 재원을 효율적으로 관리 · 운영함으로써 사회복지 증진에 이바지하고자 제정하였다.

(5) 국민의료보험법

1997년 12월 31일에 국민보건을 향상시키고 사회보장의 증진을 도모하기 위하여 제정되었다. 이 법은 1999년 2월 8일 국민건강보험법이 제정되면서 폐지되었다.

7. 김대중 정부(국민의 정부) 시대 사회복지입법

1) 시대적 배경

김대중 정부(1998. 2~2003. 2)는 IMF 외환 위기에서 탈출하였으며, 이 과정에서 생산적 복지, 적극적 노동시장정책 등을 국가의 주요 정책방향으로 채택하였다. 외환위기와 실업문제, 경제성장의 둔화로 인한 저소득자의 문제는 국민의 정부 시대의 최대의 과업으로 이러한 사회적 요구에 대처하기 위해서 국민기초생활보장법(1999. 9. 7)이 입법되었다.

이 법의 제정으로 9월 7일을 사회복지의 날로 정하여 기념하게 되었고, 급여의 권리성과 저소득층에 대한 기초생활보장 및 복지국가로서의 획기적인 진전을 가져왔다. 또한 국민건강보험법 제정을 통한 의료보험제도의 통합과 법률의 개정으로 제도의 확충과 내실을 다졌다고 할 수 있다.

2) 사회복지입법

(1) 국민건강보험법

1999년 2월 8일에 국민의 질병, 부상에 대한 예방, 진단, 치료, 재활과 출산, 사망 및 건강증진에 대하여 보험급여를 실시함을 목적으로 제정되었다. 의료보험제도의 통합 운영에 따라 종전의 의료보험법과 국민의료보험법을 대체한 법이다.

(2) 국민기초생활보장법

1999년 9월 7일에 생활이 어려운 자에게 최저생활을 보장하고 자활을 조성하기 위해 제정되었다. 이 법은 급여를 받는 사람들의 권리를 인정하여 복지권 내지 생존권에 대한 수혜자의 법적 권리를 강조하였다. 따라서 1961년에 제정된 생활보호법은 폐지되었다.

(3) 의료급여법

1977년 12월 31일에 제정된 의료보호법을 2001년 5월 24일에 전부 개정한 법으로 생활이 어려운 자에게 의료급여를 실시함으로써 국민건강의 향상과 사회복지의 증진에 이바지함을 목적으로 한다.

(4) 모 · 부자복지법

1989년 4월 1일에 제정된 모자복지법을 2002년 12월 18일 모 · 부자복지법으로 개칭한 법으로 기존의 모자가정에 대한 생활안정과 복지증진의 내용을 부자가정에도 적용할 수 있도록 개정하였다.

8. 노무현 정부(참여정부) 시대 사회복지입법

1) 시대적 배경

노무현 정부는 사회복지정책의 기본이념으로 '참여복지'를 내세웠다. 참여정부(2003. 2~2008. 2)는 제도적인 측면에서 분배를 강조하였다. 그리고 그동안 지연되어 왔던 노인장기요양보험의 시범사업 추진에 이은 관련법을 제정하여 5대 사회보험 시대를 열었고, 노인의 생활안정과 복지증진을 목적으로 기초노령연금법을 제정하여 노년의 소득을 지원하는 정책을 펼쳤다. 그러나 분명한 것은 노무현 정부 전 기간에 걸쳐 개혁을 효과적으로 추진할 수 있는 정치적 여건이 형성되지 못했다는 점이다.

2) 사회복지입법

(1) 청소년복지지원법과 청소년활동진흥법

2004년 2월 9일에 제정된 청소년복지지원법은 국가는 청소년의 복지향상 정책을 수립 · 시행하고, 복지정책에 있어 청소년을 우선적으로 배려하기 위함이었다. 같은 날 제정된 청소년활동진흥법은 청소년들이 다양한 활동에 주체적이고 자발적으로 참여할 기회와 지원을 위함이었다.

(2) 건강가정기본법

2004년 2월 9일에 건강한 가정생활의 영위와 가족의 유지발전을 위해 국민의 권리 · 의무와 국가의 책임을 명백히 하여 가정 구성원들의 복지증진을 위한 지원정책을 강화함으로써 건강가정 구현에 이바지하고자 제정되었다.

(3) 성매매방지 및 피해자보호 등에 관한 법률

2004년 3월 22일에 제정된 법으로 성 매매된 자 및 성을 파는 행위를 한 자의 사회복귀와 성매매 행위 재발 방지를 돕기 위하여 지원시설 및 상담소의 설치와 운영을 활성화할 수 있도록 하였다.

(4) 기초노령연금법

2007년 4월 25일 제정된 법으로 자산조사를 실시하여 저소득 노인에게 매월 일정액의 연금을 세금으로 지급하여 안정적인 소득기반을 제공함으로써 노인의 생활안정을 지원하고 복지 증진을 목적으로 하고 있다.

(5) 노인장기요양보험법

2007년 4월 27일 제정된 법으로 노인성 질병 등의 사유로 일상생활을 혼자서 수행하기 어려운 노인 등에게 장기요양급여에 관한 사항을 규정하여 노후의 생활안정과 국민의 삶의 질 향상을 목적으로 하였다.

9. 이명박 정부 시대 사회복지입법

1) 시대적 배경

이명박 정부(2008. 2~2013. 2)는 '능동적 복지'라는 슬로건하에 기존의 복지국가 발전 방향에 크게 어긋나지 않는 선에서 복지정책을 다루어 왔으나, 2008년 국제금융위기 이후 경제위기로 늘어나는 빈곤층을 신속하고 효과적으로 보호하기 위하여 전국적인 민생안정지원체계를 구축하였고, 지방자치단체 등 공공부문과 민간부문의 정보를 공유하는 통합전산망을 마련하여 효율적인 사회서비스 행정을 구현하고자 하였다.

2) 사회복지입법

(1) 다문화가족지원법

2008년 3월 21일에 제정된 법으로 다문화가족이란 결혼이민자, 출생 시부터 대한민국 국적을 가진 자, 귀화허가를 받은 자들로 이들 다문화가족 구성원이 안정적인 가족생활을 영위할 수 있도록 함을 목적으로 한다.

(2) 고용상 연령차별금지 및 고령자고용촉진에 관한 법률

2008년 3월 21일에 제정된 법으로 기존의 '고령자고용촉진법'을 대체한 법이다. 이 법은 연령을 이유로 고용차별을 금지하고 고령자 능력에 맞는 직업을 지원·촉진함을 목적으로 한다.

(3) 장애인연금법

2010년 4월 12일 제정된 법으로 장애로 인해 생활이 어려운 중증장애인에게 장애인연금을 지급함으로써 중증장애인의 생활안정지원과 복지증진 및 사회통합을 도모하는 데 이바지함을 목적으로 시행되고 있다.

10. 박근혜 정부 시대 사회복지입법

1) 시대적 배경

박근혜 정부(2013. 2~2017. 3)의 사회복지 확대는 방법론에 있어서는 다소 이견이 있었지만, 기본적인 취지에서는 사회적으로 공감대가 형성되어 있었다.

이 시기에는 기초노령연금법을 폐지하고 기초연금법을 제정하여 65세 이상 노인에게 상향된 연금을 지급하는 제도를 마련하였는데, 이는 노인들을 위한 획기적인 일이었다. 그러나 국정농단으로 여론이 악화되어 결국 국회탄핵을 거쳐 헌법재판소에서 박근혜 대통령은 파면되었다. 이는 우리나라 헌정사상 최초의 탄핵으로 대통령 임기가 중단되는 초유의 사태였고 그에 따른 정국혼란으로 사회복지 관련 입법도 중단되었다.

2) 사회복지입법

(1) 기초연금법

2014년 5월 20일 기존의 기초노령연금을 대체한 법으로 노인 세대를 위한 안정적인 공적연금 제도를 마련하여 65세 이상의 노인 중 소득기반이 취약한 노인에게 기초연금을 지급함으로써 노인 빈곤 문제를 해소하고 노인의 생활 안정과 복지증진 기여를 목적으로 하고 있다.

(2) 사회보장급여의 이용 · 제공 및 수급권자 발굴에 관한 법률

2014년 12월 30일 제정된 법으로 사회보장기본법에 따른 사회보장급여의 이용 및 제공에 관한 기준과 절차 등 기본적 사항을 규정하고, 지원대상자를 발굴 · 지원하며 사회보장제도가 지역사회에서 통합적으로 시행될 수 있도록 기반 구축을 목적으로 하고 있다.

(3) 노후준비지원법

2015년 6월 22일 제정된 법으로 국민의 체계적 노후준비의 중요성이 커짐에 따라 사전에 재무, 건강, 여가, 대인관계 등 분야별로 적절한 노후를 준비할 수 있도록 국가가 적극적으로 지원함을 목적으로 하고 있다.

11. 문재인 정부 시대 사회복지입법

1) 시대적 배경

헌법재판소의 탄핵 결정으로 박근혜 정부의 임기는 중단되고 이어 조기 대통령 선거로 문재인 정부(2017. 5~2022. 5)가 출범하였다.

포용적 복지를 슬로건으로 건강보험 보장성 강화 정책에 유일하게 대통령 이름(문재인 케어)을 넣었으며, 치매국가책임제를 공식 선언하였다.

한편 아동 양육에 대한 국가의 책임성을 강화하려는 아동수당법은 아동수당의 보편화 정책이었고, 복지 사각지대 축소를 위해 생계급여 부양의무자 기준 완화 계획을 앞당겨 시행하고, 저소득 고령층을 위한 노인과 장애인을 위한 지원정책 증대는 시대적 요구를 충족하기 위한 제도였다.

2) 사회복지입법

(1) 사회복지사업법(개정)

2017년 10월 24일 개정에서 사회복지사의 자격이 취소된 사람에게는 그 취소된 날부터 2년 이내에 자격을 재교부하지 못하도록 하였고, 사회복지법인 임원 및 사회복지시설의 장의 결격사유 등을 추가하였다.

(2) 장애인연금법(개정)

2017년 12월 19일 개정에서 「장애인복지법」이 개편됨에 따라 장애 등급을 장애 정도에 따라 중증(1~3급)과 경증(4~6급)으로 하는 내용과 '장애등급' 용어를 '장애 정도'로 변경하였다.

(3) 아동수당법

2018년 3월 27일 제정된 법으로 아동의 건강한 성장환경을 조성하여 아동의 기본적 권리와 복지 증진에 기여하기 위하여 2018년 9월 1일부터 시행되었다. 시행 초기에는 6세 미만의 아동에게 선별적으로 지원하였으나 2019년 9월부터는 지급 대상이 현재는 8세 미만으로 확대되었다. 이는 미래 세대인 아동에 대한 권리라는 점을 고려하여 보편주의로 시행되고 있다.

(4) 고독사 예방 및 관리에 관한 법률

2020년 3월 31일 제정에서, 홀로 고독사하는 경우 사회적인 문제로 인식하여, 고독사를 체계적으로 예방·관리할 수 있는 법적 근거를 마련함으로써 고독사로 인한 개인적·사회적 피해를 방지함을 목적으로 한다.

〈표 3-1〉 우리나라 사회복지법의 연도별 제정 현황

제정연도	사회서비스제도	사회보험제도	공공부조제도	기 타
1950~1953			•후생시설설치령('50.2.27) •후생시설운영요령('52.10.4)	•근로기준법('53.5.10)
1960		•공무원연금법('60.1.1)		
1961	•윤락행위등방지법('61.11.9) •아동복리법('61.12.30)		•갱생보호법('61.9.30) •군사원호보상법('61.11.1) •생활보호법('61.12.30)	
1962		•선원보험법('62.1.10)	•재해구호법('62.3.20) •국가유공자특별원호법('62.4.16)	
1963		•군인연금법('63.1.28) •산업재해보상보험법('63.11.5)		•사회보장에 관한법률('63.11.5)
1968	•자활지도사업임시조치법('68.7.23)			
1970	•사회복지사업법('70.1.1)		•재해구제로인한의사상자구호법('70.8.4)	
1973		•사립학교교원연금법('73.12.20) •국민복지연금법 미실시('73.12.24)		
1976	•입양특례법('76.12.31)	•개정의료보험법('76.12.22)		
1977		•공무원및사립학교교원의료보험법('77.12.31)	•의료보호법('77.12.31)	•특수교육진흥법('77.12.31)
1980	•사회복지사업기금법('80.12.31)			
1981	•심신장애자복지법('81.6.5) •노인복지법('81.6.5)			
1982	•유아교육진흥법('82.12.31)			
1984			•국가유공자예우등에 관한법률('84.12.31)	
1986				•최저임금법('86.12.31)

제정연도	사회서비스제도	사회보험제도	공공부조제도	기 타
1988	•보호관찰법('88.12.31)	•국민연금법시행('88.1.1) •농어촌지역의료보험시행('88.1.1)		•최저임금제시행('88.1.1)
1989	•모자복지법('89.4.1) •장애인고용촉진등에관한법률('89.12.16)	•도시지역의료보험시행('89.7.1)		
1991	•영유아보육법('91.1.14)	•사내근로복지기금법('91.8.10)		•청소년기본법('91.12.31) •고령자고용촉진법('91.12.31)
1993		•고용보험법('93.12.27)	•일제하일본군위안부에대한생활안정지원법('93.6.11)	
1994	•성폭력범죄의처벌및피해자보호등에관한법률('94.1.5)			
1995	•보호관찰등에관한법률('95.1.5) •정신보건법('95.12.30)			•사회보장기본법('95.12.30)
1997	•청소년보호법('97.3.7) •사회복지공동모금회법('97.3.27) •장애인 · 노인 · 임산부등의편의증진보장에관한법률('97.4.10) •가정폭력방지및피해자보호등에관한법률('97.12.31)	•국민의료보험법('97.12.31)		•근로기준법(전면개정)('97.3.13)
1999		•국민건강보험법('99.2.8)	•국민기초생활보장법('99.9.7)	
2000	•장애인고용촉진및직업재활법('00.1.12)			
2001			•의료급여법('01.5.24)	
2002	•모 · 부자복지법('02.12.18)	•국민건강보험재정건전화특별법('02.1.19)		
2003	•청소년복지지원법('03.12.30) •청소년활동진흥법('03.12.30)			
2004	•농어촌주민의보건복지증진을위한특별법('04.1.29) •학교폭력예방및대책에관한법률('04.1.29) •건강가정기본법('04.2.9) •성매매방지및피해자보호등에관한법률('04.3.22)			

제정연도	사회서비스제도	사회보험제도	공공부조제도	기 타
2005	•실종아동등의보호및지원에관한법률('05.5.31) •장애인기업활동촉진법('05.7.29) •자원봉사활동기본법('05.8.4)		•긴급복지지원법('05.12.23)	
2006	•식품기부활성화에관한법률('06.3.24) •고령친화산업진흥법('06.12.28)			
2007	•장애인차별금지및권리구제등에관한법률('07.4.10) •한부모가족지원법('07.10.17) •가족친화사회환경의조성촉진에관한법률('07.12.14)	•노인장기요양보험법('07.4.27)	•기초노령연금법('07.4.25)	•사회적기업육성법('07.1.3)
2008	•다문화가족지원법('08.3.21) •고용상연령차별금지및고령자고용촉진에관한법률('08.3.21)			
2010			•장애인연금법('10.4.12)	
2011	•장애인활동지원에관한법률('11.1.4) •노숙인등의복지및자립지원에관한법률('11.6.7)			
2014	•발달장애인권리보장및지원에관한법률('14.5.20) •사회보장급여의이용 · 제공및수급권자발굴에관한법률('14.12.30)		•기초연금법('14.5.20)	
2015	•노후준비지원법('15.6.22)			
2017	•한국인원자폭탄피해자지원을위한특별법('17.5.29)			
2018	•재난적의료비지원에관한법률('18.1.16) •아동수당법('18.3.27)			
2021	•사회서비스지원및사회서비스원설립 · 운영에관한법률('21.9.24)			

주 : ( ) 안의 숫자는 제정일로 일 뒤에 마침표는 생략

KEY POINT

의료보험법 · 의료보호법

① 의료보험법–최초로 강제적용 방식의 사회보험 제도(현재 건강보험법)

② 의료보호법–취약계층의 의료비 무료 및 일부지원(현재 의료급여법)

기초노령연금법 · 기초연금법

① 기초노령연금법(기초연금법 실시로 폐지)

② 기초연금법(현재 시행)

생활보호법 · 국민기초생활보장법

생활보호법	국민기초생활보장법
시혜적	권리적
제한적 제도	완화적 제도
보호	보장
근로능력 없는 자	근로능력 관계 없음
인구학적 기준(연령기준)	인구학적 기준 폐지

2000년 이후 시행 사회복지 주요 법

정 부	법	제정일	시행일
김대중	국민기초생활보장법	1999. 09. 07.	2000. 10. 01.
노무현	노인장기요양보험법	2007. 04. 27.	2008. 07. 01.
이명박	장애인 연금법	2010. 04. 12.	2010. 07. 01.
박근혜	기초 연금법	2014. 05. 20.	2014. 07. 01.
문재인	아동 수당법	2018. 03. 27.	2018. 09. 01.

(국민기초생활보장법 제정일인 9월 7일이 사회복지의 날)

공소시효 · 소멸시효

① 공소시효

국가가 형사상 죄에 대한 처벌을 할 수 있는 시효(기한)

② 소멸시효

민사상의 손해를 법원에 재판 청구할 수 있는 시효(기한)

소멸시효 · 제척기간

① 소멸시효 – 당사자가 손해 청구하면 소멸시효 중단(가압류, 압류 등)

② 제척기간 – 당사자의 손해 청구 관계없이 기간 중단 안 됨(당사자 인지 무관)

주요 소멸시효

1년시효 – 숙박비, 식대, 상속이의제기

2년시효 – 재산분할, 징계권, 보상권

3년시효 – 임금채권, 위자료, 보험금 청구

5년시효 – 상거래채권, 세금환급

10년시효 – 일반채권(개인 간 채무)

손실보상

적법한 공권력으로 개인의 재산권을 제한 및 박탈하였을 때, 국가 및 공공단체의 금전적 보상

손해배상

불법한 행위로 인한 개인의 재산권의 손해나 인격적 권리침해에 대하여 금전적 · 정신적 보상

손실보상 · 손해배상

손실보상	손해배상
사회적 공평부담	도덕적 과실
적법행위로 피해	불법행위로 피해
재산적 손실보상	재산적 · 정신적 손해배상

04

CHAPTER

사회복지법의 체계와 권리성

제1절 사회복지법의 체계

제2절 사회복지의 권리성 : 사회보장수급권

CHAPTER 04

사회복지법의 체계와 권리성

제1절 사회복지법의 체계

사회복지란 사회 구성원의 복지를 증진하여 그들의 인간다운 생활을 보장하는 실천활동이라 할 수 있다. 때문에 사회복지실천 활동을 지원하고 활동의 한계를 규정하기 위해서는 법적 · 제도적 장치가 마련되어야 한다.

현대사회는 법치주의에 입각하여 국가와 지방자치단체의 행정 작용이나 행위가 작용하고, 민간의 사회복지실천 활동도 실정법에 의하여 지원을 받거나 규제받게 됨은 물론 사회복지조직에 대한 정당성을 부여하고 있다.

따라서 좁은 의미의 사회복지법의 개념이 아니라 사회복지학적 입장에서 사회복지법의 분류와 체계화가 이루어져야 하며, 우리나라의 경우에는 사회보장기본법을 근거로 하여 그 체계가 이루어지고 있으며, 사회보장기본법은 사회보장제도의 기본적인 사항들을 법률로서 규정화한 것이다.

1. 법의 체계의 일반적 분류

일반적으로 법은 일정한 조직체계를 이루고 있으며 법이 일정한 제정절차를 거쳤느냐의 여부에 따라 자연법과 실정법으로 대별하고, 실정법은 다시 국내법과 국제법으로 구분된다.

1) 법의 일반체계

(1) 자연법

자연법(natural law)이란 시간과 공간을 초월하는 영구불변의 초경험적이고 이상적인 법을 말한다. 즉, 자연현상에 의해 자연적으로 발생하며 인위적인 영향을 전혀 받지 않는 초실정적인 법규범이다.

자연법은 우주의 존재질서를 규율하는 보편타당한 원칙으로서 정의의 이념을 그 내용으로 하고 있기 때문에 법의 근원이 된다.

(2) 실정법

실정법(positive law)은 인간사회의 질서유지를 목적으로 사회적 상황에 따라 생성·발전되어 왔다. 경험적으로 사실에 의해 성립되는 현실적인 제도로서 시행되고 있는 제정법, 관습법, 판례법 등이 실정법에 해당된다. 이는 인간에 의해 이 세상에 존재하는 인위적인 법이다. 실정법은 크게 국제법과 국내법으로 구분한다.

① 국내법

국내법(municipal law)이란 한 국가에 의하여 인정되어 그 국가의 주권이 미치는 범위 내에서만 일정한 절차에 의해 효력을 가지는 법이다.

국내법은 공법과 사법 그리고 사회법으로 구분한다. 일반적으로 공법(public law)은 공익적 또는 국가적 관계를 규율하는 법으로 그 내용이 강행규정으로 구성되어 사법에 비하여 강제성이 강하다는 특색이 있다.

사법(private law)은 사인 간의 이해관계를 규율하는 법으로서 평등과 당사자의 의사가 존중되는 법규범이다.

사회법(social law)은 사적 자치의 원칙에 제한을 가하고 국가가 사적 영역에 개입하여 규제를 가할 수 있도록 제정된 법을 말한다. 즉, 공법과 사법의 통합 혹은 중간영역으로 사회복지법은 사회법에 속한다.

② 국제법

국제법(international law)은 국제단체에 의하여 인정되어 국가와 국가 사이에 행하여지는 법을 말한다. 국내법에 비하여 그 위반에 대한 제재력이 약하고 그의 입법에 대한 일정한 원칙이 확립되지 않고 있어 입법기관이나 입법절차가 불완전하다. 국제법에서는 관습법이 많은 역할을 하고 있으며 국제조약과 국제관습법은 동일한 효력을 가진다.

2) 일반 법체계하의 사회복지법

사회복지법을 지역적인 범위를 기준으로 볼 때 대부분 각 국가가 자국의 영역 내에서 국내입법에 의하여 제도체계를 창설하고 그 국민을 대상으로 실시하기 때문에 제도의 내용은 나라마다 서로 다르다.

사회복지법은 주로 국내법의 성격을 띠지만 한편에서는 사회보장협약, ILO와 같은 국제기구의 국제적 권고와 1964년 제정된 유럽사회보장법전의 내용 등은 국제적인 성격을 지닌다.

(1) 국내 사회복지법

사회복지법은 일반 법체계하에서 실정법에 속한다. 제정법, 관습법, 판례법 등과 같은 실정법 가운데 사회복지법은 제도상 입법권을 가지는 자에 의하여 만들어지고 그 내용이 문서로서 작성되어 일정한 형식과 절차를 밟아서 공포된 제정법(성문법)에 속한다.

사회복지법은 삼분법인 공법, 사법, 사회법 가운데 사회법에 속한다. 사회법인 사회복지법은 제정법 가운데 공법인 헌법의 테두리 안에서 구체적인 법률로서 국회에서 제정되며, 사회복지 관련 법률을 실시하기 위해서는 권한이 있는 행정기관이 세부적인 시행을 위한 명령이나 규칙을 제정한다.

또한 지방자치단체는 사회복지법령의 테두리 안에서 그 지방자치단체의 지방 내에서만 효력을 가지는 자치법규를 제정하여 운영한다.

사회복지법은 사회보장기본법을 기본으로 삼으며, 크게 사회보험법, 공공부조법, 사회서비스법에서의 사회복지사업법 및 사회복지관련법으로 다음과 같이 구분하고 있다. 사회복지법은 사회복지법의 정의 및 범주화를 바탕으로 이를 아래의 |그림 4-1|과 같이 수직적 구조 맥락에서 체계화할 수 있다. 사회보장기본법을 기본법적 위치에 두고 크게 사회보험, 공공부조, 사회서비스 영역에서의 개별 법률들이 존재한다.

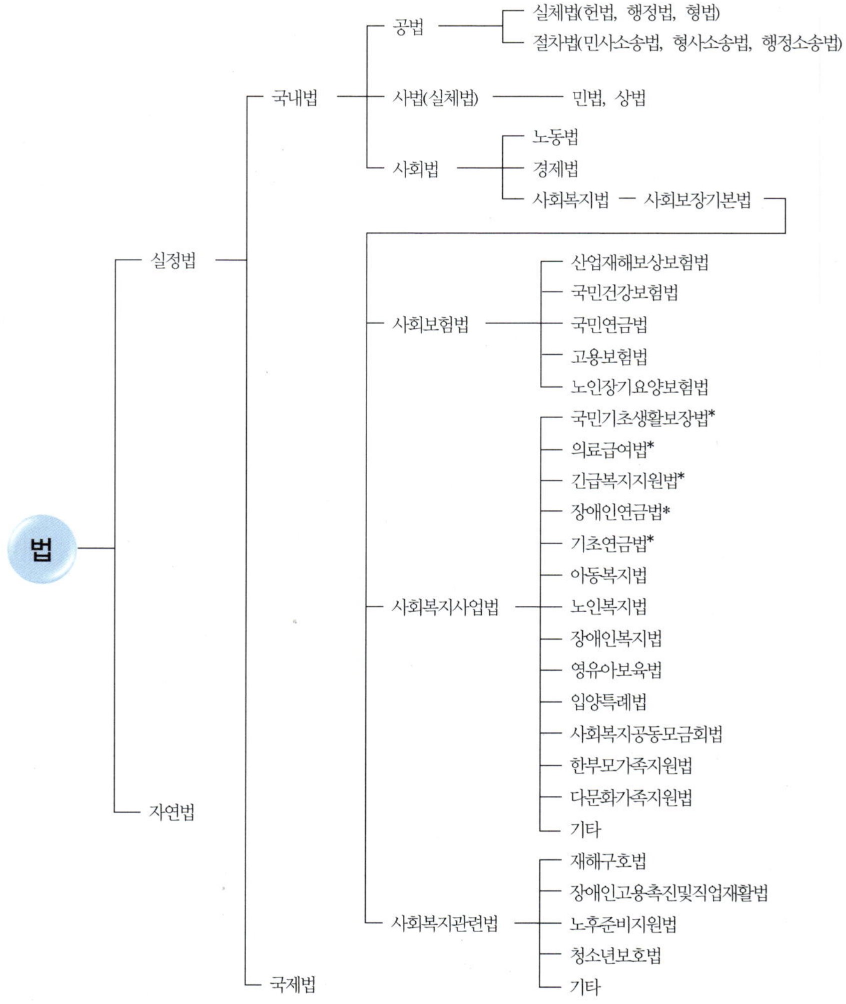

*는 공공부조에도 포함되는 법임

|그림 4-1| 일반적 법체계하에서 사회복지법

(2) 국제 사회복지법

국제 사회복지법에는 조약, 국제법규 및 국제관습법이 있으며, 조약에는 일반조약과 사회보장협약이 있고 국제법규에는 국제사회복지법규가 있다.

2. 사회복지법과 타법과의 관계

사회복지법의 독자성 또는 고유성은 사회복지법과 타법과의 관계를 명확히 함으로써 확보될 수 있을 것이다. 따라서 사회복지법과 관계가 밀접한 헌법, 노동법, 행정법, 조세법, 민법 등과 사회복지법이 어떤 점에서 공통되고 어떤 점에서 차이가 나는지를 분석하고자 한다.

1) 사회복지법과 헌법과의 관계

헌법은 국가의 근본법으로서 현행 사회복지법을 지도하는 최고의 법 규범이다. 사회복지법은 상위규범인 헌법에 구속되어 위반할 수 없으며, 상위규범인 헌법의 추상성을 구체화시켜 주는 역할을 한다.

이들 헌법 규정은 사회복지 관련 하위법규의 존립근거이면서 동시에 재판의 규범으로서 기능하게 된다. 헌법 제10조는 인간의 존엄과 가치 및 행복추구권을 규정하여 모든 국민의 행복추구권을 불가침의 기본적 인권으로 보장하고 있으며, 제31조에서부터 제36조까지의 사회권, 또는 생존권 규정은 사회복지법의 기본방향이자 기본 근거임을 말해주고 있다.

특히 제34조의 모든 국민이 인간다운 생활을 할 권리와 국가의 사회보장 · 사회복지 증진에의 노력 의무를 명문화하여 현재 우리나라는 복지 국가적 이념을 표방하고 있음을 알 수 있다.

이와 같이 헌법이 보장하는 국민의 기본적 권리 중 가장 상위의 규범으로서 모든 기본권의 내용과 해석을 규정하는 것은 헌법 제10조이다.

2) 사회복지법과 노동법과의 관계

사회복지법 가운데 일부 법률은 노동법적 특성을 가지고 있기 때문에 노동법과 밀접한 관계가 있다. 연금법은 근로자의 노후생활을 보장하기 위한 법률로 이전에는 노동자 보험으로 노동법 분야에서 다루었으나 사회복지법이 발전해 가면서 노령의 문제는 생활보장이라는 관점으로 연금법에서 다루게 되었다.

고용보험법의 실업급여는 실업에 의해 발생하는 임금소득의 상실을 사회적인 급부에 의해 보충하려는 것이다. 그러나 실업의 예방이나 사후대책 또는 노동관계복귀를 위한 직업안정책은 노동법의 영역이다.

그러므로 노동법과 사회보장법은 서로 밀접하게 협력하여 실업의 방지와 실업자의 생활보장을 유기적으로 결부시킬 필요가 있다. 산업재해보상보험법도 마찬가지로 노동법과 밀접한 관계가 있다.

또한 노동법은 개별적 또는 집단적 노동관계의 규율을 통하여 근로자의 권익을 보호함으로써 인간다운 생활을 보장하려는 데 그 목적이 있으나, 사회복지법은 근로자를 포함하여 생활상 위험에 처한 모든 국민의 인간다운 생활을 보장하기 위하여 입법되었다는 점에서 구별된다.

3) 사회복지법과 행정법과의 관계

사회복지법과 행정법은 법 이론상 상호 밀접한 관련이 있다. 사회복지법의 대부분이 국가의 중요행정의 일부로서 행정관청에 의해 실시되어 왔다는 점이다.

행정법은 행정을 그 대상으로 하는 행정에 관한 국내 공법이고 사회복지법은 사회복지를 그 대상으로 하는 법으로 유사한 특성을 갖지만, 행정법은 공법(公法)이고 사회복지법은 사회법(社會法)이라는 점에서 근본적으로 차이가 있다.

즉, 사회복지법은 공법적인 특성과 사법적인 특성을 동시에 가지고 있다. 국가행정의 규율대상을 볼 때 행정법은 국가행정의 모든 분야를 규율대상으로 하는 반면, 사회복지법은 국가행정 가운데 복지행정 분야만을 규율하고 있다. 또한 복지행정과 관련하여 행정법은 일반법에 해당하고 사회복지법은 특별법에 해당된다.

따라서 사회복지법의 복지행정상 법익은 '특별법 우선의 원칙'에 따라 행정법상의 원칙에 앞서 우선적으로 보호되어야 한다.

4) 사회복지법과 조세법과의 관계

조세제도에 있어서 소득공제제도와 조세감면제도는 특정한 요건을 구비한 납세의무자가 실질적으로 최저수준의 소득을 유지할 수 있도록 도와주기 위한 제도이다.

조세제도가 소득재분배, 소득과 부의 불평등의 감소, 특히 부의 소득세 제도를 통하여 저소득자의 소득을 보호하고자 함은 사회복지제도의 일부 기능과 공통적이다. 그러나 사회복지법과 조세법은 입법 목적에서 현저히 그 성격을 달리한다. 조세법은 공평과세와 합리적인 징수를 목적으로 하는 법체계이지만, 사회복지법은 사회적 욕구를 충족시키고 사회문제를 해결하기 위해 입법된 법체계이다.

5) 사회복지법과 민법과의 관계

사회복지법은 사회법의 하나로서 공법과 사법의 특성을 공유하고 있다. 사회복지법은 사법 가운데 민법과 밀접한 관계를 가지고 있다.

사회복지사업법 제32조에는 「민법」을 준용한다는 규정이 있다. 민법의 일반원칙인 신의성실의 원칙, 권리남용금지의 원칙 등은 사회복지법에서도 일반원칙으로 직접적으로 적용되는 경우이다.

이처럼 민법은 인간으로서 생활관계를 규율하는 사법으로 권리와 주체, 권리의 객체 그리고 권리의 변동관계 등과 같은 민법의 내용과 방법이 사회복지법률 관계에 적용된다.

특히 사회보상원리에 기초를 둔 사회보험법, 부조의 원리에 기초를 둔 공공부조법, 원호주의 내지 원조주의 원리에 기초를 두고 있는 사회서비스법은 민법보다 공법적 특성이 더욱 강하다.

사회보험법 관계는 관리운영주체와 피보험자 간에 급여를 중심으로 존재하는 권리, 의무의 총체적 관계를 의미하므로 재산적 가치가 있는 사회복지급여의 이행과 관련된 법률관계이다. 따라서 이러한 법률관계는 민법상의 채권 · 채무관계일 뿐만 아니라 사회복지수급권(피보험자)의 사회적 보호라는 공익적 규범 목적을 동시에 지니고 있다.

6) 사회복지법과 경제법과의 관계

경제법은 사회법의 영역으로 공법과 사법의 특성을 공유하고 있으며, 경제질서를 유지하고 경제 질서의 실질적 민주화를 꾀하며 근로자의 경제적 · 사회적 최저생활을 보장한다는 측면에서 사회복지법과 유사점을 가지고 있다.

사회복지법은 경제법이 규율하는 시장에서 이루어진 분배의 결과로 파생한 소득불균형의 문제를 누진적인 소득세를 통하여 재원을 마련, 그 재원을 통하여 저소득층에게 재분배함으로써 사회계층 간의 소득 격차를 완화시켜 주고, 모든 국민들이 최소한의 삶을 살아갈 수 있도록 생존권 보장을 이념으로 하는 사회법이다.

경제법은 국가 경제정책적 입법 성격이 강한 법으로 시장에서 분배의 문제를 다루고 있는 반면, 사회복지법은 시장에서 이루어진 분배의 결과를 재분배함으로써 사회정책적 입법 성격이 강하다.

제2절 사회복지의 권리성 : 사회보장수급권

1. 사회권적 기본권의 이해

1) 사회권적 기본권으로서의 사회보장 권리

사회권적(생존권적) 기본권이라 함은 국민이 국가기관에 대하여 인간다운 생활과 최저한의 생활보장을 적극적으로 개입하여 확보해 줄 것을 요청할 수 있는 권리를 의미한다.

사회권적 기본권을 세계 최초로 규정한 것은 1919년 독일의 바이마르헌법이다. 바이마르헌법 제151조는 "경제생활의 질서는 각인으로 하여금 인간다운 생활을 보장하는 것을 목적으로 하는 정의의 원칙에 합치하여야 한다."고 규정하고 있다. 또한 우리나라 헌법에서도 기본권 보장에 관한 규정을 두고 있는데, 헌법 전문에는 "국민생활의 균등한 향상을 기하고"와 "자유와 행복을 확보할 것"이 명시되어 있고, 헌법 제34조 기본권 이하 제37조 자유권에 이르기까지 기본권에 대하여 규정하고 있다.

헌법에서 보장하는 기본권 가운데 사회복지입법과 사회보장제도 및 사회복지사업법 등을 통해 직접적으로 보장하고자 하는 기본권은 헌법 제34조 '사회권적 기본권 영역'에 있는 인간다운 생활을 할 권리와 사회보장수급권이라 할 수 있다.

2. 사회보장수급권

1) 사회보장수급권의 의의

현대사회에서 국민 개개인의 생활은 반드시 사회적 성격을 지닌 것이므로 사회복지법의 이념에도 모든 국민은 자신의 생존 혹은 생활에 필요한 여러 가지 조건의 확보를 국가에 요구할 수 있는 권리인 생존권을 핵심으로 삼고 있다.

따라서 사회보장기본법상의 수급권은 인간으로서의 생존 혹은 인간다운 생활을 확보하기 위한 개인의 당연한 권리이며, 국가는 이를 보장할 의무를 갖게 되는 것이다.

사회보장수급권이란 사회보장기본법에 의한 복지권으로, 국민이 사회보장급여를 받을 권리를 말한다. 사회보장기본법상 사회보장은 사회보험, 공공부조, 사회서비스로 분류됨에 따라 사회보장수급권은 사회보험수급권, 공공부조수급권, 사회서비스수급권으로 구분된다.

생존권을 구체적으로 보장하기 위하여 법적으로 인정된 사회보장수급권은 사회보장급여 관리운영주체와 수급자 간에 존재하는 사회보장법 관계에서 발생하는 사회보장급여의 지급을 청구할 수 있는 권리로서 공법상의 쟁송방법을 통하여 실현할 수 있는 수급권자의 개인적 공권이다.

2) 사회보장수급권의 법적 성격

사회보장수급권은 헌법에 규정되어 있는 생존권적 기본권을 구체적으로 실현하기 위하여 입법된 하위법을 통해서 실현된다.

모든 사회보장기본법에 규정되어 있는 사회복지급여와 사회서비스를 받을 권리인 사회보장수급권은 헌법에 명시되어 있는 생존권 혹은 협의의 복지권을 실현함으로써 궁극적으로는 현대 자본주의 사회에서 스스로 자신의 생활을 유지하지 못하는 사회적 취약계층을 포함하여 모든 국민의 인간다운 생활을 보장하게 하는 수단이라고 할 수 있다.

이런 점에서 사회보장기본법상의 수급권과 헌법상 생존권은 내적으로 상호 연결되어 있으며, 헌법상의 생존권에 관한 규정이 권리성이 취약하고 불확실성을 내포하고 있어 수급권의 실현에 있어 애매한 행정적 조치로 문제가 되고 있다.

이처럼 헌법의 생존권에 대한 법적 성격에 대한 논쟁은 크게 프로그램 규정설과 법적 권리설로 나뉘고, 다시 법적 권리설은 추상적 권리설과 구체적 권리설로 나누어진다.

(1) 프로그램 규정설

헌법상의 생존권 조항은 입법의 방침(입법 방침설)을 지시하는 의미만 가질 뿐 어떤 법적 권리성을 부여하는 것이 아니라는 학설이다. 국가가 정책을 행하지 않으면 그와 관련한 사회보장에 대해 구체적으로 국가를 상대로 청구할 수 없으며, 국가는 입법을 할 정치적 · 도의적 책임을 지는데 불과하다.

(2) 법적 권리설

사회보장의 권리에 대한 헌법 규정은 법적인 권리로서 국민은 사회복지혜택을 누릴 권리가 법으로 보장되어 있으며, 국가는 이를 적극적으로 이행할 의무가 있다는 학설이다. 법적 권리설에서 사회권적 기본권은 입법뿐만 아니라 행정권과 사법권을 모두 구속한다고 본다. 법적 권리는 추상적 권리와 구체적 권리로 나누어진다.

① 추상적 권리설

생존권이 입법을 통해 구체적이고 현실적인 권리가 되기까지 추상적 권리로 존재한다는 것이다. 따라서 국가는 입법, 기타 국정상 필요한 조치를 강구할 추상적 의무를 진다고 보는 학설이다.

헌법상의 사회권적 기본권은 직접적이고 구체적으로 권리를 보장하고 있지 않으나 그렇다고 해서 법적 권리가 아니라는 것은 아니며, 국민은 국가에 대하여 입법과 기타의 조치를 요구할 추상적 권리를 갖는다.

② 구체적 권리설

사회권적 기본권은 헌법에 보장된 권리이며, 헌법상의 의무이기 때문에 구체화하는 입법이 존재하지 않는 경우에도 국가기관에 대하여 직접 사회권을 청구할 수 있으며, 국가는 이에 대하여 적극적으로 응해야 할 의무가 있다는 학설이다. 따라서 국가의 생존권 실현에 관한 부작위는 현실적·구체적 권리의 침해가 되어 국민은 국가를 상대로 부작위 위헌확인 소송 또는 작위의 위헌소송을 제기할 수 있다.

3) 사회보장수급권의 규범적 구조

수급권의 규범적 구조란 사회보장에 관한 수급권의 내용과 형식을 체계적으로 정리하는 것을 의미한다. 역사적으로 볼 때 수급권의 규범적 구조는 각 국가의 발달 정도나 정치·경제·사회·문화적 성숙도에 따라 다르게 나타나고 있다. 사회보장수급권의 규범적 구조는 실체적 권리, 수속적 권리, 절차적 권리로 구성되어 있다.

(1) 실체적 권리

실체적 권리란 모든 국민에게 인간다운 생활을 유지하도록 헌법상 권리를 구체화하는 법이 제정되었을 때, 사회보장기본법에 의거하여 현실적인 급여를 청구할 수 있는 권리를 말한다. 실체적 권리의 유형에는 사회보험청구권, 공공부조청구권, 사회서비스청구권이 있다.

(2) 수속적 권리

수속적 권리란 복지급여를 받기 위한 일련의 수속과정이 본래의 수급권 보장의 목적에 적합하게 진행되어야 할 것을 요구하는 권리를 말한다. 급여정보권, 상담권, 적법진행보장권 등이 있다.

(3) 절차적 권리

절차적 권리란 사회보장수급권의 실체적 권리의 실현이 보장되지 않는 경우 이의 보전, 이행, 강제를 구체적으로 실현하는 절차와 관련된 권리를 말한다. 절차적 권리는 복지급여쟁송권, 복지행정참여권, 복지입법청구권이 있다.

4) 사회보장수급권의 보호와 제한 및 소멸

(1) 사회보장수급권의 취약성

사회보장수급권은 헌법이 규정한 인간다운 생활을 보장할 생존권적 기본권이고 구체적 권리이지만 그 권리를 실현하는 데에는 여러 가지 장애요소가 존재하고 있다.

그 이유는 사회보장수급권이 법적 권리이기는 하지만 그 권리의 구체적 실현을 위한 청구권을 행사할 수 없는 권리로서의 취약성을 가지고 있기 때문이다. 그 취약성의 원인이 되는 내용들을 살펴보면,

첫째, 헌법상 생존권에 관한 규정을 입법 방침적인 프로그램 규정으로 인식하는 경향이 있기 때문이다. 따라서 사회보장수급권의 실현은 국가의 의무가

아니라 국민을 위한 반사적 이익으로 파악하고 있다. 이것은 아직도 사회보장급여가 국민의 권리, 국가의 의무가 아니라 구빈법적 관점에서 국가적 시혜의 성격을 가진 것으로 인식하기 때문에 권리로서 취약성을 가지는 것이다.

둘째, 사회보장수급권의 내용이 권리로서 인정받기 곤란하다는 것이다. 사회보장급여의 내용이 현금이나 현물급여 이외에 사회서비스라는 비금전적이고 전문기술적인 급여가 포함되어 있는 경우가 많은데 이런 유동성 있는 급여를 계량화, 표준화하여 법률로 규정하기가 곤란하다는 점이다.

셋째, 사회보장수급권이 갖는 이중성이 권리로서 취약성을 갖게 한다. 사회복지에 대한 책임이 국가라는 공적 권리의 성격과 개인의 생활유지라는 수급자의 사적 권리의 성격이 결합되어 있어 권리성을 약하게 한다.

(2) 사회보장수급권의 보호

사회보장수급권은 인간다운 생활을 보장하기 위한 기본권이므로 많은 국가들이 권리로 인정하고 있으며, 우리나라도 헌법의 생존권 규정과 더불어 사회보장기본법 제12조에서 "사회보장수급권은 관계법령에서 정하는 바에 따라 다른 사람에게 양도하거나 담보로 제공할 수 없으며, 이를 압류할 수 없다."고 하여 사회보장수급권의 보호를 규정하고 있다.

특히 요보호자나 취약계층은 그들이 권리를 실현하는 데 한계가 있을 뿐만 아니라 취약성이 있으므로 일정한 보호규정을 두는 것이 필요하다.

① 처분 · 압류 · 상계의 금지

일반적으로 민법상의 채권은 법률행위에 의하여 양도 · 상속할 수 있음에 반하여 공법상의 권리는 법률행위에 의하여 양도 · 상속할 수 없음이 원칙이다. 공법상의 권리 · 의무는 일신전속성에 기인하기 때문에 양도를 금지하고 있다.

사회보장수급권도 공법상의 권리로 보기 때문에 양도 · 담보제공 · 압류 및 상계를 금지하고 있다. 이를 금지하는 근본적 이유는 수급권자의 개인적 · 사회적 보호를 위해 인간다운 생활을 보장하는 데 그 목적이 있다.

② 조세, 기타 공과금의 부과 금지

각국의 사회복지법에서는 각종 사회보장급여에 대하여 조세 및 공과금의 부과를 금지하는 규정을 대부분 두고 있다. 이는 사회복지대상자들이 사회보장급여를 통해 인간으로서 최소한의 삶을 영위하게 하는 데 목적이 있으므로 조세나 기타 공과금을 부과하는 것은 타당하지 않다고 보기 때문이다.

③ 불이익 변경의 금지

이미 결정된 사회보장급여에 대하여 정당한 이유 없이 변경하는 것은 기득권을 침해하는 행위가 되므로 금지한다는 것이다. 이 규정은 사회복지 대상자의 사회보장수급권을 유지 · 보호하려는 취지에서 만들어진 것이다.

(3) 사회보장수급권의 제한

사회보장수급권은 스스로 사회생활을 유지할 수 없는 상태에 처한 사회적 약자에게 인간다운 생활을 영위할 수 있도록 하는 사회복지의 제도적 장치에 의해 구체적으로 실현된다. 사회보장수급권의 제한은 수급을 받을 권리가 타당하고 형식적으로 수급요건이 있다고 보여지는 경우에도 급여를 행하지 않는 것을 의미한다.

사회복지 관계법상 사회보장수급권 제한의 경우는 다음과 같다.

① 과잉 · 중복된 사회보장급여의 제한 및 조정

사회보장급여는 급여대상자가 스스로 자신의 생활을 영위할 수 있는 자립을 목표로 하기 때문에 자립상태에 도달하였을 때 급여지급을 종결하게 된다.

② 사회보장수급권의 남용금지

수급권자는 수급조건에 따른 의무를 성실히 이행해야 하며 수급사유나 조건은 인위적으로 발생시키거나 지연시켜서는 안 된다.

③ 사회보장수급권의 악용금지

사회보장수급권의 악용이란 수급권자가 고의 또는 중대한 과실로 사회보장급여의 지급사유를 발생시킨 경우이다.

(4) 사회보장수급권의 소멸(사망, 포기, 시효)

사회보장수급권은 일신전속적 권리이므로 수급권자의 사망이나 실종선고의 경우에 권리가 소멸하고, 국가의 사회복지급여나 서비스를 받겠다는 동기가 결여된 사람에게 이런 이익처분을 강제할 수는 없으므로 수급권을 포기할 수 있다고 본다. 그리고 사회보장수급권을 수급권자가 일정 기간 동안 행사하지 아니하면 시효에 의하여 그 권리가 소멸한다.

KEY POINT

보호 · 보장

생활보호법(보호)(시혜적) → 국민기초생활보장법(보장)(권리적)

사회권적 기본권의 규범적 구조

① 실체적 권리 – 공공부조청구권, 사회보험청구권, 사회서비스청구권
② 수속적 권리 – 급여정보권, 상담권, 적법진행보장권
③ 절차적 권리 – 복지급여쟁송권, 복지행정참여권, 복지입법청구권

압류

채권자 등의 신청으로 법원이 채무자의 재산처분이나 권리행사 등을 못하게 하는 강제조치

저당

채무자 자유의사로 부동산이나 동산을 채무의 담보로 제공하는 것으로 저당권자 선순위 인정

압류 · 저당

구 분	압 류	저당(설정)
소유자 동의	불필요	필요
배당 순위	선순위 불인정	선순위 인정
재판 여부	재판 후 조치	재판과 관계없음

상계

채권자와 채무자가 서로 채권 · 채무가 있다면 그 채권 · 채무를 대등액에서 소멸시키는 계산방법

일신전속권

법률로 특정한 자에게만 귀속하며, 타인에게는 양도하지 못하고 압류되지도 않는 당사자만의 고유권리

작위 · 부작위

① 작위 – 어떤 일(행위)을 하였을 경우에의 책임

② 부작위 – 해야 할 일을 하지 않은 경우에의 책임

해제 · 해지

① 해제 – 법질서를 완전히 변경(소급효) – 원상회복(민방위훈련 해제)

② 해지 – 지금까지 인정하고 앞으로 중단(미래효) – (예금통장 해지)

임의조정

① 쌍방합의로 이루어지는 조정으로 성립되면 대법원 판결과 같은 효력

② 임의조정 후 이의제기 못함

강제조정

① 쌍방합의가 안 될 때 법률의 규정 또는 행정관청의 직권으로 강제조정

② 강제조정은 14일 이내 이의제기 가능

내용증명

① 우편내용물을 우체국에서 3년간 보관, 증명하는 제도

② 내용증명은 그러한 내용을 안 받았다고 할 수 없음

③ 내용증명을 받는다고 반드시 답장을 해야 하는 것은 아님

특별송달 · 공시송달

① 특별송달 – 우체국의 우편물 송달이 안 될 경우 법원직원이 직접 송달하는 제도

② 공시송달 – 특별송달도 송달되지 않을 경우 법원에 게시 후 재판 진행하는 제도

05

CHAPTER

사회복지법과 국제법 관계

CHAPTER

05 사회복지법과 국제법 관계

국제법이란 국제사회 내에서 국가 간의 관계를 규율하고 있는 법이다.

우리나라는 19세기 말 만민공법(萬民公法)이라는 이름으로 국제법이 최초로 도입되었으며, 대한민국헌법 제6조 제1항에서는 "헌법에 의하여 체결 공포된 조약과 일반적으로 승인된 국제법규는 국내법과 같은 효력을 가진다."라고 규정함으로써 국제법을 국내법에 수용하고 이를 존중하고 있음을 분명히 밝히고 있다.

사회복지 관련 국제법규는 상징적인 각종 선언문에 의해 영향을 받지만 주로 국제조약으로 구체화되고 있다. 국제법의 규정은 한 국가의 사회복지에도 커다란 영향을 미치고 있다. 조약을 체결할 수 있는 국제법의 주체는 원칙적으로 국가지만 국제기구도 조약체결의 기능을 가진다. 이러한 조약은 협약, 협정, 규약, 헌장, 규정, 제정서 등의 여러 명칭으로 사용되고 있다.

현재 사회복지법은 다양한 원인으로 국제화되고 있는 상황에 있다. 국제화 과정에서 국제기구들과 국제적인 선언들도 중요한 역할을 수행하고 있지만 최근에는 개별 국가 간에 일종의 사회복지에 관한 조약인 독자적인 사회보장협약이 보다 활발하게 체결되어 협약에 비준한 국가 간에 상호주의에 입각하여 자국민에 준하는 사회복지혜택을 상대국 국민에게 부여하고 있다.

사회보장협약은 국제법의 지위를 갖고 협약을 맺은 당사국들 간의 사회보장에 관한 사항을 규제함으로써 국내 사회보장법상 권리를 비준당사국 간에 국제적으로 보호받을 수 있는 조약이다.

제1절 사회복지법의 국제화 원인

1. 인간다운 생활보장의 보편화

사회복지의 궁극적 목적은 모든 국민에게 인간다운 생활을 보장하는 데 있으며, 인간다운 생활을 보장한다는 것은 복지국가를 추구하고 있는 국가의 보편적인 목적이 되고 있다.

세계 각국은 자국의 국가목적을 추구하는 가운데 다른 나라의 제도와 법률을 연구하고 이를 도입하여 실시하고 있기 때문에 각국의 사회복지법은 내용과 체제에 있어서 공통적인 요소들을 쉽게 발견할 수 있다. 결과적으로 사회복지법은 내용상에 있어서 국제적인 유형을 형성하게 된다.

2. 근로자들의 국제적인 이동

유럽공동체(EC : European Community)가 발전해 가면서 유럽 내에 블록경제가 형성되었고, 한 블록 내에서는 근로자들이 국경을 초월해 자유로이 이동하면서 경제활동을 하게 되었다. 따라서 유럽의 블록화 현상은 사회복지법의 국제화를 촉진시켰다고 할 수 있다.

유럽 각국은 내 · 외국인에 대한 평등의 사회복지정책원칙에 따라 자국 내에서 활동하고 있는 이주근로자들에게 내국인과 동등하게 사회복지혜택과 근로조건을 부여하고 있다. 이로 인해 각국은 상호주의 원칙에 입각하여 상대국에서 활동하고 있는 자국민에 대해서도 동일한 혜택을 기대할 수 있게 하였다.

3. 노동자 대표의 국제기구 참여활동

각국의 노동조합은 타국의 노동조합과 국제적 연대를 형성하여 사회복지에 관한 다양한 요구를 하고 있다. 오늘날 가장 강력한 국제적인 노동자 조직인 국제노동기구(ILO)의 이사회는 전체인원 56명으로 구성되며, 각국의 정부대표로 구성되어 있다.

이들 가운데 노동자대표들은 국제기구 참여를 통해 근로자들의 복지향상을 위해 노력하고 있다. ILO는 유럽사회보장법전의 성립과정에서도 중대한 역할을 하였다.

4. 국제적 사회복지기준의 설정

사회보장, 노동, 보건 등과 관련된 국제기구들은 전 세계적으로 적용할 수 있는 국제적인 사회복지기준을 설정해 각 국가들이 사회복지법을 제정하거나 실시할 때 기준으로 삼도록 권고하고 있다.

ILO의 경우 고용보험이나 산재보험과 같은 분야에서 최소가입률이나 급여수준에 관해 국제적인 기준을 설정하고 불이행 국가에 대해서는 국제적 연대를 통해 국제적 평준화 달성을 도모하고 있다.

제2절 국제 사회복지 관련 기관

현재 다수의 국제 사회복지와 관련된 기관들은 사회복지에 관해 국제적으로 연대하여 대처하기도 하고, 보편적인 사회보장기준을 제시함으로써 개별 국가의 사회복지법 제정 및 개정에 영향을 미치고 있다.

1. 국제연합

국제연합(UN)은 제2차 세계대전 이후 전쟁을 방지하고 평화를 유지할 목적으로 결성되었다. 또한 국제연합은 국가 간의 평등 및 민족자결 원칙에 입각하여 상호우호 증진에 힘쓰고 국제협력을 통하여 경제적 · 사회적 · 문화적 · 인도적 제반 문제를 해결하고자 하는 범세계적인 국제기구이다.

2. 국제노동기구

ILO(International Labor Organization)는 근로조건이나 권고를 채택함으로써 근로조건의 국제적 기준을 설정하는 것이 본래의 임무였으나, UN의 경제사회이사회와 협력하여 근로조건뿐 아니라 사회복지에 대해서도 활발한 활동을 전개하고 있다. 설립 당시에는 회원국이 대부분 선진 유럽국가로 이루어져 있었지만 최근 제3세계 국가가 많이 늘어나 정책 방향이 바뀌고 있다. 한국은 1991년 12월에 152번째 회원국으로 가입하였다.

3. 세계보건기구

세계보건기구(WHO)는 보건 분야의 유엔 전문기구로서 세계 인류가 신체적 · 정신적으로 최고의 건강 수준에 도달하는 것을 목적으로 활동하고 있으며, 보건 부문 발전을 위한 원조 제공, 보건 관계단체 간의 협력관계 증진 등을 돕고 있다.

4. 경제협력개발기구

경제협력개발기구(OECD)는 유럽경제협력기구(OEEC)를 모태로 한 국가 간의 경제사회정책협의체로 세계무역의 다각적이고 차별 없는 확대정책 추진과 세계경제의 건전한 발전에 기여하는 데 목적을 둔다. 우리나라는 1996년에 경제협력개발기구에 가입하였다.

5. 유럽협의회(유럽회의)

1949년 설립된 유럽협의회(CE)는 회원국들의 사회보장제도를 발전시키기 위해 1961년 유럽사회헌장을 채택하고 최소한 ILO의 사회보장최저기준 조약수준으로 사회보장제도를 유지해야 한다고 선언하였으며, 1964년에 유럽사회보장법전을 제정하였다.

6. 국제사회보장협회

국제사회보장협회(ISSA : International Social Security Association)는 스위스 제네바에 본부가 있으며, 1927년 질병보험을 확대 · 강화하기 위하여 창설되었다. 각국의 사회보장 관계기관의 국제적 단체로서 사회보장에 관해 조사 · 연구를 행하고 국제적 교류의 기관으로서 활동하고 있으며, ILO와도 밀접한 관계를 갖고 협력하여 국제사회보장의 발전을 꾀하고 있다.

7. 국제사회복지협의회

1928년에 창립된 국제사회복지협의회(ICSW)는 국제적인 협의체로 사회복지에 관한 연구토의와 국제적인 협력관계의 형성을 목적으로 한다. 본부는 오스트리아 빈에 있으며, 영리민간단체이다. 우리나라는 한국사회복지협의회가 나라를 대표해 1959년 국제사회복지협의회 회원으로 가입되었다.

제3절 사회복지와 관련된 국제적 선언

각종 세계적인 선언문들은 사회복지에 관해 언급한 것이 많다. 특히 제2차 세계대전 후의 국제적 선언에는 전쟁에 의해 피폐화된 국가경제로부터 국민의 생존권을 보편적으로 보장하기 위한 내용이 자주 등장한다.

1. 인권선언문(1793)

인권선언문 제21조는 "공공 구호는 신성불가침의 책무이다. 사회는 빈곤한 시민들에게 노동 기회를 제공하거나 노동할 수 없는 상태에 있는 사람들에게 생존의 수단을 제공하여 시민들의 생존을 보장해야 한다"고 규정함으로써 근로의 권리와 공공부조 수급권을 선언하였다.

2. 대서양헌장(1941)

1941년 미국 루스벨트 대통령과 영국 처칠 수상은 연합국 공동의 전쟁 목표와 국제연합의 이념적 기초가 된 '대서양헌장'을 선언하였다. 이 선언에서는 '공포와 결핍으로부터의 자유'라는 슬로건을 제시하고 국민의 기본권으로 인정하였다.

3. 필라델피아선언(1944년)

필라델피아선언은 국제노동기구(ILO) 필라델피아 총회에서 채택된 선언이다. 이 선언은 사회보장원칙 및 전쟁에서 생기는 제 문제를 심의하여 결과적으로 소득보장에 관한 권고, 의료보호에 관한 권고, 군대 및 전시고용으로부터 풀려난 자에 대한 소득보장 및 의료에 관한 권고를 채택하였다.

4. 세계인권선언(1948년)

세계인권선언은 1948년 12월 제3차 국제연합총회에서 채택되었다. 이 선언은 보편적으로 사회보장을 받을 권리를 선언하였다(제22조). 또한 자신 및 그 가족의 건강과 안녕을 유지함에 충분한 생활수준을 보유할 권리를 가지며, 생활의 곤궁을 받을 때에 생활보장을 받을 권리를 가지며, 모성과 유약(幼弱)은 특별한 보호와 원조를 받을 권리가 있다고 천명하였다.

5. 사회보장헌장(1961년)

1961년 세계노동조합연맹(WFTU)이 채택한 '사회보장헌장' 전문에서 "사회보장은 모든 노동자의 기본적 권리를 구성하고 있다."라고 천명하였으며, 사회적 보호는 법률에 의해 보장되는 정치적·경제적 차원의 인권의 표현이라고 하였다. 사회보장에 관해 근로자 무기여 원칙, 의료의 사회화 원칙, 완결성의 원칙, 포괄성의 원칙, 무차별 보장의 원칙 등 사회보장에 관한 기본 원칙을 선언하였다.

6. 유럽사회보장법전(1964년)

1964년 서유럽의 17개국으로 구성된 유럽협의회(CE)에서는 사회보장에 관한 최고기준에 해당하는 유럽적 수준의 사회보장조약을 성립시키고, 각국의 비준을 거친 후 공포하였다.

제4절 사회복지와 관련된 국제협약사항

1. 국제인권규약

1966년 12월 16일 제21차 국제연합(UN) 총회에서 인권의 국제적 보장을 위하여 채택된 조약으로 이전의 세계인권선언보다 강력한 법적 구속력을 발휘하여 전 세계적인 인권증진을 도모하기 위해 만들어졌다.

1) 경제적 · 사회적 및 문화적 권리에 관한 국제규약

Part A 규약은 경제적 · 사회적 · 문화적 권리에 관한 규약으로 1966년 12월 유엔총회에서 채택되어 1976년 1월에 발효되었다. Part A 규약은 생존권적 기본권을 대상으로 노동기본권 · 사회보장권 · 생활향상 · 교육권 등을 각 체약국이 그들의 입법조치로써 실현 달성할 것을 내용으로 하며, 이의 실시 상황을 UN에 보고할 것을 의무화하였다. 우리나라도 1990년 7월 10일부터 이 규약을 적용해 오고 있다.

2) 시민적 및 정치적 권리에 관한 국제규약

Part B 규약은 시민적 및 정치적 권리에 관한 국제규약으로 1966년 12월 유엔총회에서 채택되어 1976년 3월부터 발효되었다. 자유권적 기본권의 존재를 전제로 하여, 체약국이 이를 존중할 것을 의무화하였다.

주요 내용은 사형, 고문, 노예제도 폐지, 신체의 자유와 안전, 형사피의자의 무죄추정주의, 사상 · 양심 · 종교의 자유, 표현의 자유, 평화적 집회의 자유, 법 앞의 평등 등이다. 이것의 실시를 위하여 인권심사위원회와 그리고 필요에 따라 특별조정위원회를 설치할 것과 선택의정서 참가국에 대해서는 개인이 인권심사위원회에 직접 청원할 수 있는 길을 열어 놓았다.

우리나라는 1990년 7월 10일부터 이 규약을 적용하고 있다.

2. 아동의 권리에 관한 선언과 국제협약

1) 아동의 권리에 관한 제네바 선언

1924년 국제연맹 총회에서 '아동의 권리에 관한 제네바 선언'을 채택함으로써 공식화되었다. 이 선언은 아동권리의 보호를 목적으로 한 국제사회 최초의 조약으로 전 세계 아동의 권리와 복지에 대한 인류의 관심을 집중하는 새로운 계기를 마련했다.

2) 아동의 권리선언

1959년 유엔에서 채택된 선언으로 "아동은 충분한 성장을 위하여 애정과 물질적인 안정 속에서 성장할 권리가 있으며 부모와 사회는 그 책임을 진다."라고 규정하고 있다. 아동의 권리선언으로 인해 아동과 청소년의 권리신장에 있어서도 획기적인 기여를 하고 있다.

3) 아동권리협약

아동권리협약은 1989년 11월 유엔에서 채택되어 1990년 9월부터 발효된 국제적인 인권조약으로 우리나라는 1991년 12월 20일부터 이 협약을 적용하기 시작하였다. 이 협약은 18세 미만의 모든 아동에게 평등하게 적용되며, 아동을 단순한 보호대상이 아닌 존엄성과 권리를 지닌 주체로 보고 있다.

3. 장애인에 관한 권리선언 및 협약

1) 장애인 권리선언

1975년 UN 제30차 총회에서 채택된 선언에서는 장애인을 신체적 · 정신적 능력의 불완전으로 인하여 개인 또는 사회적 일상생활에서 필요한 것을 혼자서는 완전하게 또는 부분적으로 확보할 수 없는 사람으로 규정하였다.

2) 정신지체인 권리선언

1971년 12월 20일 UN총회에서 채택된 이 선언은 정신지체를 가진 장애인이 다른 구성원과 더불어 일반적인 사회생활을 영위하고, 이들에게도 사회정의와 평등의 규범이 관철되어야 한다는 권리사상의 표현이며, 권리의 보장을 각국이 정책으로 전개하여야 한다는 방향성을 제시한 것이다.

3) 장애인 권리협약

장애인권리협약은 2006년 12월 13일 UN총회에서 채택되었다. 신체장애 · 정신장애 · 지적장애를 포함한 모든 장애가 있는 이들의 천부적 존엄성과 권리를 보장하기 위한 유엔인권협약이다. 이 협약은 21세기 최초의 국제 인권법에 따른 인권조약이다.

KEY POINT

사회복지 국제화의 원인

① 인간다운 생활의 보편화
② 노동자의 국제적 이동(교통의 발달, 통신의 발달)
③ 국제적인 노동조합의 사회복지운동
④ 국제적 사회복지 기준의 설정

외국인에 대한 특례

① 대한민국에 체류하고 있는 외국인 중 법령으로 정하는 특례자
② 재난 등으로 긴급한 지원이 필요한 외국인도 지원 대상자가 됨
③ 외국인관광객 등에 대한 부가가치세 및 개별소비세 특례

조약

조약은 국가와 국가 사이에 법적 효력을 가지는 약속으로 대통령이 국회를 통해 비준하면 국가의 법

비준

비준은 외국과의 조약을 헌법상 최종적으로 확인 · 동의하는 절차로 대통령이 국회의 동의 후 발효

국가인권위원회

국민의 기본적 인권을 보호하고 민주적 기본질서의 확립에 이바지하는 기관으로 입법 · 행정 · 사법 3부 외의 독립기관(인권보호)

국민권익위원회

고충민원의 처리, 불합리한 제도 개선을 위한 업무를 수행하는 기관으로 부패방지, 행정심판 등으로 국민권익 신장기관(부정방지)

상속세

상속 신고는 6개월 이내에 하여야 한다.

① 사망인의 배우자가 있으면 10억까지 공제

② 사망인의 배우자가 없으면 5억까지 공제

상속

상속권자의 상속 순위

1순위 – 배우자 및 직계비속(자녀)

2순위 – 직계존속(부모)

3순위 – 형제자매

4순위 – 4촌 이내의 방계혈족

상속재산 명시신청

1회 신청으로 부동산, 금융, 보험, 연금 등 모든 상속재산 파악 가능

① 신청자격 – 상속자 또는 위임받은 사람

② 신청방법 – 안심상속 원스톱서비스(읍 · 면 · 동 서비스)

③ 소요기간 – 신청 후 1~3주(생존자 재산은 재판으로만 파악 가능)

상속포기 · 한정승인

① 상속포기 – 어느 한 상속인이 포기하고 다른 상속인이 받는 제도
(3개월 시효)

② 한정승인 – 상속받는 재산 범위 내에서 상속 채무를 변제하는 제도
(3개월 시효)
(상속채무를 변제하고 남는 재산은 상속 가능)

상속 유류분

① 유언 상속재산의 50%는 상속인들이 법정 상속 가능

② 소멸시효 – 안 날부터 1년 이내 이의제기

③ 제척기간 – 발생일부터 10년

④ 사망 전 1년 이내의 증여는 유언으로 인정

06

CHAPTER

사회복지종사자의 법적 권리와 의무

CHAPTER 06

사회복지종사자의 법적 권리와 의무

사회복지종사자란 사회서비스를 제공하는 데 있어서 좀 더 효과적이고 효율적으로 제공하기 위한 사회복지 관련 전문인을 말한다.

국가는 사회복지영역에 있어서 보다 전문적인 지식과 기술을 갖춘 인적자원의 필요성에 따라 사회복지사업법 제11조에 의거 사회복지종사자의 자격제도를 갖추고 이에 따라 관리·육성하고 있다.

제1절 사회복지사의 정의 및 자격관리

1. 사회복지사의 정의

사회복지사는 사회복지에 관한 전문지식과 기술을 가진 자로 사회복지사업법에 의거 보건복지부장관으로부터 자격증을 교부받은 자를 말한다.

사회복지사는 문제나 욕구를 가진 개인이나 집단을 대상으로 그들의 문제를 해결하거나 욕구를 충족시키기 위하여 구체적인 실천계획을 체계적으로 수립·집행·평가·환류하고, 개별적·집단적 상담 등을 통하여 정신적·육체적·경제적 원조를 제공하게 된다.

2. 사회복지사의 자격

사회복지사 자격제도는 사회복지에 관한 소정의 전문지식과 기술을 가진 자에게 사회복지사 자격을 부여하고, 이들에게 사회복지업무를 담당하도록 함으로써 아동·청소년·노인·여성·장애인 등 보호가 필요한 사람들에게 전문적이고 체계적인 복지서비스를 제공하기 위해 마련되었으며, 사회복지사의 등급은 1급과 2급으로 나누어지고(3급의 경우 2017년 법률개정 시 삭제), 등급별 자격기준 및 자격증의 발급절차 등은 대통령령으로 정한다.

정신건강·의료·학교 영역에 대해서는 영역별로 정신건강사회복지사·의료사회복지사·학교사회복지사의 자격을 부여할 수 있다. 사회복지사 1급 자격은 국가시험에 합격한 사람에게 부여하고, 정신건강사회복지사·의료사회복지사·학교사회복지사의 자격은 1급 사회복지사의 자격이 있는 사람 중에서 보건복지부령으로 정하는 수련기관에서 수련을 받은 사람에게 부여한다.

사회복지사는 사회복지프로그램을 개발·운영하고 시설거주자의 생활지도를 위하여 필요한 역할을 한다. 그리고 아동·청소년·노인·여성·장애인 등 복지대상자에 대한 보호·상담·후원 업무를 담당하는 중요한 위치에 있는 만큼 그 자격 또한 사회복지사업법의 규정에 따라 결격사유를 규정하고 있다. 현재 사회복지사업법에 사회복지사 자격의 결격사유는 다음과 같다.

① 피성년후견인(금치산자)

② 금고 이상의 형을 선고받고 그 집행이 끝나지 아니하였거나 그 집행을 받지 아니하기로 확정되지 아니한 사람

③ 법원의 판결에 따라 자격이 상실되거나 정지된 사람

④ 마약·대마 또는 향정신성의약품의 중독자

⑤ 「정신건강증진 및 정신질환자 복지서비스 지원에 관한 법률」 제3조 제1호에 따른 정신질환자. 다만, 전문의가 사회복지사로서 적합하다고 인정하는 사람은 그러하지 아니하다.

그러므로 이에 해당하지 않는 사람은 누구나 사회복지사의 자격을 취득할 수 있다. 사회복지사의 자격은 일반적 자격기준과 학력을 기준으로 한 등급별 자격기준을 가진다.

3. 사회복지사 국가시험

사회복지사업법 제11조에 의거 2003년부터 사회복지사 1급을 취득하고자 하는 자는 국가시험에 합격하여야 한다. 즉, 보건복지부장관은 이 법 제12조의 규정에 의한 사회복지사 1급의 국가시험을 매년 1회 이상 실시하여야 한다. 한편 사회복지사 2급의 경우에는 일정 학점의 수업 이수와 현장실습 등의 요건을 충족하면 무시험으로 자격증을 취득할 수 있다.

보건복지부장관은 시험에 관한 조사·연구 등을 통하여 전문적인 능력을 갖춘 비영리법인, 사회복지에 관한 전문지식과 기술을 갖춘 비영리법인, 한국산업인력공단법에 따른 한국산업인력공단 중 어느 하나에 해당하는 관계전문기관을 시험관리기관으로 지정하여 업무를 위탁할 수 있다.

1) 사회복지사 응시자격

다음 각 호의 어느 하나에 해당하는 자이어야 한다.

(1) 고등교육법에 따른 대학원에서 사회복지학 또는 사회사업학을 전공하고 석사학위 또는 박사학위를 취득한 자. 다만, 대학에서 사회복지학 또는 사회사업학을 전공하지 아니하고 동 석사학위를 취득한 자는 보건복지부령이 정하는 사회복지학 전공교과목과 사회복지 관련 교과목 중 사회복지현장실습을 포함한 필수과목 6과목 이상(대학에서 이수한 교과목을 포함하되, 대학원에서 4과목 이상을 이수하여야 한다), 선택과목 2과목 이상을 각각 이수하여야 한다.

(2) 고등교육법에 따른 대학에서 보건복지부령이 정하는 사회복지학 전공교과목과 사회복지 관련 교과목을 이수하고 학사학위를 취득한 자

(3) 법령에서 고등교육법에 따른 대학을 졸업한 자와 동등 이상의 학력이 있다고 인정하는 자로서 보건복지부령으로 정하는 사회복지학 전공교과목과 사회복지 관련 교과목을 이수한 자

(4) 외국의 대학 또는 대학원에서 사회복지학 또는 사회사업학을 전공하고

학사학위 이상을 취득한 자로서 (1), (2)의 자격과 동등하다고 보건복지부장관이 인정하는 자

(5) 다음의 어느 하나에 해당하는 자로서 사회복지사 2급 자격증을 취득한 자 중에서 1년 이상 사회복지사업의 실무경험이 있는 자
   ① 고등교육법에 의한 전문대학에서 보건복지부령이 정하는 사회복지학 전공 교과목과 사회복지 관련 교과목을 이수하고 졸업한 자
   ② 법령에서 고등교육법에 따른 전문대학을 졸업한 자와 동등 이상의 학력이 있다고 인정하는 자로서 보건복지부령이 정하는 사회복지학 전공교과목과 사회복지 관련 교과목을 이수한 자
   ③ 고등교육법에 따른 대학을 졸업하거나 이와 동등 이상의 학력이 있는 자로서 보건복지부장관이 지정하는 교육훈련기관에서 12주 이상의 사회복지사업에 관한 교육훈련을 이수한 자

2) 시험방법 · 시험과목 · 시험위원 · 합격 · 자격증의 교부

(1) 시험방법

시험은 필기시험의 방법에 의하여 실시하며 시험관리 기관의 장이 시험을 실시하고자 하는 때에는 미리 보건복지부장관의 승인을 얻어 시험일시 · 시험장소 · 시험과목 · 응시원서의 제출기간 · 응시수수료의 반환기준, 그 밖에 필요한 사항을 시험일 90일 전까지 공고하여야 한다.

국가시험은 보건복지부장관이 시행하되, 시험의 관리는 대통령령이 정하는 바에 의하여 시험관리 능력이 있다고 인정되는 관계전문기관에 위탁할 수 있다.

보건복지부장관은 국가시험의 관리를 위탁한 때에는 그에 소요되는 비용을 예산의 범위 안에서 보조할 수 있다. 시험의 관리를 위탁받은 기관은 보건복지부장관의 승인을 받아 정한 금액을 응시수수료로 받을 수 있다.

(2) 시험과목

사회복지사 1급 국가시험의 과목은 2004년 7월 30일 사회복지사업법 시행령의 개정을 통해 2005년에 시행된 제3회 사회복지사 1급 국가시험부터 적용되었다.

〈표 6-1〉 시험과목

시험과목	시험영역
사회복지기초	인간행동과 사회환경 사회복지조사론
사회복지실천	사회복지실천론 사회복지실천기술론 지역사회복지론
사회복지정책과 제도	사회복지정책론 사회복지행정론 사회복지법제와 실천

(3) 시험위원

시험관리기관의 장은 시험을 실시하고자 하는 때에는 시험과목별로 전문지식을 갖춘 자 중에서 시험위원을 위촉한다.

(4) 합격

합격 결정에 있어서는 과목당 4할 이상, 전 과목 6할 이상을 득점한 자로 결정한다.

(5) 자격증의 교부

보건복지부장관은 사회복지에 관한 전문지식과 기술을 가진 자에게 사회복지사의 자격증을 교부할 수 있다. 사회복지사의 등급은 1급·2급으로 하고 등급별 자격기준 및 자격증의 발급절차 등은 대통령령으로 정한다.

3) 사회복지학 전공교과목과 사회복지 관련 교과목

사회복지사자격증 취득의 전제요건이 되는 보건복지부령이 정하는 사회복지학 전공교과목과 사회복지 관련 교과목은 다음 〈표 6—2〉와 같으며 예시된 교과목의 명칭이 동일하지 않더라도 교과목의 내용이 동일하다고 보건복지부장관이 인정하는 경우 동일 교과목으로 본다.

〈표 6–2〉 사회복지학 전공교과목과 사회복지 관련 교과목

구 분	교과목	
필수 과목 (10)	사회복지학개론 사회복지실천기술론 사회복지정책론 사회복지행정론 지역사회복지론	사회복지법제와 실천 사회복지실천론 사회복지조사론 인간행동과 사회환경 사회복지현장실습
선택 과목 (7)	가족복지론 교정복지론 노인복지론 빈곤론 사회문제론 사회복지역사 사회복지와 인권 사회복지자료분석론 산업복지론 여성복지론 자원봉사론 정신건강론 청소년복지론 학교사회복지론	가족상담 및 가족치료 국제사회복지론 복지국가론 사례관리론 사회보장론 사회복지와 문화다양성 사회복지윤리와 철학 사회복지지도감독론 아동복지론 의료사회복지론 장애인복지론 정신건강사회복지론 프로그램 개발과 평가

(대학원의 경우 필수 6과목, 선택 2과목)

4. 사회복지사의 채용

(1) 의무채용

사회복지법인 및 사회복지시설을 설치 · 운영하는 자는 해당 법인 또는 시설에서 사회복지사업법령이 정하는 사회복지프로그램의 개발 및 운영업무, 시설 거주자의 생활지도업무, 사회복지를 필요로 하는 사람에 대한 상담업무에 종사하는 자를 사회복지사로 채용하고, 보고방법 · 보고주기 등 보건복지부령으로 정하는 바에 따라 특별시장 · 광역시장 · 특별자치시장 · 도지사 · 특별자치도지사 또는 시장 · 군수 · 구청장에게 사회복지사의 임면에 관한 사항을 보고하여야 한다. 다만, 대통령령으로 정하는 사회복지시설은 그러하지 아니하다.

사회복지사의 업무는 시 · 군 · 구를 포함해서 읍 · 면 · 동의 행정기관에서 사회복지서비스를 담당하고 수행하며, 관할 지역에 거주하며 사회복지를 필요로 하는 청소년, 노인, 여성, 가족, 장애인 등 다양한 사회적 · 개인적 욕구를 가진 사람들의 문제에 대한 사정과 평가를 통해 문제 해결을 돕고 지원한다.

(2) 의무채용의 예외

사회복지사업법 시행령이 정하는 다음의 사회복지시설인 경우에는 사회복지사를 의무적으로 채용하지 않아도 되는 예외 규정을 두고 있다.

① 노인복지법에 따른 노인여가복지시설(노인복지관은 제외)
② 장애인복지법에 따른 장애인 지역사회재활시설 중 수화통역센터, 점자도서관, 점자도서 및 녹음서 출판시설
③ 영유아보육법에 따른 어린이집
④ 성매매방지및피해자보호등에관한법률 제9조에 따른 성매매피해자 등을 위한 지원시설 및 동법 제17조에 따른 성매매피해상담소
⑤ 정신건강증진및정신질환자복지서비스지원에관한법률 제3조 제6호 및 제7호에 따른 정신요양시설 및 정신재활시설
⑥ 성폭력방지및피해자보호등에관한법률에 따른 성폭력피해상담소

제2절 사회복지사의 권한

사회복지사의 법적 권한은 공적사회복지영역과 사회복지기관 및 시설, 보건의료영역(의료법, 정신보건법에서 규정), 확장영역으로는 학교사회복지사, 자원봉사활동관리 전문가, 교정사회복지사, 군사회복지사, 산업사회복지사 등이 있다.

1. 사회복지공무원의 권한

1) 신분상의 권리

사회복지공무원은 공공기관에서 사회복지사의 신분을 가지고 복지 관련 업무에 근무함으로 인정되는 신분상의 권리를 가진다. 즉, 직업공무원제도하에서의 신분보장을 가진다.

직업공무원제도란 정부의 행정이 직업공무원에 의하여 집행되는 것을 말하는 것으로 헌법 제7조에서는 "공무원의 신분과 정치적 중립성은 법률이 정하는 바에 의하여 보장된다."고 규정하고 있다.

따라서 사회복지공무원의 신분은 헌법과 지방공무원법, 국가공무원법 등 관련 법률이 정하는 바에 따라 보장된다. 국가공무원법 제68조는 "형의 선고, 징계처분 또는 이 법이 정하는 사유에 의하지 아니하고는 그 의사에 반하여 휴직, 강임(降任) 또는 면직을 당하지 아니한다."고 규정하고 있다.

이러한 보장은 공무원의 직무수행의 영속성을 확보하고 책임 있는 행정수행을 보장하기 위한 것이다.

신분보장에 관한 권리의 개별적 내용으로 공무원의 신분보장에 영향을 주는 처분에 대해서 공무원에게 인정되는 권리를 들 수 있다.

첫째, 처분 시에는 그 사유를 기재한 처분 사유 설명서를 교부하여야 한다. 징계처분 · 강임 · 휴직 · 직위해제 또는 면직처분을 행할 때에는 당해 공무원에게 처분의 사유를 기재한 설명서를 교부하여야 한다(지방공무원법 제67조).

둘째, 소청을 제기할 수 있는 권리이다. 징계처분, 기타 본인의 의사에 반하는 불리한 처분을 받은 공무원은 징계 · 강임 · 휴직 · 직위해제 또는 면직처분의 경우에는 처분사유 설명서를 받은 날로부터 그 밖의 불리한 처분을 받은 경우에는 그 처분이 있는 것을 안 날로부터 30일 이내에 소청심사위원회에 심사를 청구할 수 있는 소청제기권을 갖게 된다.

셋째, 소송제기권이다. 공무원의 신분에 관한 위법한 처분이 행해지는 때에는 행정소송을 제기할 수 있는 권리를 갖게 된다.

이와 같은 내용의 신분보장이 인정되는 공무원은 주로 경력직 공무원이며, 특수경력직 공무원은 이에서 제외된다. 경력직 공무원 중에서도 1급 공무원은 대통령령의 정치적 판단에 의해 직권면직이 가능하도록 하고 있다.

따라서 사회복지공무원의 경우 경력직 공무원이기 때문에 이와 같은 신분보장이 인정된다.

2) 직무집행과 관련되는 권리

(1) 직무수행권

사회복지공무원은 공무원으로서의 신분을 가지고 직무를 수행하는 경우에는 그 직무의 공익적 성격으로 인해 자신의 직무를 집행할 정당한 권리를 갖게 된다.

따라서 사회복지공무원의 직무 집행을 방해하는 경우에는 형법상의 공무집행방해죄를 구성하게 된다.

(2) 직위보유권

직위보유권은 자신에게 적합한 일정한 직위를 부여받을 권리와 자기에게 부여된 직위가 법이 정한 일정한 이유와 절차에 의하지 아니하고는 박탈당하지 않을 권리이다.

일반적으로 직위부여는 당해 공무원의 능력과 적성에 맞게 부여되는 것이 바람직하지만 각 부서의 인적사항이나 국가 전체의 공무원수급계획 등에 의해 현실적으로 제약을 받게 될 수도 있다.

3) 재산상의 권리

사회복지공무원은 보수청구권, 연금청구권, 실비변상을 받을 권리 등 재산상 권리를 가진다.

(1) 보수청구권

공무원이 국가나 지방자치단체에 대해서 청구할 수 있는 보수는 봉급과 기타 각종 수당을 합산한 금액을 말한다. 이때의 보수는 제공된 직무수행의 대가로서의 성질과 생활보장적인 성질, 공무수행의 공정성 확보 모두를 포함하고 있다.

사회복지공무원은 자신의 직무수행의 대가로 국가를 상대로 보수를 청구할 권리를 갖는다. 보수청구권은 공무원법 관계에서 발생하는 공권이므로 이에 관한 소송유형은 행정소송으로서 공법상의 당사자 소송에 의하여야 하지만 소송실무상은 민사소송에 의하고 있다.

보수청구권은 생활보장적 성격을 가지므로 민사소송상의 압류에 있어서 1/2을 넘는 액수는 압류가 제한된다. 보수청구권은 국가에 대한 권리로서 금전의 급부를 목적으로 하는 것이므로 그 소멸시효는 예산회계법 규정에 의하여 5년의 소멸시효에 해당한다.

(2) 연금청구권

사회복지공무원은 재직기간 동안 기여금을 납부하고 기여에 상응하여 구체적 권리로서 연금청구권을 갖는다.

공무원연금법에 따르면 공무원연금은 공무원의 퇴직 또는 사망과 공무로 인한 부상 · 질병 · 폐질에 대하여 적절한 급여를 실시함으로써 공무원 및 그 유족의 생활안정과 복리향상에 기여함을 목적으로 하며 이 법에 따른 공무원연금제도의 운영에 관한 사항은 인사혁신처장이 주관한다.

공무원연금법에 의한 급여는 그 내용에 있어서 단기급여와 장기급여로 나누어지며 단기급여는 공무원의 공무로 인한 질병, 부상과 재해에 대하여 지급되는 것으로 공무상요양비, 공무상요양일시금, 재해부조금, 사망조위금이 있다.

장기급여에는 공무원의 퇴직, 폐질 및 사망에 대하여 지급되는 것으로 퇴직급여, 장해급여, 유족급여, 퇴직수당 등이 있다.

공무원연금급여는 양도, 압류하거나 담보로 제공될 수 없다. 다만, 연금인 급여를 받을 권리는 이를 대통령령이 정하는 금융기관에 담보로 제공할 수 있고 국세징수법 · 지방세법 · 기타 법률에 의한 체납처분의 대상으로 할 수 있다.

(3) 실비변상을 받을 권리

사회복지공무원은 보수를 받는 이외에 규칙 또는 대통령령이 정하는 바에 따라 직무수행에 소요되는 실비를 변상받을 권리가 있다. 이러한 실비로는 직무수행을 위한 회의참석수당, 자가운전수당, 여비규정에 의한 운임, 숙박료, 식비 등을 지급받는 경우를 들 수 있다.

4) 기타의 권리

(1) 교육받을 권리

사회복지공무원은 전문가로서의 자질을 향상시키기 위해 필요한 지도와 훈련을 받을 권리가 있다. 이 권리는 구체적 권리이기보다는 보건복지부의 예산이 허락하는 범위 내에서 누릴 수 있는 권리이다.

(2) 사생활과 비밀과 자유의 권리

사회복지공무원은 헌법상 보장된 사생활의 비밀과 자유를 침해받지 아니할 권리를 갖는다. 사회복지공무원은 사생활의 내용을 침해받지 아니하며 자신이 원하는 대로 자유로운 활동과 생활을 영위할 권리를 갖는다.

5) 사회복지공무원의 법적 권한의 제한

사회복지공무원의 법적 권한은 국가안전보장 · 질서유지 또는 공공복리를 위해 필요한 경우에 한해 법률로써 제한되지만 자유와 권리의 본질적인 내용은 침해할 수 없다.

사회복지공무원은 헌법상 보장된 노조3권(단결권, 단체교섭권, 단체행동권) 또는 근로기본권의 제한을 받게 된다. 헌법 제33조에는 공무원인 근로자는 법률이 정하는 자에 한하여 단결권 · 단체교섭권 · 단체행동권을 가진다고 규정하고 있어 사회복지공무원 또한 노조3권을 제한하고 있다.

사회복지공무원의 지원 자격은 사회복지사 자격증 소지자에 한정하고 있으므로 사회복지사업법에 의거 사회복지사의 결격사유에 해당될 경우 사회복지공무원 또한 그 자격을 상실하게 된다.

2. 민간사회복지사의 권한

민간사회복지기관에 종사하고 있는 사회복지사의 법적 권한은 법으로 명확하게 규정되어 있지 않다. 대부분 각 복지기관의 정관이나 기관운영규정에 의거하고 있다. 따라서 일반적으로 이들의 법적 권한을 규정하기에는 어려움이 있지만 이들 모두가 근로자이기 때문에 근로자로서 근로기준법에 보장된 법적 권한과 사회복지공무원이 가지고 있는 법적 권한 등을 참고하여 이들의 법적 권한을 논할 수 있다.

1) 신분에 관한 권리

민간사회복지기관에 종사하는 사회복지사의 신분보장은 공무원인 사회복지공무원이 국가공무원법이나 지방공무원법과 같이 국법에 의해 보장받는 것과는 달리 주로 법인의 정관에 따라 신분보장을 받게 된다.

2) 직무집행과 관련되는 권리

사회복지사는 자신에게 적합한 일정한 직무와 책임을 부여받을 권리를 가지며 부여된 직무를 수행할 권리를 가진다. 단, 직무수행능력이 부족하거나 근무성적이 극히 불량하거나 직원으로서의 근무태도가 심히 불성실한 경우에는 직위를 부여하지 않을 수 있다.

3) 재산상의 권리

사회복지사는 자신이 제공한 직무수행의 대가로 보수를 청구할 권리를 가진다. 또한 연금청구권을 가진다. 즉, 사회복지사는 국민연금에 당연 가입하고 재직기간 동안 기여금을 납부한 후 기여에 상응하여 구체적 권리로서 연금을 청구할 권한을 가진다.

4) 노조3권

민간복지기관에 근무하는 사회복지사는 헌법상 보장된 노조3권을 가진다. 근로자로서 사회복지사는 자주적으로 단결하여 근로조건의 유지, 개선, 기타 근로자의 경제적 · 사회적 지위의 향상을 도모하기 위해 노동조합을 조직할 권리가 있다.

5) 사생활의 비밀과 자유의 권리

사회복지사는 사생활의 비밀과 자유를 향유할 수 있는 권리를 가진다. 사회복지사는 헌법상 보장된 사생활의 비밀과 자유를 침해받지 아니할 권리를 가진다. 사회복지사는 위계적인 조직 내에서 근무하지만 사생활의 내용을 침해받지 아니하며 자신이 원하는 대로 자유로운 활동과 생활을 영위할 권리를 가진다.

제3절 사회복지사의 법적 의무

1. 사회복지공무원의 의무

1) 일반적 의무

(1) 성실의무

사회복지공무원은 성실히 직무를 수행하여야 한다. 이는 자신의 인격과 양심을 바쳐 성실히 직무를 수행하여야 하는 것을 의미한다. 이는 구체적인 의무로, 위반하게 되면 징계의 사유가 된다.

(2) 품위유지의 의무

사회복지공무원은 직무의 내외를 불문하고 그 품위를 손상하는 행위를 하여서는 안 된다. 이때는 주권자인 국민의 수임자로서 직책을 맡아 수행해 나가기에 손색이 없는 인품을 말한다.

(3) 청렴의 의무

사회복지공무원은 직무와 관련하여 직·간접을 불문하고 사례, 증여 또는 향응을 수수할 수 없으며 직무상의 관계 여하를 불문하고 그 소속 상관에게 증여하거나 소속공무원으로부터 증여를 받아서는 안 된다. 이는 품위유지의 경제적 측면을 강조한 것으로 볼 수 있다.

2) 직무상의 의무

(1) 법령준수의 의무

사회복지공무원뿐만 아니라 모든 공무원은 직무수행에 있어서 법령을 준수해야 할 의무를 가진다. 이는 공무원의 직무수행에 있어서 가장 기본적인 의무로 이를 위반할 경우에는 내부적으로 징계의 사유가 됨은 물론 외부적으로 민·형사상의 책임을 부담하게 된다.

(2) 복종의 의무

사회복지공무원은 직무를 수행함에 있어 소속 상관의 직무상의 명령에 복종하여야 한다. 소속 상관이란 직무를 지휘, 감독할 권한이 있는 사람을 말하는 것으로 직무상의 소속 상관을 의미한다. 직무명령이란 소속 상관이 직무와 관련하여 해당 공무원에게 발하게 되는 명령을 말한다.

(3) 친절 · 공정의 의무

사회복지공무원은 국민 전체에 대한 봉사자로서 친절하고 공정하게 업무를 처리해야 할 의무를 가진다.

(4) 영리업무 및 겸직 금지의 의무

사회복지공무원은 공무 이외의 영리를 목적으로 하는 업무에 종사하지 못하며 소속기관장의 허가 없이 다른 직무를 겸하지 못한다. 이는 해당 직위에 의하여 부여된 공무수행에 영향을 줄 수 있는 영리업무나 다른 겸직을 금지하고자 하는 것이다.

(5) 정치운동의 금지의무

사회복지공무원의 정치적 중립성을 보장하기 위하여 일정한 내용의 정치운동은 금지된다. 즉, 정당이나 정치단체의 결성에 관여하거나 가입할 수 없으며 선거에 있어서 특정 정당이나 특정인의 지지나 반대를 위해 일정한 행위를 할 수 없다.

(6) 집단행위 금지의 의무

집단행동은 통상적으로 집단의 이익을 대변하게 되며 이로 인해 국민 전체의 이익추구에 장애가 될 수 있다. 이런 이유로 헌법은 법률에 따라 별도로 정하는 공무원 이외에는 단결권, 단체교섭권 및 단체행동권을 행사하지 못하도록 하고 있다.

(7) 비밀엄수의 의무

사회복지공무원은 재직 중은 물론 퇴직 후에도 직무상 습득한 비밀에 대해서 비밀을 엄수할 의무를 가진다. 이때 비밀의 내용은 사회복지공무원 본인이 취급한 직무에 관한 비밀뿐만 아니라 직무와 관련하여 알게 된 비밀도 포함된다.

(8) 전문성 개발의 의무

사회복지공무원은 수급자에게 최상의 서비스를 제공하기 위해 지식과 기술을 개발하는 데 최선을 다해야 할 의무가 있다. 사회복지의 전문성은 체계적인 이론, 전문적인 권리, 전문직 윤리강령, 전문직 고유의 문화를 갖추고 사회로부터 그 권한을 인정받을 때 확보될 수 있다.

2. 민간사회복지기관의 사회복지사의 의무

민간사회복지사의 의무도 사회복지공무원의 의무와 유사하나 일부에 있어서는 차이가 있다고 할 수 있다.

민간사회복지기관에 종사하는 사회복지사도 성실의 의무, 품위유지의 의무, 청렴의 의무와 같은 일반적 의무가 있다. 직무상의 의무로 법령준수의 의무, 복종의 의무, 친절공정의 의무, 정치운동 금지의 의무, 비밀엄수의 의무가 있으나 사회복지공무원의 의무와는 달리 노조3권이 보장되므로 집단행위 금지의무는 없다.

민간사회복지기관에 종사하는 사회복지사의 책임은 한국사회복지사협회에서 2023년 4월 11일에 개정한 사회복지사 윤리강령에 나타나 있다.[1]

사회복지사 윤리강령이란 사회복지사가 전문가로서 따라야 하는 계획적이고 행동적인 요구사항들을 일괄되게 규정한 것이다.

1 사회복지사 윤리강령에서 사회복지이념은 사회의 안정과 번영을 위하여 정의, 평등, 자유, 민주의 가치를 바탕으로 모든 사회성원들이 인간의 존엄성을 유지하면서 자기실현을 할 수 있도록 사회 전체가 공동으로 책임을 진다는 철학을 기본으로 하고 있다.

사회복지사 윤리강령

전 문

사회복지사는 인본주의 · 평등주의 사상에 기초하여, 모든 인간의 존엄성과 가치를 존중하고 천부의 자유권과 생존권의 보장 활동에 헌신한다.

특히 사회적 · 경제적 약자들의 편에 서서 사회정의와 평등 · 자유와 민주주의 가치를 실현하는 데 앞장선다. 또한, 도움을 필요로 하는 사람들의 사회적 지위와 기능을 향상시키기 위해 저들과 함께 일하며, 사회제도 개선과 관련된 제반 활동에 주도적으로 참여한다. 사회복지사는 개인의 주체성과 자기 결정권을 보장하는 데 최선을 다하고, 어떠한 여건에서도 개인이 부당하게 희생되는 일이 없도록 한다.

이러한 사명을 실천하기 위하여 전문적 지식과 기술을 개발하고, 사회적 가치를 실현하는 전문가로서의 능력과 품위를 유지하기 위해 노력한다. 이에 우리는 클라이언트 · 동료 · 기관 그리고, 지역사회 및 전체사회와 관련된 사회복지사의 행위와 활동을 판단 · 평가하며 인도하는 윤리기준을 다음과 같이 선언하고 이를 준수할 것을 다짐한다.

사회복지사선언문

나는 모든 사람들이 인간다운 삶을 누릴 수 있도록
인간 존엄성과 사회정의의 신념을 바탕으로
개인 · 가족 · 집단 · 조직 · 지역사회 전체 사회와 함께 한다.

나는 언제나 소외되고 고통받는 사람들의 편에 서서,
저들의 인권과 권익을 지키며,
사회의 불의와 부정을 거부하고,
개인이익보다 공공이익을 앞세운다.

나는 사회복지사 윤리강령을 준수함으로써,
도덕성과 책임성을 갖춘 사회복지사로 헌신한다.

나는 나의 자유의지에 따라 명예를 걸고 이를 엄숙하게 선서합니다.

제4절 사회복지사의 교육

사회복지사업법 제13조 제2항에 의거 보건복지부장관은 사회복지사의 자질 향상을 위하여 필요하다고 인정하는 경우 사회복지사에 대하여 교육받을 것을 명할 수 있다.

다만, 사회복지법인 또는 사회복지시설에 종사하는 사회복지사는 정기적으로 인권에 관한 내용이 포함된 보수교육(補修敎育)을 받아야 한다. 이러한 사회복지사의 보수교육을 통해 자질을 향상시키고, 질 높은 사회서비스를 제공할 것을 기대할 수 있을 것이다.

|그림 6-1| 사회복지사 보수교육의 의의

사회복지법인 또는 사회복지시설에 종사하는 사회복지사는 연간 8시간 이상의 보수교육을 받아야 하나 시행규칙 제5조 제3항에 해당하는 자에 대해서는 보수교육을 면제한다.

그러나 보수교육이 면제되는 자는 사회복지사 보수교육 면제신청서에 면제대상자임을 증명할 수 있는 서류를 첨부하여 협회의 장에게 제출하여야 하며, 보건복지부장관은 보수교육을 협회, 사회복지관계 기관 또는 단체에 위탁할 수 있다.

사회복지법인 또는 사회복지시설을 운영하는 자는 그 법인 또는 시설에 종사하는 사회복지사에 대하여 교육을 이유로 불리한 처분을 하여서는 안 된다.

보수교육이 면제되는 자(시행규칙 제5조)는 다음과 같다.

① 군복무, 질병, 해외체류, 휴직 등 부득이한 사유로 해당 연도에 6개월 이상 사회복지법인 또는 사회복지시설에 종사하지 아니한 자
② 법 제2조 제1호 각 목의 법률에 따른 보수교육을 받은 자
③ 고등교육법 제2조에 따른 학교에서 사회복지학 또는 사회사업학을 전공하고 있는 사람
④ 그 밖에 불가피한 사유로 보수교육을 받기가 곤란하다고 보건복지부 장관이 인정하는 자

사회복지사의 보수교육이 의무화됨에 따라 의무조항을 위반했을 경우 사회복지사업법 제58조에 의거 과태료를 부과함으로써 보수교육의 실효성을 확보하고 있다.

제5절 사회복지사의 처우향상 및 사회복지공제회

사회복지사법의 목적은 법인 등(사회복지법인 등)에서 사회복지사업에 종사하는 사회복지사 등에 대한 처우를 개선하고, 신분보장을 강화하여 사회복지사 등의 지위를 향상하도록 함으로써 사회복지 증진에 이바지하는 것을 목적으로 하고 있다.

이처럼 사회복지사 등은 지역단위의 사회서비스 전달체계의 주요한 구성원임에도 불구하고 열악한 근로환경, 낮은 임금수준, 과중한 업무량으로 높은 이직률을 보이고 있어 사회서비스제공의 지속성과 전문성을 위협함은 물론 사회복지역량을 극대화하는 데 장애가 되고 있다. 이에 따라 2011년 3월 30일 「사회복지사 등의 처우 및 지위 향상을 위한 법률」(약칭: 사회복지사법)이 제정되었다.

1. 사회복지사 등의 처우개선과 신분보장

국가와 지방자치단체는 사회복지사 등의 처우를 개선하고 복지를 증진함과 더불어 그 지위 향상을 위해 적극적으로 노력해야 한다.

또한 국가와 지방자치단체는 사회복지사 등의 보수가 사회복지공무원의 보수수준에 도달하도록 노력하여야 한다.

이에 보건복지부장관과 지방자치단체의 장은 사회복지사 등의 보수수준 및 지급실태 등에 관하여 3년마다 조사·공표하여야 한다.

사회복지사 등은 사회복지법인 등의 운영과 관련된 위법·부당 행위 및 그 밖의 비리 사실 등을 관계 행정기관과 수사기관에 신고하는 행위로 인하여 징계 조치 등 신분상 불이익이나 근무조건상 차별을 받지 아니한다.

2. 사회복지공제회

사회복지사 등은 생활안정과 복지증진을 도모하기 위하여 보건복지부장관의 인가를 받아 한국사회복지공제회(이하 '공제회'라 한다)를 설립할 수 있다.

또한 공제회의 정관 기재사항은 대통령령으로 정하고, 정관의 변경은 대의원회의 의결을 거쳐 보건복지부장관의 인가를 받아야 한다.

1) 조 직

공제회는 의결기관으로서 대의원회와 이사회를 두고, 집행기관으로서 이사장과 이사를 두며, 감사기관으로서 감사를 둔다. 공제회 대의원의 선정, 대의원회의 구성과 권한, 이사회의 구성과 권한, 임원의 정수, 임원의 선출 및 임기, 임원의 직무, 직원의 임면 등에 관해 필요한 사항은 대통령령으로 정한다.

2) 사 업

공제회는 그 목적을 달성하기 위하여 다음과 같은 사업을 한다.

① 회원에 대한 공제급여의 지급
② 사회복지시설의 안전·화재 등에 대한 공제사업
③ 자금조성을 위한 사업
④ 회원의 복지·후생을 위한 사업
⑤ 제1호부터 제4호까지의 사업에 부대되는 사업 중 정관으로 정하는 사업을 한다. 공제회는 그 목적을 달성하기 위하여 필요한 범위에서 수익사업을 할 수 있다.

3) 재 원

공제사업에 필요한 자금은 회원이 납입하는 부담금, 정부 또는 지방자치단체 외의 자의 출연금, 공제사업의 운영으로 발생하는 수익금, 그 밖의 수입금 재원으로 조성한다.

KEY POINT

성년후견인

① 질병, 노령 등으로 재산권 행사 등에 있어 아주 무능력한 자(피성년후견인)를 후견하는 사람

② 금치산자제도와 유사하고 법으로 결정

한정후견인

① 질병, 노령 등으로 재산권 행사 등에 있어 조금 무능력한 자(피한정후견인)를 후견하는 사람

② 한정치산자제도와 유사하고 법으로 결정

금고 · 징역

① 금고

교도소에 구금되지만 노역은 안 하는 형벌

② 징역

교도소에 구금되고 노역하는 형벌(금고보다 중형)

처분

행정기관이 행하는 공권력의 작위, 부작위로 당해 기관장의 최종 결정문

지방자치단체(지방정부)

① 기초지방자치단체 = 시 · 군 · 구

(기초지방자치단체장 = 시장, 군수, 구청장)

② 광역지방자치단체 = 시 · 도

(광역지방자치단체장 = 특별시장, 광역시장, 도지사)

벌(처벌)

① 징계벌

기관 및 단체의 내부질서 유지를 위한 명령의 위반자에 대한 처벌

② 질서벌

행정목적을 직접 · 간접으로 위반했을 때 가해지는 행정처벌(과태료)

③ 형사벌

법원의 판결로 법률 위반자에 대한 형사처벌(벌금 및 금고 · 징역)

소청

위법한 처분으로 불이익을 당한 공무원이 소청심사위원회에 제기하는 심사 청구제도

체포영장실질심사제(사후영장발부 제도)

① 긴급체포 후 48시간 이내에 판사와 피의자 대면 심사

② 석방된다면 동일 사건으로는 다시 체포되지 않음

기소 · 약식기소

① 기소(재판 청구)

검사가 형사 사건에 대하여 법원에 재판을 청구하는 일

② 약식기소

벌금 · 과료 등의 전제 사건으로 검사의 불기소로 석방제도

기소유예 · 선고유예 · 집행유예

구 분	주 체	내 용	비 고
기소유예	검사	기소 전 훈방	재판 전 석방
선고유예	판사	선고 전 훈방	재판 후 석방
집행유예	판사	선고 후 훈방	형 선고 후 석방(전과기록 등재)
유예는 조건부 석방			

07

CHAPTER

사회보장기본법

CHAPTER 07

사회보장기본법

제1절 사회보장기본법의 의의와 연혁

1. 사회보장기본법의 의의

복지 선진국들은 이미 오래전부터 사회복지에 관한 기본법을 제정하고 이 기본법에 따라 개별 사회복지법들 사이의 통합과 조정을 도모해 왔다.

우리나라에서도 사회복지법의 기본법으로 1963년 「사회보장에 관한 법률」을 제정한 바 있으나 그 내용이 너무 빈약하여 기본법으로서의 역할을 하지 못하여 폐지하고, 이러한 문제점을 해결함과 동시에 우리나라의 경제 · 사회의 발전 수준과 국민의 복지욕구에 부합하는 「사회보장기본법」이 1995년에 제정되었다.

사회보장기본법은 헌법 제34조 제1항에 규정된 "모든 국민은 인간다운 생활을 할 권리를 가진다."는 조항을 구체적이고 직접적으로 보장하고 실현하기 위해 의회를 통해 제정된 법률 형태이다. 즉, 헌법 제34조 이념에 사회보험, 공공부조, 사회서비스에 대한 법률을 총체적으로 지휘하는 헌법의 하위규범이자 법률의 상위규범으로서의 의의를 갖는다 하겠다.

사회보장기본법은 모든 국민이 평생 동안 겪는 예측 불허한 다양한 사회적 위험에 대비하여 국민의 보편적 · 생애주기적 특성에 맞게 설계하여 소득과 사회서비스를 함께 보장하는 통합적 방향으로 사회보장제도를 확대 재정립하고, 새로운 중장기 사회보장정책의 비전과 미래 지향적인 발전방향을 제시함으로써 건강한 복지국가를 설립할 수 있는 토대를 마련하였다.

2. 사회보장기본법의 연혁

정부수립 이후 사회보장이라는 개념은 사회적으로 주목받지 못하고 자유당 정권과 민주당 정권을 거치게 되었다. 이후 1961년 5 · 16 군사 쿠데타로 집권한 박정희 정권은 자신들의 정당성을 부각시키고 국민의 지지를 이끌어 낼 적극적 조치들이 필요하였다. 당시 정부의 정당성 부각의 필요성이 법적으로 나타난 것이 제5차 개정 헌법(1962. 12. 26)이며, '인간다운 생활을 할 권리'와 '국가의 사회보장 증진의무'의 명문화였다. 이에 근거하여 1963년 제정된 사회보장에 관한 법률은 당시 사회보장에 관한 일반의 인식이 희박했던 상황 속에서 하향식으로 성립된 법률이라고 할 수 있겠다.

사회보장에 관한 주요 제도로는 1970년에 사회서비스법의 모법이라 할 수 있는 사회복지사업법이 제정 · 시행되었으며, 1977년에는 의료보호법과 의료보험법이 실시되었고, 1988년 1월에는 국민연금법이 시행되었다.

그러나 각각의 법률들이 산재해 있는 사회보장제도들을 일관성 있게 추진하기 위하여 1995년 12월 30일 사회보장기본법이 제정되었고, 1996년 7월 1일부터 시행되었다.

2012년 1월 26일 전부 개정된 사회보장기본법에서는 "평생사회안전망" 조항을 신설하여 모든 국민이 생애 동안 삶의 질을 유지 · 증진할 수 있도록 국가와 지방자치단체가 평생사회안전망을 구축할 수 있게 하였다.

2020년 4월 7일 개정에서는 국가와 지방자치단체가 사회보장제도를 신설 · 변경할 경우 사회보장 전달체계와 재정 등에 미치는 영향 등을 사전에 충분히 검토하도록 하였다.

2021년 6월 8일 일부개정에서는 "사회보장 행정데이터"의 정의를 명시하고 사회보장위원회가 사회보장 관련 행정데이터를 제공받아 주요 시책의 심의 · 조정에 활용할 수 있도록 법적 근거를 명확히 하는 한편, 보건복지부 장관이 사회보장 행정데이터 분석센터를 설치 · 운영할 수 있도록 함으로써 사회보장 정책 기획, 평가, 제도개선 등에 대한 지원기능이 강화되었다.

주요 제 · 개정 및 발전과정은 다음과 같다.

1995. 12. 30.	사회보장기본법 제정
1996. 07. 01.	사회보장기본법 시행
주요 개정 내용 요약(개정일 기준)	
2005. 01. 27.	사회보장심의위원회 위원의 확대, 주요시책추진실적 평가제도 도입
2012. 01. 26.	사회보장심의위원회를 사회보장위원회로 명칭 변경
2015. 12. 29.	맞춤형 복지제도 및 최저보장수준 및 기준 중위소득제도 도입
2018. 12. 11.	이견이 있을 경우 사회보장위원회에 조정신청 가능 제도 신설
2020. 04. 07.	지방자치단체가 사회보장제도 신설 및 변경 등에 관한 권한 증대
2021. 06. 08.	사회보장 행정데이터의 제공요청에 대한 법적 근거 신설

제2절 목적 및 관련용어

1. 목 적

사회보장기본법은 사회보장에 관한 국민의 권리와 국가 및 지방자치단체의 책임을 정하고 사회보장제도에 관한 기본적인 사항을 규정함으로써 국민의 복지증진에 이바지하는 것을 목적으로 한다.

2. 기본이념

사회보장은 모든 국민이 다양한 사회적 위험으로부터 벗어나 행복하고 인간다운 생활을 향유할 수 있도록 자립을 지원하며, 사회참여 · 자아실현에 필요한 제도와 여건을 조성하여 사회통합과 행복한 복지사회를 실현하는 것을 기본 이념으로 한다.

3. 사회보장 관련 용어

1) 사회보장

사회보장기본법 제3조에 의하면 사회보장이란 출산 · 양육 · 실업 · 노령 · 장애 · 질병 · 빈곤 · 사망 등의 사회적 위험으로부터 모든 국민을 보호하고 빈곤을 해소하며 국민생활의 질을 향상시키기 위하여 필요한 소득 · 서비스를 보장하는 제도적 장치, 즉 사회보험, 공공부조, 사회서비스 등의 형식으로 제공되는 사회안전망을 말한다.

2) 사회보험

사회보험이란 국민에게 발생하는 사회적 위험을 보험의 방식으로 대처함으로써 국민의 건강과 소득을 보장하는 제도를 말한다. 사회보험은 1차적인 사회안전망의 제도로서 산업재해보상보험, 국민연금, 고용보험, 국민건강보험, 노인장기요양보험 외에 공무원연금, 군인연금, 사립학교교직원연금, 별정우체국연금 등이 있다.

사회보험은 민간보험의 원리를 채택하지만 사회적 위험을 보장한다는 점에서 민간보험과는 다른 특성을 가지고 있다. 즉, 가입의 강제성과 운영의 주체가 국가라는 점이다.

3) 공공부조

공공부조는 나라마다 상이하게 표현되고 있다. 우리나라와 일본 그리고 미국에서는 공공부조 · 공적부조로 표현되며, 영국에서는 국가부조로, 프랑스에서는 사회부조로 표현되고 있다.

공공부조란 국가 및 지방자치단체의 책임 아래 생활유지능력이 없거나 생활이 어려운 자의 최저생활을 보장하고 자립을 지원하는 제도를 말한다.

즉, 공공부조제도는 저소득 등으로 생활유지가 어려운 절대빈곤층에게 건강하고 문화적인 최저한의 생활수준을 보장하고, 경제수준의 향상에 상응하는 생활수준을 유지하게 하는 복지국가의 목표를 달성하기 위한 직접적이며 최종적인 국가의 정책수단을 규정한 제도이다.

따라서 공공부조는 모든 국민이 보호의 대상은 되나 엄격한 자산조사와 생태조사를 거쳐 선별된 자에 한하여 부조의 혜택을 주는 제도이며, 국민기초생활보장법, 의료급여법, 긴급복지지원법, 장애인연금법, 기초연금법이 공공부조에 해당된다.

4) 사회서비스

사회서비스란 국가, 지방자치단체 및 민간부문의 도움을 필요로 하는 모든 국민에게 복지, 보건의료, 교육, 고용, 주거, 문화, 환경 등의 분야에서 인간다운 생활을 보장하고, 상담, 재활, 돌봄, 정보의 제공, 관련 시설의 이용, 역량 개발, 사회참여 지원 등을 통하여 국민의 삶의 질이 향상되도록 지원하는 제도를 말한다.

사회서비스는 사회보험, 공공부조와는 달리 심리사회적·정신적 서비스 등과 같이 비경제적 추상적인 서비스를 제공하는 것으로 이러한 서비스 제공에는 사회복지전문가에 의한 사회복지실천 혹은 사회사업실천서비스가 한 몫을 하고 있다. 장애인복지법, 아동복지법, 노인복지법, 한부모가족지원법, 사회복지사업법 등이 사회서비스와 관련된 내용이라고 할 수 있다.

5) 평생사회안전망

생애주기에 걸쳐 보편적으로 충족되어야 하는 기본욕구와 특정한 사회위험에 의하여 발생하는 특수욕구를 동시에 고려하여 소득·서비스를 보장하는 맞춤형 사회보장제도를 말한다.

6) 사회보장 행정데이터

국가, 지방자치단체, 공공기관 및 법인이 법령에 따라 생성 또는 취득하여 관리하고 있는 자료 또는 정보로서 사회보장 정책 수행에 필요한 자료 또는 정보를 말한다.

4. 사회보장의 책임주체와 대상

1) 사회보장의 책임주체

사회보장기본법에서의 사회보장 주체는 복지다원주의를 지향하고 있다. 국가 및 지방자치단체가 사회보장의 주된 책임 주체라고 할 수 있겠지만 개인, 법인, 가정, 지역공동체, 민간조직도 사회보장의 주체가 되어 국가발전 수준에 부응하는 사회보장제도의 주체적 역할을 하도록 하고 있다.

따라서 사회보험은 국가가 주체가 되고, 공공부조 및 사회서비스는 국가 및 지방자치단체가 필요한 재정을 공동부담하며 주체로서의 역할을 하고 있다.

(1) 국가 및 지방자치단체의 책임

국가와 지방자치단체는 모든 국민의 인간다운 생활을 유지·증진하는 책임을 가진다. 국가와 지방자치단체는 사회보장에 관한 책임과 역할을 합리적으로 분담하여야 한다.

국가와 지방자치단체는 국가발전 수준에 부응하고 사회환경의 변화에 선제적으로 대응하며 지속 가능한 사회보장제도를 확립하고 매년 이에 필요한 재원을 조달하여야 한다.

국가는 사회보장제도의 안정적인 운영을 위하여 중장기 사회보장 재정추계를 격년으로 실시하고 이를 공표하여야 한다.

(2) 국민의 책임

사회보장기본법은 국가책임을 강력하게 부여하면서도 국민 스스로의 노력을 규정하고 있다.

제7조에서는 “모든 국민은 자신의 능력을 최대한 발휘하여 자립·자활할 수

있도록 노력하여야 하며, 경제적 · 사회적 · 문화적 · 정신적 · 신체적으로 보호가 필요하다고 인정되는 사람에게 지속적인 관심을 가지고 이들이 보다 나은 삶을 누릴 수 있는 사회환경 조성에 서로 협력하고 노력하여야 한다.

그리고 관계 법령에서 정하는 바에 따라 사회보장급여에 필요한 비용의 부담, 정보의 제공 등 국가의 사회보장정책에 협력하여야 한다."라고 규정하고 있다. 그러므로 사회보장 개입에 있어서도 우선시되는 것은 개인의 자립과 자활을 돕는 것이어야 한다는 의미이다.

그리고 국가의 국민으로서 사회보험 · 공공부조 · 사회서비스 및 관련 복지제도와 같은 사회보장정책을 수립하고 시행함에 필요한 조세부담에 협력하여야 하며, 정당한 사유 없이 사회복지법인이나 사회복지시설의 설치를 방해해서는 안 되는 책임을 가진다.

2) 사회보장의 대상

(1) 국민

사회보장수급권의 대상은 대한민국의 모든 국민을 포괄적으로 규정하고 더 나아가 국내에 거주하는 외국인도 포함시키고 있다.

국민은 모두 사회보장급여를 받을 권리가 있다는 보편주의를 원칙으로 하고 있으나 공공부조는 자산조사를 통하여 일정 소득수준 이하의 국민에게 선별적으로 혜택을 주는 선별주의를 채택하고 있다.

(2) 외국인

사회보장기본법 제8조에서는 "국내에 거주하는 외국인에게 사회보장제도를 적용할 때에는 상호주의의 원칙에 따르되, 관계 법령에서 정하는 바에 따른다." 라고 규정하고 있다.

제3절 사회보장수급권

사회보장기본법 제9조에 의하면 "모든 국민은 사회보장 관계 법령에서 정하는 바에 따라 사회보장급여를 받을 권리(이하 "사회보장수급권"이라 한다)를 가진다."라고 되어 있다.

사회보장기본법상의 사회보장은 사회보험 · 공공부조 · 사회서비스제도로 구분되어 있어 사회보장수급권은 사회보험수급권 · 공공부조수급권 · 사회서비스수급권으로 구분된다.

국가는 모든 국민이 인간다운 최저생활을 유지할 수 있도록 하기 위하여 사회보장수급권을 보장하여야 할 의무가 있으며, 사회보장급여 수준을 향상시키기 위해 노력하여야 한다.

1. 사회보장급여 수준

사회보장기본법 제10조에 따르면 "국가와 지방자치단체는 모든 국민이 건강하고 문화적인 생활을 유지할 수 있도록 사회보장급여의 수준 향상을 위해 노력하여야 한다. 또한 국가는 관계 법령에서 정하는 바에 따라 최저보장수준과 최저임금을 매년 공표하여야 하며, 최저보장수준과 최저임금 등을 고려하여 국가와 지방자치단체는 사회보장급여의 수준을 결정하여야 한다."라고 규정하고 있다.

이때 국가가 보장하는 사회보장급여의 수준은 헌법 제34조 제1항의 '인간다운 생활을 할 권리'에 대한 구체적 실현을 위해 국민이 건강하고 문화적인 생활을 유지하기 위하여 소요되는 최소한의 비용을 말한다.

따라서 보건복지부장관은 관계 중앙행정기관의 장과 협의하여 사회보장 증진을 위해 사회보장에 관한 기본계획을 5년마다 수립해야 한다.

보건복지부장관은 사회보장에 관한 기본계획의 효율적 수립을 위하여 기본계획 지침을 작성하여 이를 관계 중앙행정기관의 장에게 통보해야 하며, 관계 중앙행정기관의 장은 통보받은 기본계획 지침에 따라 소관별 기본계획안을 작성하여 보건복지부장관에게 제출해야 한다.

보건복지부장관은 이를 종합한 기본계획안을 작성하여 사회보장위원회와 국무회의의 심의를 거쳐 확정한다.

연도별 시행계획에 있어서는 보건복지부장관 및 관계 중앙행정기관의 장은 기본계획에 따라 사회보장과 관련된 소관 주요 시책의 시행계획을 매년 수립·시행하여야 한다.

관계 중앙행정기관의 장은 수립한 소관 시행계획 및 전년도의 시행계획에 따른 추진실적을 대통령령으로 정하는 바에 따라 매년 보건복지부장관에게 제출하여야 한다.

2. 사회보장급여의 신청

사회보장기본법 제11조 제1항에서는 "사회보장의 급여를 받고자 하는 자는 관계 법령이 정하는 바에 의하여 국가 또는 지방자치단체에 신청하여야 한다." 라고 규정함으로써 신청주의에 입각하여 사회보장급여를 제공하고 있다. 다만, 제도의 취지에 대해 이해하지 못하는 취약계층에 대해서는 공무원이 직권으로 수급권을 결정하는 '직권주의'를 병행하기도 한다.

3. 사회보장급여의 보호

사회보장수급권은 관계 법령이 정하는 바에 따라 타인에게 양도하거나 담보로 제공할 수 없으며 이를 압류할 수 없도록 하여 수급권에 대한 일신전속권적 보호를 하고 있다.

4. 사회보장급여의 제한과 포기

사회보장수급권은 법령에서 따로 정한 경우가 아니라면 제한되거나 정지될 수 없다. 법령에 의해 제한 또는 정지되는 경우에도 그 제한 또는 정지하는 목적에 필요한 최소한의 범위에 그쳐야 한다.

즉, 사회보장제도는 가능한 한 사회적 약자들에게 생존권을 보장한다는 측면에서 법적 목적을 달성하고 있으나 수급권자가 불법이나 탈법으로 또는 사회적 정의와 양식에 반해 수급요건을 발생시켰을 경우에는 이를 제한할 수 있게 하였다.

5. 불법행위에 대한 구상권

제3자의 불법행위에 의하여 피해를 입은 국민이 그로 인하여 사회보장수급권을 가지게 된 경우 사회보장제도를 운영하는 자는 그 불법행위의 책임이 있는 자에 대해 관계 법령이 정하는 바에 의하여 구상권을 행사할 수 있다.

제4절 사회보장위원회

사회보장에 관한 주요 시책을 심의 · 조정하기 위하여 국무총리 소속으로 사회보장위원회(이하 "위원회"라 한다)를 둔다.

1. 구 성

위원회는 위원장 1명, 부위원장 3명과 행정안전부장관, 고용노동부장관, 성평등가족부장관, 국토교통부장관을 포함한 30명 이내의 위원으로 구성한다.

위원장은 국무총리가 되고 부위원장은 기획재정부장관, 교육부장관 및 보건복지부장관이 된다.

위원회의 위원은 대통령령으로 정하는 관계 중앙행정기관의 장, 대통령이 위촉하는 사람(근로자를 대표하는 사람, 사용자를 대표하는 사람, 사회보장에 관한 학식과 경험이 풍부한 사람, 변호사 자격이 있는 사람)으로 한다.

위원의 임기는 2년으로 하되 위원이 공무원인 경우에는 그 재임기간으로 하며, 위원회를 효율적으로 운영하고 위원회의 심의사항을 전문적으로 검토하기 위하여 위원회에 실무위원회를 두고 실무위원회에 분야별 전문위원회를 둘 수 있다.

실무위원회에서 의결한 사항은 위원장에게 보고하고 위원회의 심의를 거쳐야 하며, 위원회의 사무를 효율적으로 처리하기 위하여 보건복지부에 사무국을 둔다.

관계 중앙행정기관의 장과 지방자치단체의 장은 위원회의 심의 · 조정 사항을 반영하여 사회보장제도를 운영 또는 개선해야 하며, 그 결과를 보건복지부장관에게 제출해야 한다.

2. 위원회의 직무

사회보장 증진을 위한 사회보장 장기발전 방향에 관한 사항, 사회보장제도 개선에 관한 사항, 사회보장제도의 도입 · 확대에 따른 우선순위의 조정 사항, 부처 간에 관련되는 주요 사회보장정책, 사회보장 급여 및 비용부담의 조정에 관한 사항, 국가 및 지방자치단체의 역할 및 비용분담에 관한 사항 등에 대해 심의하게 된다.

사회보장위원회의 심의를 거쳐야 하는 '사회보장 기본계획'은 5년마다 수립되어야 한다. 이에는 사회보장정책 추진에 필요한 사항이 포함되어야 하며, 국무회의의 심의를 거쳐 확정하도록 규정하고 있다.

3. 관계행정기관의 협력 요청

사회보장위원회는 관계행정기관에 대하여 사회보장에 관한 자료의 제출과 위원회의 업무에 관하여 필요한 협력을 요청할 수 있고, 관계행정기관은 위원회로부터 요청을 받은 때에는 이에 응하여야 한다고 규정되어 있다.

위원회 산하 실무위원회도 그 업무수행에 관해 필요하다고 인정될 때에는 관계기관 · 단체 등에 대하여 필요한 자료를 요청하거나 관계기관 · 단체 등의 직원 또는 전문가로부터 의견을 들을 수 있다.

제5절 사회보장 장기발전 방향 수립 및 시행

1. 장기발전 방향의 수립

보건복지부장관은 관계 중앙행정기관의 장과 협의하여 위원회의 심의를 거쳐 사회보장 증진을 위한 장기발전 방향을 5년마다 수립하여야 한다. 또한 장기발전 방향에는 다음 사항이 포함되어야 한다.

① 국내외 사회보장환경의 변화와 전망
② 사회보장의 기본목표 및 중장기 추진방향
③ 주요 추진과제 및 추진방법
④ 필요한 재원의 규모와 조달방안
⑤ 사회보장 관련 기금 운용방안
⑥ 사회보장 전달체계
⑦ 그 밖에 사회보장정책의 추진에 필요한 사항 등

장기발전 기본계획은 사회보장위원회와 국무회의의 심의를 거쳐 확정한다. 시 · 도지사 또는 시장 · 군수 · 구청장은 지역계획과 기본계획이 연계되도록 하기 위하여 기본계획의 수립 또는 변경이 있는 경우 소관 지역계획에 관련 내용을 반영하여야 한다.

또한 관계 중앙행정기관의 장은 필요시 관계 법령에서 정하는 바에 따라 소관 지역계획의 추진실적을 평가할 수 있고, 평가한 경우 그 결과를 보건복지부장관에게 제출하여야 한다.

보건복지부장관은 관계 중앙행정기관의 장이 제출한 평가결과를 종합 · 검토하여 위원회에 보고하여야 한다.

2. 주요 시책 추진방안의 수립 및 평가

보건복지부장관은 사회보장과 관련된 소관 주요 시책의 시행계획의 효율적 수립 · 시행을 위하여 다음 해의 시행계획 수립을 위한 지침을 작성하여 이를 매년 12월 31일까지 관계 중앙행정기관의 장에게 통보하여야 한다.

관계 중앙행정기관의 장은 지침에 따라 소관별 시행계획을 작성하여 매년 1월 31일까지 보건복지부장관에게 제출하여야 하고, 보건복지부장관은 이를 종합 · 검토하여 위원회에서 심의할 수 있도록 하여야 한다.

보건복지부장관은 시행계획이 위원회 심의를 거쳐 확정된 경우에는 이를 지체 없이 관계 중앙행정기관의 장에게 통보하여야 한다.

보건복지부장관은 시행계획에 따른 추진실적의 평가를 위한 지침을 작성하여 매년 1월 31일까지 관계 중앙행정기관의 장에게 통보하고, 관계 중앙행정기관의 장은 통보받은 평가지침에 따라 전년도 시행계획의 추진실적을 평가한 후 그 결과를 매년 3월 31일까지 보건복지부장관에게 제출하여야 한다.

보건복지부장관은 관계 중앙행정기관의 장이 제출한 평가결과를 종합 · 검토하여 위원회의 심의를 거친 후 그 결과를 매년 9월 30일까지 관계 중앙행정기관의 장에게 통보하여야 한다.

관계 중앙행정기관의 장은 통보받은 평가결과를 다음 연도 시행계획에 반영하여야 한다.

3. 계획 수립 등의 협조

국가와 지방자치단체는 사회보장 관련 계획 및 정책의 수립 · 시행, 사회보장 통계의 작성 등을 위하여 관련 공공기관, 법인, 단체 및 개인에게 자료제출 등 필요한 협조를 요청할 수 있다.

위원회도 사회보장에 관한 자료 제출 등 위원회 업무에 필요한 경우 관계 행정기관의 장에게 협조를 요청할 수 있다. 협조 요청을 받은 자는 정당한 사유가 없으면 이에 따라야 한다.

제6절 사회보장제도의 운영

1. 운영원칙

사회보장기본법은 사회보장제도의 운영을 위해 다음과 같이 원칙을 설정하고 있다.

첫째, 국가와 지방자치단체가 사회보장제도를 운영할 때에는 필요에 따른 보편성의 원칙으로 이를 필요로 하는 모든 국민에게 적용하여야 한다.

둘째, 비용부담의 형평성의 원칙으로 국가 및 지방자치단체는 사회보장제도의 급여수준 및 비용부담 등에 있어서 형평성을 유지하여야 한다. 비용부담의 형평성은 수직적 · 수평적 형평성이 합리적으로 운영되어야 한다.

수직적 형평성이란 소득이나 자산이 많은 사람은 높은 비율로 부담하고 낮은 비율의 급여를 받거나 소득이나 자산이 적은 사람은 낮은 비율의 부담을 하고서도 높은 비율의 급여를 받는 것이다.

수평적 형평성이란 소득이나 자산이 동일한 수준인 사람은 동일한 비용을 부담하고 동일한 수준의 급여를 받는 것을 말한다.

셋째, 민주성의 원칙으로 국가 및 지방자치단체는 사회보장제도의 정책결정 및 시행과정에 공익의 대표자 및 이해관계인 등을 참여시켜 이를 민주적으로 결정하고 시행하여야 한다.

2. 책임과 역할의 조정

국가는 지방자치단체와 사회보장에 관한 책임과 역할을 합리적으로 조정하여야 한다. 사회보험은 국가의 책임으로 시행하고, 공공부조와 사회서비스는 국가와 지방자치단체의 책임으로 시행함을 원칙으로 하되, 국가와 지방자치단체의 재정 형편 등을 고려하여 이를 협의·조정할 수 있다.

3. 민간의 참여

국가와 지방자치단체는 사회보장에 대한 민간부문의 참여를 유도할 수 있도록 정책을 개발·시행하고 그 여건을 조성하여야 한다.

국가와 지방자치단체는 사회보장에 대한 민간부문의 참여를 유도하기 위하여 자원봉사·기부 등 나눔의 활성화를 위한 각종 지원 사업, 사회보장정책의 시행에 있어 민간부문과의 상호협력체계 구축을 위하여 노력하여야 한다.

4. 비용의 부담

사회보장제도의 목적에 따라 사회보험에 드는 비용은 사용자, 피용자(被傭者) 및 자영업자가 부담하는 것을 원칙으로 하되, 관계 법령에서 정하는 바에 따라 국가가 그 비용의 일부를 부담할 수 있다.

공공부조 및 관계 법령에서 정하는 일정 소득 수준 이하의 국민에 대한 사회서비스에 드는 비용의 전부 또는 일부는 국가와 지방자치단체가 부담한다.

5. 사회보장전달체계

국가와 지방자치단체는 모든 국민이 쉽게 이용할 수 있고 사회보장급여가 적시에 제공되도록 지역적·기능적으로 균형 잡힌 사회보장전달체계를 구축하여야 한다.

6. 정보의 공개와 비밀의 보호

국가와 지방자치단체는 사회보장제도에 관하여 국민이 필요한 정보를 관계 법령에서 정하는 바에 따라 공개하고 이를 홍보하여야 한다.

국가는 관계 중앙행정기관과 지방자치단체에서 시행하는 사회보장수급권자 선정 및 급여관리 등에 관한 정보를 통합 · 연계하여 처리 · 기록 및 관리하는 시스템을 구축 · 운영할 수 있다.

7. 설명 · 상담 및 통지

국가와 지방자치단체는 사회보장 관계 법령에서 규정한 권리나 의무를 해당 국민에게 설명하도록 노력하여야 한다. 또한 사회보장 관계 법령에서 정하는 바에 따라 사회보장에 관한 상담에 응하여야 하며, 사회보장에 관한 사항을 해당 국민에게 알려야 한다.

8. 권리구제

위법 또는 부당한 처분을 받거나 필요한 처분을 받지 못함으로써 권리 또는 이익을 침해받은 국민은, 행정심판법에 따른 행정심판을 청구하거나 행정소송법에 따른 행정소송을 제기하여 그 처분의 취소 또는 변경 등을 청구할 수 있다.

우리나라의 사회보장, 사회복지 관련법에는 일반적으로 행정소송과 같은 법적 쟁송에 앞서 일종의 행정심판과 같은 이의신청 과정을 통해 신속하게 사회보장 관련 권리구제를 실현하도록 노력하고 있다.

KEY POINT

사회보장수급권

모든 국민은 관계법령이 정하는 바에 따라 사회보장급여를 받을 권리

국가와 지방자치단체의 책임

① 사회보험 - 국가 책임

② 공공부조 - 국가와 지방자치단체 공동책임

신청주의 · 직권주의

① 신청주의 – 수급대상자가 신청해야 심사

② 직권주의 – 공무원이 수급대상자를 찾아 심사

구상권(물질적 보상권)

일단 채무를 변제하고 연대채무자 또는 주된 채무자(유책자)에게 청구하는 권리

행정심판

행정상 위법 · 부당한 행위를 상급행정청이 이를 심리 · 결정하는 심판

① 처분이 있음을 안 날로부터 90일 이내 신청

② 처분이 있은 후 180일 이내 신청(제척기간)

③ 재결청 – 60일 이내에 결정(30일 연장 가능)

재결청

행정기관의 어떤 처분이 정당한지 부당한지를 재판처럼 결정하는 관청

① 시 · 군 · 구 처분은 시 · 도 행정심판위원회가 재결청

② 시 · 도 처분은 중앙행정심판위원회가 재결청

집행권원(채무명의)

집행권원이란 채권자가 채무자의 재산에 강제집행(경매) 가능 문서

① 최종 판결문　② 가집행선고

③ 제소전화해　④ 어음공증

제소전화해

개인 간의 계약서를 미리 제소전화해조서를 작성하면 재판 없이 강제집행 가능

어음공증

일반문서의 공증은 강제집행할 수 없고 어음공증만 재판 없이 강제집행 가능

공증(공정증서)

개인 간의 작성한 문서 내용을 어느 한 당사자가 변경 및 부인할 수 없는 법적 문서

구류 · 벌금

① 구류

1일 이상 30일 미만 교도소나 경찰서 유치장에 강제구금하는 형벌

② 벌금(약식명령)

범죄인에게 일정한 금액의 지급의무를 강제적으로 부담시키는 형벌

가집행 · 가등기 · 가압류 · 가처분

종 류	내 용
가집행	1심 재판만으로 임시집행(대법원 판결로 최종집행)
가등기	본등기 전의 조치(소유권 이전등기 전 조치) 매도 제약
가압류	재판 전 조치(확정판결 전에 조치) – 금전문제
가처분	재판 전 조치(확정판결 전에 조치) – 행위문제

08

CHAPTER

사회복지사업법 및 서비스법

CHAPTER 08

사회복지사업법 및 서비스법

제1절 사회복지사업법

1. 사회복지사업법의 의의

사회복지사업은 아직 국가가 사회보장제도가 확립되어 있지 않았던 1950년대에 한국전쟁이라는 특수한 상황으로 인해 나타난 사회문제를 해결하기 위해 등장한 것으로 상황에 따라 임시방편적으로 외국의 원조에 의해 운영되었다.

이후 산업사회의 발전은 다양한 사회문제를 가져오게 되었고, 이에 대처하기 위한 각종의 사회복지시설이 증가하면서 설립기준, 절차, 종사자의 자격 등에 관한 문제들이 등장하게 되었다. 이로 인해 다양화된 사회사업을 체계적으로 관리할 수 있는 법의 필요성이 대두되었고, 이러한 시대적 요구에 따라 각종 사회복지사업에 관한 제반 사항들을 규정한 것이 사회복지사업법이다.

사회복지사업법은 헌법 제34조에 규정된 생존권과 사회보장기본법을 구체화하는 하위법이면서 동시에 사회서비스 분야에 관한 법률의 기본적 사항을 총괄적으로 규정한 일반법으로, 사회복지사업 또는 사회서비스에 대한 모법으로서의 중요한 기능과 내용을 담고 있다.

따라서 이 법은 사회복지사업, 즉 사회복지 상담, 직업 지원, 무료 숙박, 지역사회복지, 의료복지, 재가복지, 사회복지관 운영에 관한 사업과 이와 관련된 자원봉사활동 및 복지시설의 운영 또는 지원을 목적으로 하는 사업에 관하여 규정하고 있다.

2. 연 혁

우리나라는 1960년대부터 생활보호법(1961년), 아동복리법(1961년), 윤락행위등방지법(1961년) 등 사회서비스 관련법이 제정되면서 이러한 법률들이 개별적으로 제정되고 개정됨에 따라 이를 체계화시키고 사회복지의 증진을 도모하기 위해서 1970년 1월 1일 사회복지사업법이 제정되었다.

1983년 개정에서는 사회복지사 자격조항을 신설하고, 2003년 개정에서는 지역사회복지계획의 수립 · 시행의 조항, 사회복지서비스와 재가복지서비스 실시에 관한 규정을 신설하였다. 2012년에는 일명 도가니법 개정으로 인권보호를 강화하였다.

2024년 1월 23일 개정에서는 피한정후견인에 대한 불합리한 차별을 없애고 지역사회 참여 확대를 위해 사회복지사의 결격사유에서 피한정후견인을 제외하였다.

2025년 4월 1일 개정에서는 「스토킹방지 및 피해자보호 등에 관한 법률」을 사회복지사업 대상 법률에 추가하여 스토킹 피해자에 대한 보호 및 지원 사업도 사회복지사업의 범위에 포함되도록 하였다.

주요 제 · 개정 및 발전과정은 다음과 같다.

1970. 01. 01.	사회복지사업법 제정
1970. 04. 02.	사회복지사업법 시행
주요 개정 내용 요약(개정일 기준)	
1983. 05. 21.	한국사회복지협의회를 법정단체화하고 이에 업무위탁 제도 마련
2000. 01. 12.	매년 9월 7일을 사회복지의 날로 제정
2017. 10. 24.	사회복지법인 임원 및 사회복지시설장의 결격사유 추가
2018. 12. 11.	전문사회복지사 제도로 다양화되는 사회복지 욕구 대응 제고
2024. 01. 23.	사회복지사의 결격사유에서 피한정후견인 제외
2025. 04. 01.	「스토킹방지 및 피해자보호 등에 관한 법률」을 이 법에 추가

3. 내용 및 특징

1) 총 칙

(1) 목적

사회복지사업법은 사회복지사업에 관한 기본적 사항을 규정하여 사회복지를 필요로 하는 사람에 대하여 인간의 존엄성과 인간다운 생활을 할 권리를 보장하고, 사회복지의 전문성을 높이며, 사회복지사업의 공정 · 투명 · 적정을 도모하고, 지역사회복지의 체계를 구축하고, 사회복지서비스의 질을 높여 사회복지의 증진에 이바지함을 목적으로 한다.

(2) 기본이념

사회복지를 필요로 하는 사람은 누구든지 자신의 의사에 따라 서비스를 신청하고 제공받을 수 있으며, 사회복지법인 및 사회복지시설은 공공성을 가지며 사회복지사업을 시행하는 데 있어서 공공성을 확보하여야 한다.

사회복지사업을 시행하는 데 있어서 사회복지를 제공하는 자는 사회복지를 필요로 하는 사람의 인권을 보장하여야 하고, 사회복지서비스를 제공하는 자는 필요한 정보를 제공하는 등 사회복지서비스를 이용하는 사람의 선택권을 보장하여야 한다.

(3) 용어의 정의

① "사회복지사업"이라 함은 보호 · 선도(善導) 또는 복지에 관한 사업과 사회복지상담, 직업지원, 무료 숙박, 지역사회복지, 의료복지, 재가복지(在家福祉), 사회복지관 운영, 정신질환자 및 한센병력자의 사회복귀에 관한 사업 등 각종 복지사업과 이와 관련된 자원봉사활동 및 복지시설의 운영 또는 지원을 목적으로 하는 사업을 말한다.

② "지역사회복지"란 주민의 복지증진과 삶의 질 향상을 위하여 지역사회 차원에서 전개하는 사회복지를 말한다.

③ "사회복지법인"이라 함은 사회복지사업을 행할 목적으로 설립된 법인을 말한다.

④ "사회복지시설"이라 함은 사회복지사업을 행할 목적으로 설치된 시설을 말한다.

⑤ "사회복지관"이란 지역사회를 기반으로 일정한 시설과 전문 인력을 갖추고 지역주민의 참여와 협력을 통하여 지역사회복지문제를 예방하고 해결하기 위하여 종합적인 복지서비스를 제공하는 시설을 말한다.

⑥ "사회복지서비스"라 함은 국가 · 지방자치단체 및 민간부문의 도움을 필요로 하는 모든 국민에게 복지, 보건의료, 교육, 고용, 주거, 문화, 환경 등의 분야에서 인간다운 생활을 보장하고 상담, 재활, 돌봄, 정보의 제공, 관련 시설의 이용, 역량 개발, 사회참여 지원 등을 통하여 국민의 삶의 질이 향상되도록 지원하는 제도를 말한다.

⑦ "보건의료서비스"라 함은 국민의 건강을 보호 · 증진하기 위하여 보건의료인이 행하는 모든 활동을 말한다.

(4) 법의 분류

사회복지사업법의 분류는 세금을 통해 선별적으로 지급하는 공공부조법과 사회복지 관련 서비스법 그리고 피해자보호 관련법으로 분류하였다.

사회복지 관련 서비스법은 국가, 지방자치단체 및 민간부문이 생활이 곤란하거나 장애 등으로 도움이 필요한 자에게 상담, 재활, 직업소개 및 지도, 사회복지시설 이용 등을 제공하여 정상적인 사회생활이 가능하도록 지원하는 것으로 법령상 '사회서비스법'이라는 규정은 없으나 사회복지서비스에 관한 법을 사회서비스법으로 분류한 것이다.

피해자보호 관련법은 인권침해를 방지하고 인간의 존엄성 침해 등을 사전적으로 예방하고 사후적으로 후유증을 치유하기 위한 성격의 법률로서 폭력의 피해자를 보호 · 지원하고, 회복 및 자립 · 자활을 지원하는 것을 목적으로 하고 있다. 관련법들을 구분하면 다음과 같다.

〈표 8-1〉 사회복지사업법 분류

구 분	공공부조법	사회복지 관련 서비스법	피해자보호 관련법
법률명	국민기초생활보장법 의료급여법 긴급복지지원법 장애인연금법 기초연금법	아동복지법 노인복지법 장애인복지법 한부모가족지원법 영유아보육법 정신건강복지법 국내입양에관한특별법 사회복지공동모금회법 장애인 · 노인 · 임산부등의편의증진보장에관한법률 농어촌주민의보건복지증진을위한특별법 식품기부활성화에관한법률 다문화가족지원법 장애인활동지원에관한법률 노숙인등의복지및자립지원에관한법률 보호관찰등에관한법률 장애아동복지지원법 발달장애인권리보장및지원에관한법률 청소년복지지원법 사회서비스지원및사회서비스원설립 · 운영에관한법률 노인 · 장애인등사회복지시설의급식안전지원에관한법률 고독사예방및관리에관한법률	성매매방지및피해자보호등에관한법률 성폭력방지및피해자보호등에관한법률 일제하일본군위안부피해자에대한생활안정지원및기념사업등에관한법률 가정폭력방지및피해자보호등에관한법률 인신매매등방지및피해자보호등에관한법률 스토킹범죄의처벌등에관한법률

그 밖에 대통령령으로 정하는 법률 : 북한이탈주민의보호및정착지원에관한법률, 자살예방및생명존중문화조성에관한법률, 건강가정기본법, 장애인노인등을위한보조기기지원및활용촉진에관한법률 등

(5) 다른 법률과의 관계

사회복지사업의 내용 및 절차 등에 관하여 제2조 제1호 각 목의 법률에 특별한 규정이 있는 경우를 제외하고는 이 법이 정하는 바에 의한다. 제2조 제1호 각 목의 법률을 개정하는 경우에는 이 법에 부합하도록 하여야 한다.

(6) 복지와 인권증진의 책임

국가와 지방자치단체는 사회복지서비스를 증진하고, 서비스를 이용하는 사람에 대하여 인권침해를 예방하고 차별을 금지하며 인권을 옹호할 책임을 진다.

(7) 인권존중 및 최대봉사의 원칙

사회복지사업법에 따라 복지업무에 종사하는 사람은 그 업무를 수행할 때에 사회복지를 필요로 하는 사람을 위하여 인권을 존중하고 차별 없이 최대로 봉사하여야 한다.

(8) 시설 설치의 방해 금지

누구든지 정당한 이유 없이 사회복지시설의 설치를 방해하여서는 아니 된다. 시장·군수·구청장은 정당한 이유 없이 사회복지시설의 설치를 지연시키거나 제한하는 조치를 하여서도 아니 된다.

(9) 사회복지시설 업무의 전자화

보건복지부장관은 사회복지법인 및 사회복지시설의 종사자, 거주자 및 이용자에 관한 자료 등 운영에 필요한 정보의 효율적 처리와 기록·관리 업무의 전자화를 위하여 정보시스템을 구축·운영할 수 있다.

(10) 사회복지서비스 제공의 원칙

사회복지서비스를 필요로 하는 사람(보호대상자)에 대한 사회복지서비스 제공은 현물(現物)로 제공하는 것을 원칙으로 한다.

(11) 사회복지의 날

국민의 사회복지에 대한 이해를 증진하고 사회복지사업종사자의 활동을 장려하기 위하여 국민기초생활보장법이 제정된 날인 9월 7일을 사회복지의 날로 정하고 사회복지의 날부터 1주간을 사회복지주간으로 하였다.

(12) 사회복지 자원봉사활동의 지원 · 육성

국가 및 지방자치단체는 사회복지 자원봉사활동을 지원 · 육성하기 위하여 자원봉사활동의 홍보 및 교육, 자원봉사활동 프로그램의 개발 · 보급, 자원봉사활동 중의 재해에 대비한 시책의 개발, 기타 자원봉사활동의 지원에 필요한 사항을 실시하되, 효율적으로 수행하기 위하여 사회복지법인이나 그 밖의 비영리법인 · 단체에 이를 위탁할 수 있다.

2) 사회복지법인

(1) 사회복지법인의 의의

법인이라 함은 자연인에 의하여는 목적을 달성하기 어려운 사업을 수행할 수 있게 하기 위하여 사람의 결합이나 특정한 재산에 대하여 자연인과 마찬가지로 법률관계의 주체로서의 지위를 인정한 것이다.

사회복지법인이라 함은 사회복지사업을 할 목적으로 설립된 법인을 말한다. 즉, 사회복지사업법 제2조에서 정한 사회복지사업을 행할 목적으로 동법 제16조에 의해서 설립되는 법인으로서 사법인이면서도 비영리 공익법인이며, 재단법인의 성격도 동시에 지닌 법인이다.

(2) 법인의 설립허가 및 신청서류

사회복지법인을 설립하려는 자는 대통령령이 정하는 바에 의하여 시 · 도지사의 허가를 받도록 하고 있어 허가주의를 채택하고 있다. 설립된 법인은 주된 사무소의 소재지에서 설립등기를 해야 한다. 설립등기는 법인설립의 허가가 있는 때로부터 3주 내에 설립등기를 마친 후 7일 이내에 시·도지사에게 설립등기 완료 보고를 해야 한다.

(3) 정관

법인의 정관에는 목적, 명칭, 주된 사무소의 소재지, 사업의 종류, 자산 및 회계에 관한 사항, 임원의 임면(任免) 등에 관한 사항, 회의에 관한 사항, 수익(收益)을 목적으로 하는 사업이 있는 경우 그에 관한 사항을 기재하여야 한다. 법인이 정관을 변경하고자 할 때는 시·도지사의 인가를 받아야 한다.

(4) 임원

① 임원의 구성과 범위

법인은 대표이사를 포함한 이사 7인 이상과 감사 2인 이상을 두어야 한다. 이사회의 구성에 있어서 대통령령이 정하는 특별한 관계에 있는 사람이 이사 현원(現員)의 5분의 1을 초과할 수 없다.

이사의 임기는 3년으로 하고 감사의 임기는 2년으로 하며, 각각 연임할 수 있다. 외국인인 이사는 이사현원의 2분의 1 미만이어야 한다. 법인은 임원을 임면하는 경우에는 보건복지부령이 정하는 바에 의하여 지체 없이 이를 시·도지사에게 보고하여야 한다. 감사는 이사와 특별한 관계에 있는 사람이 아니어야 하며, 감사 중 1인은 법률 또는 회계에 관한 지식이 있는 사람 중에서 선임하여야 한다.

② 임원의 결격사유

미성년자, 피성년후견인 또는 피한정후견인, 파산선고를 받은 자로서 복권되지 아니한 자, 법원의 판결 또는 다른 법률에 의하여 자격이 상실 또는 정지된 자, 금고 이상의 실형의 선고를 받고 그 집행이 종료되거나 집행이 면제된 날부터 3년이 경과되지 아니한 자, 금고 이상의 형의 집행유예선고를 받고 그 유예기간 중에 있는 자 등은 그 자격을 상실한다.

③ 임원의 보충 및 겸직금지

이사 또는 감사 중에 결원이 생긴 때에는 2개월 이내에 이를 보충하여야 한다. 법인이 기간 내에 결원보충을 하지 아니하는 경우에는 시·도지사는 지체 없이 이해관계인의 청구 또는 직권으로 임시이사를 선임하여야 한다.

이사는 법인이 설치한 사회복지시설의 장을 제외한 당해 시설의 직원을 겸할 수 없다. 감사는 법인의 이사, 법인이 설치한 사회복지시설의 장 또는 그 직원을 겸할 수 없다.

④ 임원의 해임명령

시·도지사는 임원이 시·도지사의 명령을 정당한 이유 없이 이행하지 아니한 때, 회계부정이나 인권침해 등 현저한 불법행위 기타 부당행위 등이 발견되었을 때에는 법인에 대하여 그 임원의 해임을 명할 수 있다.

(5) 재산

법인은 사회복지사업의 운영에 필요한 재산을 소유하여야 한다. 법인의 재산은 기본재산과 보통재산으로 구분하며, 기본재산은 그 목록과 가액(價額)을 정관에 기재하여야 한다. 법인이 해산하였을 경우 해산한 법인의 잔여재산은 정관이 정하는 바에 의하여 국가 또는 지방자치단체에 귀속된다.

국가 또는 지방자치단체에 귀속된 재산은 사회복지사업에 사용하거나 유사한 목적을 가진 법인에 무상으로 대여하거나 무상으로 사용·수익하게 할 수 있다.

(6) 설립허가 취소 등

시·도지사는 법인이 거짓 기타 부정한 방법으로 설립허가를 받은 때, 설립허가 조건에 위반한 때, 목적달성이 불가능하게 된 때, 목적사업 외의 사업을 한 때, 정당한 사유 없이 설립허가를 받은 날부터 6개월 이내에 목적사업을 개시하지 아니하거나 1년 이상 사업실적이 없을 때, 기타 이 법 또는 이 법에 의한 명령이나 정관에 위반한 때 기간을 정하여 시정명령을 하거나 설립허가를 취소할 수 있다.

(7) 수익사업

법인은 목적사업의 경비에 충당하기 위하여 필요한 때에는 법인의 설립목적 수행에 지장이 없는 범위 내에서 수익사업을 할 수 있다. 법인은 수익사업으로부터 생긴 수익을 법인 또는 법인이 설치한 사회복지시설의 운영 외의 목적에 사용할 수 없으며, 수익사업에 관한 회계는 법인의 다른 회계와 구분하여 회계처리 하여야 한다.

(8) 합병

법인은 시 · 도지사의 허가를 받아 이 법에 의한 다른 법인과 합병할 수 있다. 다만 주된 사무소가 서로 다른 특별시 · 광역시 · 특별자치시 · 도 · 특별자치도(이하 "시 · 도"라 한다)에 소재한 법인 간의 합병의 경우에는 보건복지부장관의 허가를 받아야 한다.

(9) 동일명칭 사용금지

사회복지법인이 아닌 자는 사회복지법인이라는 명칭을 사용하지 못한다.

(10) 다른 법률의 준용

법인에 관하여 이 법에서 규정한 사항을 제외하고는 민법과 공익법인의 설립 · 운영에 관한 법률을 준용한다.

(11) 한국사회복지사협회

사회복지사는 사회복지에 관한 전문지식과 기술을 개발 · 보급하고 사회복지사의 자질향상을 위한 교육훈련 및 사회복지사의 복지증진을 도모하기 위하여 한국사회복지사협회를 설립한다.

(12) 사회복지협의회

사회복지에 관한 조사·연구 및 정책 건의 및 민간사회복지자원과의 연계·협력, 대통령령으로 정하는 사회복지사업의 조성 등을 수행하기 위하여 전국 단위의 한국사회복지협의회(중앙협의회)와 시·도 단위의 시·도 사회복지협의회를 두며, 필요한 경우에는 시·군·구 사회복지협의회를 둘 수 있다.

3) 사회복지시설

(1) 시설의 설치

국가 또는 지방자치단체는 사회복지시설을 설치·운영할 수 있다. 국가 또는 지방자치단체가 설치한 시설은 필요한 경우 사회복지법인 또는 비영리법인에게 위탁하여 운영하게 할 수 있다.

국가 또는 지방자치단체 외의 자가 시설을 설치·운영하고자 하는 때에는 시장·군수·구청장에게 신고하여야 한다. 다만, 폐쇄명령을 받고 3년이 경과되지 아니한 자는 시설의 설치·운영 신고를 할 수 없다.

(2) 시설 수용인원의 제한

사회복지시설은 수용인원이 300인을 초과할 수 없다. 수용인원 300명을 초과할 수 있는 사회복지시설은 노인복지법에 따른 노인주거복지시설 중 양로시설과 노인복지주택, 노인의료복지시설 중 노인요양시설, 보건복지부장관이 고시하는 기준에 적합하다고 시장·군수·구청장이 인정하는 사회복지시설에 해당하는 시설로 한다.

(3) 시설운영(사회복지관)

① 사회복지관의 운영기준

시설 중 사회복지관은 지역사회의 특성과 지역주민의 복지욕구를 고려하여 서비스 제공 등 지역복지증진을 위한 사업을 실시할 수 있다. 사회복지관은 모든 지역주민을 대상으로 사회복지서비스를 실시하되, 국민기초생활보장법에 따른 수급자 및 차상위계층, 장애인, 노인, 한부모가족 및 다문화가족, 직업 및 취업 알선이 필요한 사람, 보호와 교육이 필요한 유아·아동 및 청소년, 그 밖에 사회복지관의 사회복지서비스를 우선 제공할 필요가 있다고 인정되는 사람에게 우선 제공하여야 한다.

② 인력기준(직원의 채용)

시설의 장은 상근(常勤)하여야 하며, 사회복지법인과 사회복지시설을 설치·운영하는 자는 시설에 근무할 종사자를 채용할 수 있다.

사회복지관에는 사무분야와 사업분야별로 이를 수행할 수 있는 직원을 각각 두거나 겸직할 수 있도록 하되, 직원의 수는 사회복지관의 규모 및 수행하는 사업을 고려하여 정하여야 한다. 법인이 운영하는 사회복지관의 직원은 정관이 정하는 바에 따라 법인의 대표이사 또는 관장이 임면하되, 신규채용은 직위에 관계없이 공개모집을 원칙으로 한다.

사회복지관의 관장과 각 분야별 책임자는 〈표 8-2〉의 자격을 갖춘 자로 한다.

〈표 8-2〉 분야별 책임자 자격기준

직 급	자격기준
관 장	2급 이상의 사회복지사자격증 소지자 또는 이와 동등한 자격이 있다고 법 제36조에 따른 운영위원회에서 인정한 자
사무분야의 책임자	3급(2019년 폐지) 이상의 사회복지사자격증 소지자 또는 이와 동등한 자격이 있다고 운영위원회에서 인정한 자
그 밖의 사업분야의 책임자	해당 분야의 자격증 소지자

③ 시설설치 시 유의사항

사회복지관 건축의 설계 및 시공 시에는 첫째, 강당, 회의실, 자원봉사자실, 방음설비를 갖춘 상담실 등의 서비스 공간을 마련한다. 둘째, 장애인, 임산부 및 노약자의 이용에 지장이 없도록 출입문 · 계단 · 화장실 등에 편의시설을 설치한다. 셋째, 화재예방 시설 등 시설물의 관리 및 안전점검 등에 필요한 설비를 갖추도록 한다.

④ 사회복지관의 사업내용

〈표 8-3〉 사회복지관의 사업

기능	사업 분야	사업 및 내용
사례 관리 기능	사례 발굴	지역 내 보호가 필요한 대상자 및 위기 개입대상자를 발굴하여 개입계획 수립
	사례 개입	지역 내 보호가 필요한 대상자 및 위기 개입대상자의 문제와 욕구에 대한 맞춤형 서비스가 제공될 수 있도록 사례개입
	서비스 연계	사례개입에 필요한 지역 내 민간 및 공공의 가용자원과 서비스에 대한 정보 제공 및 연계, 의뢰
서비스 제공 기능	가족 기능 강화	1. 가족관계증진사업 2. 가족기능보완사업 3. 가정문제해결 · 치료사업 4. 부양가족지원사업 5. 다문화가정, 북한이탈주민 등 지역 내 이용자 특성을 반영한 사업
	지역사회 보호	1. 급식서비스 2. 보건의료서비스 3. 지역사회에 거주하기 위해서 필요한 기초적인 일상생활 4. 경제적 지원 5. 정서서비스 6. 일시보호서비스 7. 재가복지봉사서비스
	교육 문화	1. 아동 · 청소년 사회교육 2. 성인기능교실 3. 노인 여가 · 문화 4. 문화복지사업
	자활지원 등 기타	1. 직업기능훈련 2. 취업알선 3. 직업능력개발 4. 그 밖의 특화사업
지역 조직화 기능	복지 네트워크 구축	지역사회연계사업, 지역욕구조사, 실습지도
	주민 조직화	주민복지증진사업, 주민조직화 사업, 주민교육
	자원 개발 및 관리	자원봉사자 개발 · 관리, 후원자 개발 · 관리

(4) 보험가입의무

시설의 운영자는 화재로 인한 손해배상책임, 화재 외의 안전사고로 인하여 생명·신체에 피해를 입은 보호대상자에 대한 손해배상책임을 이행하기 위하여 손해보험회사가 영위하는 책임보험이나 한국사회복지공제회의 책임공제에 가입하여야 한다.

(5) 시설의 조직

시설의 장은 상근(常勤)하여야 하며, 시설의 운영에 관한 사항을 심의하기 위하여 운영위원회를 둔다. 운영위원회 심의 사항은 시설운영계획의 수립·평가, 사회복지 프로그램의 개발·평가, 시설종사자의 근무환경 개선, 시설거주자의 생활환경 개선 및 고충처리, 시설 종사자와 거주자의 인권보호 및 권익증진, 시설과 지역사회와의 협력, 그 밖에 시설의 장이 운영위원회의 회의에 부치는 사항 등이다.

(6) 시설의 서류비치

시설에 비치해야 할 서류는 법인의 정관과 법인설립허가증사본(법인에 한함), 사회복지시설 신고증, 시설거주자 및 퇴소자의 명부, 시설거주자 및 퇴소자의 상담기록부, 시설의 운영계획서 및 예산·결산서, 후원금품 대장, 시설의 건축물관리대장, 시설의 장과 종사자의 명부 등이다.

(7) 시설의 휴지·재개·폐쇄 신고 등

국가 또는 지방자치단체 외의 자가 시설을 설치·운영하고자 신고한 경우 신고를 한 자는 지체 없이 시설의 운영을 개시하여야 한다.

시설의 운영자는 그 운영을 일정 기간 중단하거나 다시 시작하거나 시설을 폐지하려는 경우에는 보건복지부령으로 정하는 바에 따라 시장·군수·구청장에게 신고하여야 한다.

(8) 시설의 평가

보건복지부장관과 시 · 도지사는 보건복지부령으로 정하는 바에 따라 시설을 정기적으로 평가하고(3년마다 1회 이상), 그 결과를 공표하거나 시설의 감독 · 지원 등에 반영할 수 있으며 시설 거주자를 다른 시설로 보내는 등의 조치를 할 수 있다.

(9) 시설의 개선, 사업의 정지, 폐쇄 등

보건복지부장관, 시 · 도지사 또는 시장 · 군수 · 구청장은 시설이 설치기준에 미달하게 된 때, 사회복지법인 또는 비영리법인이 설치 · 운영하는 시설의 경우 그 사회복지법인 또는 비영리법인의 설립허가가 취소된 때, 설치목적의 달성 기타의 사유로 계속하여 운영될 필요가 없다고 인정할 때, 회계부정이나 불법행위 기타 부당행위 등이 발견된 때 등에는 그 시설의 개선, 사업 정지, 시설장의 교체를 명하거나 시설의 폐쇄를 명할 수 있다.

제2절 영유아보육법

1. 제정의 배경

여성의 사회참여 증가, 가족구조의 변화에 따른 탁아수요의 급증에 따라 아동보호와 교육문제는 개인적인 차원을 넘어 사회적 · 국가적 차원에서의 해결이 불가피하게 되었다.

이에 영유아의 보호와 교육에 관한 별도의 입법을 통하여 어린이집의 조속한 확대 및 체계화로 아동의 건전한 보호 · 교육 및 보육자의 경제적 · 사회적 활동의 지원을 통하여 가정의 복지증진을 도모하고자 1991년 1월 14일 영유아보육법이 제정되고 같은 날 시행되고 있다.

2018년 12월 24일 개정에서는 공동주택에 설치되어야 하는 어린이집을 국공립어린이집으로 운영하고, 공동으로 설치 · 운영하는 직장어린이집에 대해서는 국·공유재산을 무상으로 사용·대부할 수 있도록 하고, '일시보육서비스'의 명칭을 현장에서 사용하는 '시간제보육서비스'로 정비하였다.

2024년 3월 19일 일부개정에서는 성폭력 범죄 등의 행위로 인해 형 또는 치료감호가 확정된 사람은 어린이집의 원장 또는 보육교사 자격을 취득할 수 없도록 규정하였다.

2025년 11월 11일 개정에서는 도서·벽지·농어촌지역 등과 「인구감소지역 지원 특별법」에 따른 인구감소지역 어린이집에 대해서는 운영 경비 및 보육사업에 드는 비용 등을 추가로 보조할 수 있도록 하였다.

주요 제·개정 및 발전과정은 다음과 같다.

1991. 01. 14.	영유아보육법 제정
1991. 01. 14.	영유아보육법 시행
주요 개정 내용 요약(개정일 기준)	
1997. 12. 24.	저소득층 중심의 보육유아에 대하여 무상보육 실시 근거 마련
2014. 01. 29.	영유아 보육 수요 증가에 따라 보육시설 종사자의 자격기준 강화
2017. 03. 14.	산업단지에 우선적으로 국공립어린이집을 설치하도록 제도 개선
2024. 02. 06.	보육교직원 대체인력의 배치 근거 마련
2024. 03. 19.	어린이집 원장과 보육교사의 자격 강화 규정
2025. 11. 11.	도서·벽지·농어촌지역 등 어린이집 운영에 추가 보조 가능

2. 내용 및 특징

1) 총 칙

(1) 목적

이 법은 영유아의 심신을 보호하고 건전하게 교육하여 건강한 사회 구성원으로 육성함과 아울러 보호자의 경제적·사회적 활동이 원활하게 이루어지도록 함으로써 가정의 복지 증진에 이바지함을 목적으로 한다.

(2) 용어의 정의

이 법에서 사용하는 용어의 뜻은 다음과 같다.

① "영유아"란 7세 이하의 취학 전 아동을 말한다.

② "보육"이란 영유아를 건강하고 안전하게 보호·양육하고 영유아의 발달 특성에 맞는 교육을 제공하는 어린이집 및 가정양육 지원에 관한 사회서비스를 말한다.

③ "어린이집"이란 보호자의 위탁을 받아 영유아를 보육하는 기관을 말한다.

④ "보호자"란 친권자·후견인, 그 밖의 자로서 영유아를 사실상 보호하고 있는 자를 말한다.

⑤ "보육교직원"이란 어린이집 영유아의 보육, 건강관리 및 보호자와의 상담, 그 밖에 어린이집의 관리·운영 등의 업무를 담당하는 자로서 어린이집의 원장 및 보육교사와 그 밖의 직원을 말한다.

(3) 보육 이념

보육은 영유아의 이익을 최우선적으로 고려하여 제공되어야 하며, 보육은 영유아가 안전하고 쾌적한 환경에서 건강하게 성장할 수 있도록 하여야 한다. 영유아는 자신이나 보호자의 성, 연령, 종교, 사회적 신분, 재산, 장애, 인종 및 출생지역 등에 따른 어떠한 종류의 차별도 받지 아니하고 보육되어야 한다.

(4) 보육의 책임

모든 국민은 영유아를 건전하게 보육할 책임을 진다. 국가와 지방자치단체는 보호자와 더불어 영유아를 건전하게 보육할 책임을 지며, 이에 필요한 재원을 안정적으로 확보하도록 노력하여야 한다. 특별자치시장·특별자치도지사·시장·군수·구청장은 영유아의 보육을 위한 적절한 어린이집을 확보하여야 하며, 국가와 지방자치단체는 보육교직원의 양성, 근로여건 개선 및 권익 보호를 위하여 노력하여야 한다.

2) 관련 행정기관

(1) 보육정책위원회

보육에 관한 각종 정책 · 사업 · 보육지도 및 어린이집 평가인증사항 등을 심의하기 위하여 보건복지부에 중앙보육정책위원회를, 특별시 · 광역시 · 도 그리고 특별자치도 및 시 · 군 · 구에 지방보육정책위원회를 둔다.

(2) 육아종합지원센터

영유아에게 시간제 보육서비스를 제공하거나 보육에 관한 정보의 수집 · 제공 및 상담을 위하여 보건복지부장관은 중앙육아종합지원센터를, 특별시장 · 광역시장 · 특별자치시장 · 도지사 그리고 특별자치도지사 및 시장 · 군수 · 구청장은 지방육아종합지원센터를 설치 · 운영하여야 한다.

이 경우 필요하다고 인정하는 경우에는 영아 · 장애아 보육 등에 관한 육아종합지원센터를 별도로 설치 · 운영할 수 있다.

(3) 한국보육진흥원

보육서비스의 질 향상을 도모하고 보육정책을 체계적으로 지원하기 위하여 한국보육진흥원을 설립한다. 진흥원은 다음의 업무를 수행한다.

어린이집 평가척도 개발, 보육사업에 관한 교육 · 훈련 및 홍보, 영유아 보육프로그램 및 교재 · 교구 개발, 보육교직원 연수프로그램 개발 및 교재 개발 등의 업무를 수행한다. 그 밖에 이 법 또는 다른 법령 등에 따라 교육부장관, 국가 또는 지방자치단체로부터 위탁받은 업무 등을 수행한다.

(4) 보육실태조사

교육부장관은 이 법의 적절한 시행을 위하여 보육실태조사를 3년마다 실시하고 그 결과를 공표하여야 한다.

(5) 보호자 교육

국가와 지방자치단체는 영유아의 보호자에게 영유아의 성장·양육방법, 보호자의 역할, 영유아의 인권 및 아동학대 예방 등에 대한 교육을 실시하여야 한다. 교육부장관 또는 지방자치단체의 장은 예산의 범위에서 교육에 필요한 비용을 보조할 수 있다.

3) 어린이집의 설치

(1) 어린이집의 종류

〈표 8-4〉 어린이집의 종류와 운영주체

종 류	운영주체
국공립어린이집	국가나 지방자치단체가 설치·운영하는 어린이집
사회복지법인어린이집	사회복지법인이 설치·운영하는 어린이집
법인·단체 등 어린이집	각종 법인(사회복지법인을 제외한 비영리법인)이나 단체 등이 설치·운영하는 어린이집으로서 대통령령으로 정하는 어린이집
직장어린이집	사업주가 사업장의 근로자를 위하여 설치·운영하는 어린이집(국가나 지방자치단체의 장이 소속 공무원을 위하여 설치·운영하는 어린이집을 포함한다)
가정어린이집	개인이 가정이나 그에 준하는 곳에 설치·운영하는 어린이집
협동어린이집	보호자 또는 보호자와 보육교직원이 조합(영리를 목적으로 하지 아니하는 조합에 한정한다)을 결성하여 설치·운영하는 어린이집
민간어린이집	국공립어린이집, 사회복지법인어린이집, 법인·단체 등 어린이집, 직장어린이집, 가정어린이집, 협동어린이집에 해당하지 아니하는 어린이집

(2) 어린이집의 설치

① 국공립어린이집의 설치

국가나 지방자치단체는 국공립어린이집을 설치·운영하여야 한다. 이 경우 국공립어린이집은 보육계획에 따라 도시 저소득주민 밀집 주거지역 및 농어촌 지역 등 취약지역, 산업단지 지역에 우선적으로 설치하여야 한다.

국가나 지방자치단체가 국공립어린이집을 설치할 경우 지방보육정책위원회의 심의를 거쳐야 한다.

② **국공립어린이집 외의 어린이집의 설치**

국공립어린이집 외의 어린이집을 설치·운영하려는 자는 특별자치시장·특별자치도지사·시장·군수·구청장의 인가를 받아야 한다. 인가받은 사항 중 중요 사항을 변경하려는 경우에도 또한 같다.

③ **직장어린이집의 설치**

대통령령으로 정하는 일정 규모 이상의 사업장의 사업주는 직장어린이집을 설치하여야 한다. 사업장의 사업주가 직장어린이집을 단독으로 설치할 수 없을 때에는 사업주 공동으로 직장어린이집을 설치·운영하거나, 지역의 어린이집과 위탁계약을 맺어 근로자 자녀의 보육을 지원하여야 한다.

4) 보육교직원

(1) 어린이집의 원장 또는 보육교사의 자격

어린이집의 원장은 대통령령으로 정하는 자격을 가진 자로서 교육부장관이 검정·수여하는 자격증을 받은 자이어야 한다.

보육교사는 대학(전문대학 포함)에서 교육부령으로 정하는 보육 관련 교과목과 학점을 이수하고 전문학사학위 이상을 취득하거나 또는 같은 수준 이상의 학력이 있다고 인정된 사람으로서 교육부령으로 정하는 보육 관련 교과목과 학점을 이수하고 전문학사학위 이상을 취득한 사람, 고등학교 또는 이와 같은 수준 이상의 학교를 졸업한 자로서 시·도지사가 지정한 교육훈련시설에서 소정의 교육과정을 이수한 자로서 교육부장관이 검정·수여하는 자격증을 받은 자이어야 한다

보육교사의 등급은 1·2·3급으로 하고, 등급별 자격기준은 대통령령으로 정한다.

(2) 명의대여 등의 금지

어린이집의 원장 또는 보육교사는 다른 사람에게 자기의 성명이나 어린이집의 명칭을 사용하여 어린이집의 원장 또는 보육교사의 업무를 수행하게 하거나 자격증을 대여하여서는 아니 된다.

(3) 보수교육

교육부장관은 어린이집 원장의 자질향상을 위한 보수교육(補修敎育)을 실시하여야 한다. 이 경우 보수교육은 집합교육을 원칙으로 한다.

또한 교육부장관은 보육교사의 자질 향상을 위한 보수교육을 실시하여야 한다. 보수교육은 직무교육과 승급교육으로 구분한다.

5) 어린이집의 운영

(1) 취약보육의 우선실시 등

국가나 지방자치단체, 사회복지법인, 그 밖의 비영리법인이 설치한 어린이집과 대통령령으로 정하는 어린이집의 원장은 영아, 장애아, 다문화가족지원법에 따른 다문화가족의 아동 등에 대한 보육을 우선적으로 실시하여야 한다.

(2) 어린이집 이용대상

어린이집의 이용대상은 보육이 필요한 영유아를 원칙으로 한다. 다만, 필요한 경우 어린이집의 원장은 만 12세까지 연장하여 보육할 수 있다.

(3) 보육의 우선 제공

국가나 지방자치단체, 사회복지법인, 그 밖의 비영리법인이 설치한 어린이집과 대통령령으로 정하는 어린이집의 원장은 다음에 해당하는 자를 우선적으로 이용할 수 있도록 하여야 한다.

「국민기초생활 보장법」에 따른 수급자, 「한부모가족지원법」에 따른 지원대상자의 자녀, 또는 손자녀, 「국민기초생활 보장법」에 따른 차상위계층의 자녀, 「장애인복지법」에 따른 장애인 중 교육부령으로 정하는 장애 정도에 해당하는 자의 자녀, 또는 장애 정도에 해당하는 자가 형제자매인 영유아, 「다문화가족지원법」에 따른 다문화가족의 자녀, 「국가유공자 등 예우 및 지원에 관한 법률」에 따른 국가유공자 중 순직자의 자녀, 제1형 당뇨를 가진 경우로서 의학적 조치가 용이하고 일상생활이 가능하여 보육에 지장이 없는 영유아, 그 밖에 소득수준 및 보육수요 등을 고려하여 교육부령으로 정하는 자의 자녀, 사업주는 사업장 근로자의 자녀가 우선적으로 직장어린이집을 이용할 수 있도록 하여야 한다.

(4) 어린이집 평가

교육부장관은 정기적으로 평가를 실시하여야 하며, 평가등급 등 평가 결과를 공표하여야 한다.

제3절 아동복지법

1. 제정의 배경

우리나라의 아동복지사업은 6·25 전쟁 이후 전쟁고아의 보호와 양육을 위한 구호사업으로 발전하였으며, 아동복지영역에서 요보호아동은 그동안 양육환경상의 문제를 지닌 아동으로 대응하였으나, 점차 학교폭력, 따돌림이나 괴롭힘, 아동학대와 유기, 인터넷 과몰입, SNS 오·남용 문제 등이 증가하는 환경에서 아동의 건강한 성장과 학습의 권리를 보호하기 위한 법률의 변화가 이루어지고 있다.

아동복지법의 주요 개정은 1981년 4월 13일 '아동복리법'을 '아동복지법'으로 개명하고 1991년 '영유아보육법'의 제정으로 탁아사업이 '아동복지법'에서 분리되었다.

2024년 2월 6일 개정에서는 보호대상 아동에게 보호조치 과정과 목적, 예상

기간 등을 설명하도록 하고 대학 재학 중인 경우 등의 사유로 25세가 되기 전에 다시 보호조치를 희망하는 경우, 보호조치를 받을 수 있도록 하는 등 현행 제도의 운영상 나타난 일부 미비점을 개선 · 보완하였다.

2025년 11월 11일 개정에서는 아동권리보장원의 위상을 제고하기 위하여 기관명칭을 '아동권리보장원'에서 '국가아동권리보장원'으로 변경하고, 아동에 대한 국가의 책임을 대외적으로 명시를 확고히 했다.

주요 제 · 개정 및 발전과정은 다음과 같다.

1981. 04. 13.	아동복지법 제정(아동복리법 대체입법)
1981. 04. 13.	아동복지법 시행
주요 개정 내용 요약(개정일 기준)	
2008. 06. 13.	실종 · 유괴의 예방 · 방지 교육 실시, 아동보호구역에 폐쇄회로 설치
2014. 01. 28.	아동학대범죄전력자는 아동관련기관에 형 확정 후 10년간 취업 제한
2017. 10. 24.	아동학대의 조기 발견 및 관련 기관과의 연계 체계 구축
2018. 12. 11.	아동관련범죄자 취업제한 대상 아동관련기관의 범위에 비영리법인 추가
2024. 02. 06.	보호대상 아동에 대한 보호조치 및 재보호조치에 관한 사항 신설
2025. 11. 11.	'아동권리보장원'에서 '국가아동권리보장원'으로 명칭 변경

2. 내용 및 특징

1) 총 칙

(1) 목적

이 법은 아동이 건강하게 출생하여 행복하고 안전하게 자라나도록 그 복지를 보장함을 목적으로 한다.

(2) 용어의 정의

이 법에서 사용하는 용어의 정의는 다음과 같다.

① "아동"이라 함은 18세 미만의 사람을 말한다.

② "아동복지"란 아동이 행복한 삶을 누릴 수 있는 기본적인 여건을 조성하고 조화롭게 성장·발달할 수 있도록 하기 위한 경제적·사회적·정서적 지원을 말한다.

③ "보호자"라 함은 친권자, 후견인, 아동을 보호·양육·교육하거나 그 의무가 있는 자 또는 업무·고용 등의 관계로 사실상 아동을 보호·감독하는 자를 말한다.

④ "보호대상아동"이란 보호자가 없거나 보호자로부터 이탈된 아동 또는 보호자가 아동을 학대하는 경우 등 그 보호자가 아동을 양육하기에 적당하지 아니하거나 양육할 능력이 없는 경우의 아동을 말한다.

⑤ "지원대상아동"이란 아동이 조화롭고 건강하게 성장하는 데에 필요한 기초적인 조건이 갖추어지지 아니하여 사회적·경제적·정서적 지원이 필요한 아동을 말한다.

⑥ "가정위탁"이란 보호대상아동의 보호를 위하여 성범죄, 가정폭력, 아동학대, 정신질환 등의 전력이 없는 보건복지부령으로 정하는 기준에 적합한 가정에 보호대상아동을 일정 기간 위탁하는 것을 말한다.

⑦ "아동학대"라 함은 보호자를 포함한 성인이 아동의 건강·복지를 해치거나 정상적 발달을 저해할 수 있는 신체적·정신적·성적폭력, 가혹행위 및 아동의 보호자에 의하여 이루어지는 유기와 방임을 말한다.

⑧ "피해아동"이란 아동학대로 인하여 피해를 입은 아동을 말한다.

⑨ "아동복지시설"이라 함은 제50조에 따라 설치된 시설을 말한다.

⑩ "아동복지시설 종사자"라 함은 시설에서 아동의 상담·지도·치료·양육 기타 아동의 복지에 관한 업무를 담당하는 자를 말한다.

(3) 기본 이념

아동은 자신 또는 부모의 성별, 연령, 종교, 사회적 신분, 재산, 장애 유무, 출생지역, 인종 등에 따른 어떠한 종류의 차별도 받지 아니하고 자라나야 한다. 아동은 완전하고 조화로운 인격발달을 위하여 안정된 가정환경에서 행복하게 자라나야 하며, 아동에 관한 모든 활동에 있어서 아동의 이익이 최우선적으로 고려되어야 한다. 아동은 아동의 권리보장과 복지증진을 위해 아동복지법에 따른 보호와 지원을 받을 권리를 가진다.

(4) 아동복지의 책임

국가와 지방자치단체는 아동의 안전 · 건강과 복지증진에 노력하여야 하며, 아동과 그 보호자 및 가정을 지원하기 위한 정책을 수립 · 시행하여야 한다. 아동의 보호자는 아동을 가정 안에서 그의 성장 시기에 맞추어 건강하고 안전하게 양육하여야 한다.

국가와 지방자치단체는 장애아동의 권익을 보호하기 위하여 필요한 시책을 강구하여야 한다. 국가와 지방자치단체는 아동이 자신 또는 부모의 성별, 연령, 종교, 사회적 신분, 재산, 장애 유무, 출생지역 또는 인종 등에 따른 어떠한 종류의 차별도 받지 아니하도록 필요한 시책을 강구하여야 한다.

(5) 아동복지 관련 위원회

① 아동정책조정위원회

아동의 권리증진과 건강한 출생 및 성장을 위하여 종합적인 아동정책을 수립하고 관계 부처의 의견을 조정하며, 그 정책의 이행을 감독하고 평가하기 위하여 국무총리 소속으로 아동정책조정위원회를 둔다.

② 아동위원

시 · 군 · 구에는 아동위원을 둔다. 아동위원은 그 관할구역 안의 아동에 대하여 항상 그 생활상태 및 가정환경을 상세히 파악하고 아동복지에 관하여 필요한 원조와 지도를 행하며 아동복지지도원 및 관계 행정기관과 협력하여야 한다.

(6) 어린이날 및 어린이주간

어린이에 대한 사랑과 보호의 정신을 높임으로써 이들을 옳고 아름답고 슬기로우며 씩씩하게 자라나도록 하기 위하여 매년 5월 5일을 어린이날로 하며, 5월 1일부터 5월 7일까지를 어린이주간으로 한다.

(7) 아동보호구역에서의 영상정보처리기기 설치 등

국가와 지방자치단체는 유괴 등 범죄의 위험으로부터 아동을 보호하기 위하여 필요하다고 인정하는 때에는 시설의 주변구역을 아동보호구역으로 지정하여 범죄의 예방을 위한 순찰 및 아동지도업무 등 필요한 조치를 할 수 있다.

(8) 보호조치

시 · 도지사 또는 시장 · 군수 · 구청장은 그 관할구역 안에서 보호를 필요로 하는 아동을 발견하거나 보호자의 의뢰를 받은 때에는 아동의 최상의 이익을 위하여 대통령령이 정하는 바에 따라 다음 각 호에 해당하는 보호조치를 하여야 한다.

① 전담공무원 또는 아동위원에게 보호대상아동 또는 그 보호자에 대한 상담 · 지도를 수행하게 하는 것
② 보호자 또는 대리양육을 원하는 연고자에 대하여 그 가정에서 보호양육할 수 있도록 필요한 조치를 하는 것
③ 아동의 보호를 희망하는 자에게 가정위탁하는 것
④ 보호를 필요로 하는 아동을 적합한 아동복지시설에 입소시키는 것
⑤ 약물 및 알코올중독 · 정서장애 · 행동장애 · 발달장애 · 성폭력 · 아동학대 피해 등으로 특수한 치료나 요양 등의 보호를 필요로 하는 아동에 대하여 전문치료기관 또는 요양소에 입원 또는 입소시키는 것
⑥ 「입양특례법」에 따른 입양과 관련하여 필요한 조치를 하는 것

(9) 시설보호아동에 대한 퇴소조치 등

아동복지시설에 입소해 보호조치 중인 보호대상아동의 연령이 18세에 달하였거나, 보호의 목적을 달성하였다고 인정될 때에는 해당 시 · 도지사, 시장 · 군수 · 구청장은 대통령령으로 정하는 절차와 방법에 따라 그 보호 중인 아동의 보호조치를 종료하거나 해당 시설에서 퇴소시켜야 한다.

고등교육법 제2조에 따라 아동이 대학 이하의 학교에 재학 중인 경우, 아동양육시설 또는 직업능력개발훈련시설에서 직업관련 교육 · 훈련 중인 경우, 그 밖에 위탁가정 및 각종 아동복지시설에서 계속 보호 · 양육이 필요하다고 인정하여 대통령령이 정하는 경우에는 시 · 도지사, 시장 · 군수 · 구청장 또는 시설의 장이 보호기간을 연장할 수 있다.

(10) 친권상실선고의 청구 및 아동의 후견인 선임 청구

시 · 도지사, 시장 · 군수 · 구청장 또는 검사는 아동의 친권자가 그 친권을 남용하거나 현저한 비행이나 아동학대, 그 밖에 친권을 행사할 수 없는 중대한 사유가 있는 것을 발견한 경우 아동의 복지를 위하여 필요하다고 인정할 때에는 법원에 친권행사의 제한 또는 친권상실의 선고를 청구하여야 한다.

2) 아동복지시설 · 운영

(1) 아동복지시설

① 아동복지시설의 설치

국가 또는 지방자치단체는 아동복지시설을 설치할 수 있다. 국가 또는 지방자치단체외의 자는 관할 시장 · 군수 · 구청장에게 신고하고 아동복지시설을 설치할 수 있다.

② 아동복지시설의 종류

〈표 8-5〉 아동복지시설의 종류

종 류	설치목적
아동양육시설	보호대상아동을 입소시켜 보호, 양육 및 취업훈련, 자립지원 서비스 등을 제공
아동일시보호시설	보호대상아동을 일시보호하고 아동에 대한 향후의 양육대책수립 및 보호조치
아동보호치료시설	불량행위를 하거나 불량행위를 할 우려가 있는 아동 및 정서적 · 행동적 장애로 어려움을 겪고 있는 아동을 보호 · 치료
공동생활가정	보호대상아동에게 가정과 같은 주거여건과 보호, 양육, 자립지원 서비스를 제공
자립지원시설	아동복지시설에서 퇴소한 사람에게 취업준비기간 또는 취업 후 일정 기간 동안 보호함으로써 자립을 지원
아동상담소	아동과 그 가족의 문제에 관한 상담, 치료, 예방 및 연구 등을 목적
아동전용시설	어린이공원, 어린이놀이터, 아동회관, 체육 · 연극 · 영화 · 과학실험전시 시설, 아동휴게숙박시설, 야영장 등 아동에게 건전한 놀이 · 오락, 그 밖의 각종 편의 등 심신의 건강유지와 복지증진에 필요한 서비스를 제공
지역아동센터	지역사회 아동의 보호 · 교육, 건전한 놀이와 오락의 제공, 보호자와 지역사회의 연계 등으로 아동복지서비스를 제공
아동보호전문기관	학대받은 아동의 발견, 보호, 치료에 대한 신속처리 및 아동학대예방
가정위탁지원센터	보호대상아동에 대한 가정위탁사업을 실시하는 시설
아동권리보장원	아동정책에 대한 종합적인 수행과 아동복지관련 사업의 효과적인 추진 및 정책수립을 지원하고 사업평가 등의 업무수행

③ 기타 사업의 실시

아동복지시설은 통합하여 설치할 수 있으며, 각 시설 고유의 목적 사업을 해치지 아니하고 각 시설별 설치기준 및 운영기준을 충족하는 경우 다음 각 호의 사업을 추가로 실시할 수 있다.

〈표 8-6〉 고유업무 외의 사업

아동가정지원사업	지역사회아동의 건전한 발달을 위하여 아동, 가정, 지역주민에게 상담, 조언 및 정보를 제공해 주는 사업
아동주간보호사업	부득이한 사유로 가정에서 낮 동안 보호를 받을 수 없는 아동을 대상으로 개별적인 보호와 교육을 통하여 아동의 건전한 성장을 도모하는 사업
아동전문상담사업	학교부적응아동 등을 대상으로 올바른 인격형성을 위한 상담, 치료 및 학교폭력예방을 실시하는 사업
학대아동보호사업	학대아동의 발견, 보호, 치료 및 아동학대의 예방 등을 전문적으로 실시하는 사업
공동생활가정사업	보호대상 아동에게 가정과 같은 주거여건과 보호를 제공하는 것을 목적으로 하는 사업
방과 후 아동지도사업	저소득층 아동을 대상으로 방과 후 개별적인 보호와 교육을 통하여 건전한 인격형성을 목적으로 하는 사업
방과 후 돌봄서비스 지원 사업	지역 중심의 돌봄체계 구축 및 초등돌봄 사각지대 해소 지역사회 중심의 자발적이고 주도적인 아동 돌봄 공동체 기반 조성

④ 시설장의 의무와 시설종사자

아동복지시설의 장은 보호아동의 권리를 최대한 보장하여야 하며, 친권자가 있는 경우 보호아동의 가정 복귀를 위하여 적절한 상담과 지도를 병행하여야 한다. 아동복지시설에는 필요한 전문 인력을 배치하여야 하며, 아동복지시설종사자의 직종과 수, 그 자격 및 배치기준은 대통령령으로 정한다.

시 · 도지사 또는 시장 · 군수 · 구청장은 아동복지시설종사자의 양성 및 자질 향상을 위한 교육 · 훈련을 실시하여야 하며, 교육훈련을 대학(전문대학을 포함한다) 또는 아동복지단체 기타 교육훈련시설에 위탁하여 실시할 수 있다.

(2) 아동학대 예방 및 방지활동

① 홍보영상의 제작 · 배포 · 송출

보건복지부장관은 아동학대의 예방과 방지, 위반행위자의 계도를 위한 교육 등에 관한 홍보영상을 제작하여 방송편성책임자에게 배포해야 한다.

② **아동학대 신고의무자에 대한 교육**

관계 중앙행정기관의 장은 「아동학대범죄의 처벌 등에 관한 특례법」에 따른 아동학대 신고의무자의 자격 취득 과정이나 보수교육 과정에 아동학대 예방 및 신고의무와 관련된 교육 내용을 포함하도록 하여야 하며, 그 결과를 보건복지부장관에게 제출하여야 한다.

③ **아동학대 예방교육의 실시**

국가기관과 지방자치단체의 장, 「공공기관의 운영에 관한 법률」에 따른 공공기관과 대통령령으로 정하는 공공단체의 장은 아동학대의 예방과 방지를 위하여 필요한 교육을 연 1회 이상 실시하고, 그 결과를 보건복지부장관에게 제출하여야 한다.

④ **아동학대 등의 통보**

사법경찰관리는 아동 사망 및 상해사건, 가정폭력 사건 등에 관한 직무를 행하는 경우 아동학대가 있었다고 의심할 만한 사유가 있는 때에는 시 · 도지사, 시장 · 군수 · 구청장 또는 보장원의 장에게 그 사실을 통보하여야 한다.

⑤ **피해아동 응급조치에 대한 거부금지**

「아동학대범죄의 처벌 등에 관한 특례법」에 따라 사법경찰관리, 아동학대전담공무원이 피해아동을 인도하는 경우에는 아동학대 관련 보호시설이나 의료기관은 정당한 사유 없이 이를 거부하여서는 아니 된다.

⑥ **사후관리**

보장원의 장 또는 아동보호전문기관의 장은 아동학대가 종료된 이후에도 가정방문, 전화상담 등을 통해 아동학대의 재발 여부를 확인해야 한다.

⑦ **아동학대정보의 관리 및 제공**

보건복지부장관은 아동학대 관련 정보를 공유하고 아동학대를 예방하기 위하여 피해아동, 그 가족 및 아동학대행위자에 관한 정보와 아동학대예방사업에 관한 정보를 아동정보시스템에 입력 · 관리하여야 한다.

⑧ 피해아동 및 그 가족 등에 대한 지원

보장원의 장 또는 아동보호전문기관의 장은 아동의 안전 확보와 재학대 방지, 건전한 가정기능의 유지 등을 위하여 피해아동 및 보호자를 포함한 피해아동의 가족에게 상담, 교육 및 의료적 · 심리적 치료 등의 필요한 지원을 제공하여야 한다.

제4절 노인복지법

1. 제정의 배경

우리나라의 노인복지정책은 공공부조의 일환으로 빈곤층 노인만을 대상으로 최소한의 보호를 해 왔다. 따라서 연금제도의 발달이 늦었고 가족부양책임을 강조하다 보니 노인복지서비스의 발전이 매우 늦어졌으며, 노인의 생활보장은 매우 취약한 상태이다.

이에 노인복지정책은 전통적인 미덕을 유지 · 계승하기 위해서라도 노인에 대한 사회적인 지원을 강화하고, 노인의 기본적 생활보장에 대한 국가의 책임을 확립하여야 한다.

따라서 노인문제를 사회문제로 인식하고 대책을 강구하여 노인복지법을 1981년 6월 5일에 제정하였고, 2007년 4월 27일에는 노인장기요양보험법, 2014년 5월 20일에는 기초연금법을 제정하여, 이를 노인의 사회보장에 관한 3대 법제라고 할 수 있다.

2024년 2월 6일 개정을 통하여 '노인학대 관련 범죄 경력이 있는 자'에 대한 취업제한명령 대상기관에 보건복지부장관의 허가를 받아 노인을 위한 사업을 수행하는 비영리법인(법인 대표자 및 노인 대면 업무 종사자에 한함)이 추가되었다.

2024년 10월 22일 개정에서는 재화·용역 등의 제공자는 무인정보단말기를 설치·운영하는 경우 노인이 노인 아닌 사람과 동등하게 접근·이용할 수 있도록 하는 데 필요한 정당한 편의를 제공하여야 한다는 등의 내용을 신설하였다.

주요 제·개정 및 발전과정은 다음과 같다.

1981. 06. 05.	노인복지법 제정
1981. 06. 05.	노인복지법 시행
주요 개정 내용 요약(개정일 기준)	
1993. 12. 27.	민간기업체나 개인도 유료노인복지시설을 설치·운영 가능 제도 신설
2017. 10. 24.	노인성질환의 예방, 조기발견, 치료 등을 지원할 수 있는 근거를 마련
2018. 03. 13.	65세 이상 노인을 100분의 20 이상 채용한 사업체에 우대 정책 실시
2020. 04. 07.	요양보호사 자격증 대여 및 알선하는 등의 행위 금지 및 처벌 강화
2024. 02. 06.	노인학대 관련 범죄자에 대해 취업제한 대상기관에 비영리법인 추가
2024. 10. 22.	제공자의 정당한 편의제공의무 신설

2. 내용 및 특징

1) 총 칙

(1) 목적

이 법은 노인의 질환을 사전예방 또는 조기발견하고 질환상태에 따른 적절한 치료·요양으로 심신의 건강을 유지하고, 노후의 생활안정을 위하여 필요한 조치를 강구함으로써 노인의 보건복지 증진에 기여함을 목적으로 한다.

(2) 정의

이 법에서 사용하는 용어의 정의는 다음과 같다.

① "부양의무자"라 함은 배우자(사실상의 혼인관계에 있는 자를 포함한다)와 직계비속 및 그 배우자(사실상의 혼인관계에 있는 자를 포함한다)를 말한다.

② "보호자"라 함은 부양의무자 또는 업무·고용 등의 관계로 사실상 노인을

보호하는 자를 말한다.

③ “치매”라 함은 퇴행성 뇌질환 또는 뇌혈관계 질환 등으로 인하여 기억력, 언어능력, 지남력, 판단력 및 수행능력 등의 기능이 저하됨으로써 일상생활에서 지장을 초래하는 후천적인 다발성 장애를 말한다.

④ “노인학대”라 함은 노인에 대하여 신체적 · 정신적 · 정서적 · 성적 폭력 및 경제적 착취 또는 가혹행위를 하거나 유기 또는 방임을 하는 것을 말한다.

(3) 가족제도의 유지 · 발전

국가와 국민은 경로효친의 미풍양속에 따른 건전한 가족제도가 유지 · 발전되도록 노력하여야 한다.

(4) 보건복지 증진의 책임

국가와 지방자치단체는 노인의 보건 및 복지증진의 책임이 있으며, 이를 위한 시책을 강구하여 추진하여야 한다. 국가와 지방자치단체는 시책을 강구함에 있어 기본 이념이 구현되도록 노력하여야 한다.

(5) 노인실태조사

보건복지부장관은 노인의 보건 및 복지에 관한 실태조사를 3년마다 실시하고 그 결과를 공표하여야 한다.

(6) 노인의 날 등

노인에 대한 사회적 관심과 공경의식을 높이기 위하여 매년 10월 2일을 노인의 날로, 매년 10월을 경로의 달로 한다. 부모에 대한 효사상을 앙양하기 위하여 매년 5월 8일을 어버이날로 한다. 또한 범국민적으로 노인학대에 대한 인식을 높이고 관심을 유도하기 위하여 매년 6월 15일을 노인학대예방의 날로 지정한다.

(7) 노인복지상담원

노인의 복지를 담당하게 하기 위하여 특별자치도와 시 · 군 · 구에 노인복지

상담원을 둔다. 노인복지상담원의 임용 또는 위촉, 직무 및 보수 등에 관하여 필요한 사항은 대통령령으로 정한다.

(8) 노인전용주거시설

국가 또는 지방자치단체는 노인의 주거에 적합한 기능 및 설비를 갖춘 주거용 시설의 공급을 조장하여야 하며, 그 주거용 시설의 공급자에 대하여 적절한 지원을 할 수 있다.

2) 보건 · 복지조치

(1) 노인사회참여 지원

국가 또는 지방자치단체는 노인의 사회참여 확대를 위하여 노인의 지역봉사 활동기회를 넓히고, 노인에게 적합한 직종의 개발과 그 보급을 위한 시책을 강구하며, 근로능력 있는 노인에게 일할 기회를 우선적으로 제공하도록 노력하여야 한다.

(2) 노인일자리 전담기관의 설치 · 운영 등

국가 또는 지방자치단체는 노인의 능력과 적성에 맞는 일자리의 개발 · 보급과 교육훈련, 창업 · 육성 및 노인에 의한 재화의 생산 · 판매 등을 담당하는 노인일자리 지원, 취업 상담 및 정보를 제공하거나 노인일자리를 알선하는 취업 알선 등을 전담할 기관을 설치 · 운영하거나 그 운영의 전부 또는 일부를 법인 · 단체 등에 위탁할 수 있다.

(3) 지역봉사지도원 위촉 및 업무

국가 또는 지방자치단체는 사회적 신망과 경험이 있는 노인으로서 지역봉사를 희망하는 경우에는 이를 지역봉사지도원으로 위촉할 수 있다.

(4) 생업지원

국가, 지방자치단체 그 밖의 공공단체 중 대통령령으로 정하는 기관은 소관 공공시설에 식료품 · 사무용품 · 신문 등 일상생활용품의 판매를 위한 매점이나 자동판매기의 설치를 허가 또는 위탁할 때에는 65세 이상 노인의 신청이 있는 경우 이를 우선적으로 반영하여야 한다.

(5) 경로우대

국가 또는 지방자치단체는 65세 이상의 자에 대하여 대통령령이 정하는 바에 의하여 국가 또는 지방자치단체의 수송시설 및 고궁 · 능원 · 박물관 · 공원 등의 공공시설을 무료로 또는 그 이용요금을 할인하여 이용하게 할 수 있다.

(6) 건강진단 등

국가 또는 지방자치단체는 대통령령이 정하는 바에 의하여 65세 이상의 자에 대하여 건강진단과 보건교육을 실시할 수 있다. 또한 건강진단 결과 필요하다고 인정한 때에는 그 건강진단을 받은 자에 대하여 필요한 지도를 하여야 한다.

(7) 상담 · 입소 등의 조치

보건복지부장관, 특별시장 · 광역시장 · 특별자치시장 · 도지사 · 특별자치도지사 및 시장 · 군수 · 구청장은 노인에 대한 복지를 도모하기 위하여 필요하다고 인정한 때에는 65세 이상의 자를 노인의료복지시설에 입소시키거나 입소를 위탁하는 조치를 하여야 한다.

(8) 노인재활요양사업

국가 또는 지방자치단체는 신체적 · 정신적으로 재활요양을 필요로 하는 노인을 위한 재활요양사업을 실시할 수 있다. 복지실시기관은 보건소 또는 노인복지시설에 대하여 노인건강증진 및 노인성질환예방 등 노인재활요양에 필요한 전문 인력 및 장비를 지원할 수 있다.

3) 노인복지시설의 설치 · 운영

노인복지시설은 이용시설과 생활(입소)시설로 나뉜다. 노인복지시설의 종류에는 노인주거복지시설, 노인의료복지시설, 노인여가복지시설, 재가노인복지시설, 노인보호전문기관, 노인일자리지원기관, 학대피해노인전용쉼터 등이 있다.

(1) 노인주거복지시설

① 노인주거복지시설의 종류와 목적

〈표 8-7〉 노인주거복지시설의 종류와 목적

종 류	목 적
양로시설	노인을 입소시켜 급식과 그 밖에 일상생활에 필요한 편의를 제공함을 목적으로 하는 시설
노인공동생활가정	노인들에게 가정과 같은 주거여건과 급식, 그 밖에 일상생활에 필요한 편의를 제공함을 목적으로 하는 시설
노인복지주택	노인에게 주거시설을 임대하여 주거의 편의 · 생활지도 · 상담 및 안전관리 등 일상생활에 필요한 편의를 제공함을 목적으로 하는 시설

② 노인주거복지시설의 설치

국가 또는 지방자치단체는 노인주거복지시설을 설치할 수 있다. 국가 또는 지방자치단체 외의 자가 노인주거복지시설을 설치하고자 하는 경우에는 특별자치시장 · 특별자치도지사 · 시장 · 군수 · 구청장에게 신고하여야 한다.

(2) 노인의료복지시설

① 노인의료복지시설의 종류와 목적

〈표 8-8〉 노인의료복지시설의 종류와 목적

종 류	목 적
노인요양시설	치매 · 중풍 등 노인성 질환 등으로 심신에 상당한 장애가 발생하여 도움을 필요로 하는 노인을 입소시켜 급식 · 요양과 그 밖에 일상생활에 필요한 편의를 제공함을 목적으로 하는 시설
노인요양공동생활가정	치매 · 중풍 등 노인성 질환 등으로 심신에 상당한 장애가 발생하여 도움을 필요로 하는 노인에게 가정과 같은 주거여건과 급식 · 요양, 그 밖에 일상생활에 필요한 편의를 제공함을 목적으로 하는 시설

② 노인의료복지시설의 설치

국가 또는 지방자치단체는 노인의료복지시설을 설치할 수 있다. 국가 또는 지방자치단체외의 자가 노인의료복지시설을 설치하고자 하는 경우에는 시장·군수·구청장에게 신고하여야 한다.

(3) 노인여가복지시설

① 노인여가복지시설의 종류와 목적

〈표 8-9〉 노인여가복지시설의 종류와 목적

종 류	목 적
노인복지관	노인의 교양·취미생활 및 사회참여활동 등에 대한 각종 정보와 서비스를 제공하고, 건강증진 및 질병예방과 소득보장·재가복지, 그 밖에 노인의 복지증진에 필요한 서비스를 제공함을 목적으로 하는 시설
경로당	지역노인들이 자율적으로 친목도모·취미활동·공동작업장 운영 및 각종 정보교환과 기타 여가활동을 할 수 있도록 하는 장소를 제공함을 목적으로 하는 시설
노인교실	노인들에 대하여 사회활동 참여욕구를 충족시키기 위하여 건전한 취미생활·노인건강유지·소득보장 기타 일상생활과 관련한 학습 프로그램을 제공함을 목적으로 하는 시설

② 노인여가복지시설의 설치

국가 또는 지방자치단체는 노인여가복지시설을 설치할 수 있다. 국가 또는 지방자치단체 외의 자가 노인여가복지시설을 설치하고자 하는 경우에는 시장·군수·구청장에게 신고하여야 한다.

(4) 재가노인복지시설

① 재가노인복지시설의 서비스 종류와 목적

〈표 8-10〉 재가노인복지시설의 종류와 목적

종 류	목 적
방문요양서비스	가정에서 신체적 · 정신적 장애로 어려움을 겪고 있는 노인에게 각종 편의를 제공하여 안정된 노후를 영위하도록 하는 서비스
방문목욕서비스	목욕장비를 갖추고 가정에서 신체적 · 정신적 장애로 자신이 목욕을 할 수 없는 노인에게 목욕을 제공하는 서비스
주 · 야간보호서비스	가족의 보호를 받을 수 없는 노인을 주 · 야간 보호시설에 입소시켜 편의를 제공하고, 그 노인 가족의 신체적 · 정신적 부담을 감소시키는 서비스
단기보호서비스	가족의 보호를 받을 수 없어 일시적으로 보호가 필요한 노인을 보호시설에 단기간 입소시켜 노인 및 노인 가정의 복지증진을 도모하기 위한 서비스
그 밖의 서비스	그 밖의 재가노인에게 제공하는 서비스로서 보건복지부령이 정하는 서비스(방문간호서비스, 재가노인지원서비스, 복지용구지원서비스 등)

② 재가노인복지시설의 설치

국가 또는 지방자치단체는 재가노인복지시설을 설치할 수 있다. 국가 또는 지방자치단체 외의 자가 재가노인복지시설을 설치하고자 하는 경우에는 시장 · 군수 · 구청장에게 신고하여야 한다.

③ 요양보호사의 직무 · 자격증의 교부, 기관의 설치 등

노인복지시설의 설치 · 운영자는 보건복지부령으로 정하는 바에 따라 노인 등의 신체활동 또는 가사활동 지원 등의 업무를 전문적으로 수행하는 요양보호사를 두어야 한다. 시 · 도지사는 요양보호사자격시험에 합격한 사람에게 요양보호사의 자격을 검정하고 자격증을 교부하여야 한다. 시 · 도지사는 요양보호사의 양성을 위하여 보건복지부령으로 정하는 지정기준에 적합한 시설을 요양보호사교육기관으로 지정 · 운영하여야 한다.

(5) 노인보호전문기관

국가는 지역 간의 연계체계를 구축하고 노인학대를 예방하기 위하여 중앙노인보호전문기관을 설치·운영하여야 하며, 학대받는 노인의 발견·보호·치료 등을 신속히 처리하고 노인학대를 예방하기 위하여 업무를 담당하는 지역노인보호전문기관을 특별시·광역시·도·특별자치도에 둔다.

(6) 노인일자리지원기관

국가 또는 지방자치단체는 노인의 능력과 적성에 맞는 일자리지원사업을 전문적·체계적으로 수행하기 위한 노인일자리전담기관(노인인력개발기관, 노인일자리지원기관, 노인취업알선기관)을 설치·운영하거나 그 운영의 전부 또는 일부를 법인·단체 등에 위탁할 수 있다.

(7) 학대피해노인전용쉼터

국가와 지방자치단체는 노인학대로 인하여 피해를 입은 노인을 일정 기간 보호하고, 심신치유프로그램을 제공하기 위하여 학대피해노인전용쉼터(쉼터)를 설치·운영할 수 있다.

KEY POINT

법인
법에 의하여 권리·의무가 부여되는 단체로 공법인과 사법인, 사단법인과 재단법인, 영리법인과 공익법인 등이 있다.

개인
한 사람을 가리키는 말로 국가나 사회, 단체 등을 구성하는 자연의 고유한 개체로서 법인보다는 권리·의무가 약하다.

정관
법인의 자주적 내부규칙으로 주무관청의 허가를 얻어야 확정 및 변경 가능하고 법인은 반드시 정관이 있어야 한다.

청소년 관련 지원기관
① 청소년쉼터
일정 기간 청소년 임시 보호 기관

② 청소년자립지원관
청소년의 가정, 학교, 사회로의 복귀 지원기관

③ 청소년치료재활센터
청소년의 치료 및 재활을 지원하는 거주형 시설

④ 청소년회복지원시설
감호위탁 처분(소년법)을 받은 청소년 주거 및 보호기관

선도후견인
국가 및 지방자치단체는 청소년지도자 및 청소년지도위원 중에서 청소년 선도 후견인을 지정할 수 있음

사회복지시설 평가

법에 의하여 3년마다 실시하고 그 결과를 공표

국적

① 속인주의 – 혈통(부모) 기준(한국)

② 속지주의 – 출생국가 기준(미국)

추정하다 · 간주하다

① 추정하다 – 재판 없이 반증(反證)이 있으면 변경 가능

② 간주하다 – 반증 있어도 변경 못 함. 재판으로만 변경 가능(=의제하다)

부동산 매도

① 계약금 지급
　해약 가능(변상책임)(상당 기간 이행 독촉 필요)

② 중도금 지급
　이행의무(제3자에게 매도 – 배임죄)

③ 잔금 지급
　이행의무(제3자에게 매도 – 사기죄)

친고죄

① 피해자가 고소를 해야 수사를 착수하고 처벌 가능

② 비밀침해죄, 친족 간 재산범죄, 모욕죄

반의사불벌죄

① 피해자가 처벌을 원하지 않으면 수사를 중단(공소권 없음)

② 과실치상죄, 폭행죄, 협박죄, 명예훼손죄

09

CHAPTER

사회보험법

CHAPTER 09

사회보험법

제1절 사회보험법의 이해

'사회보험'이란 국민에게 발생하는 사회적 위험을 보험의 방식으로 대처함으로써 국민의 건강과 소득을 보장하는 제도를 말한다.

따라서 국가나 사회가 그 성원에 대한 생활보장을 강구해야 하는데 이러한 대책이 사회보험 제도이며, 이 제도는 일정한 조건에 해당하는 사람은 반드시 가입해야 하는 강제성을 띠고 있다.

현재 우리나라 헌법에서 규정하고 있는 '생존권' 보장을 위하여 실시되고 있는 사회보험법은 산업재해보상보험법, 국민연금법, 고용보험법, 국민건강보험법, 노인장기요양보험법 등 5대 사회보험제도가 있는데, 이 법은 사회보험제도의 운영과 그 실시에 관한 법률이다.

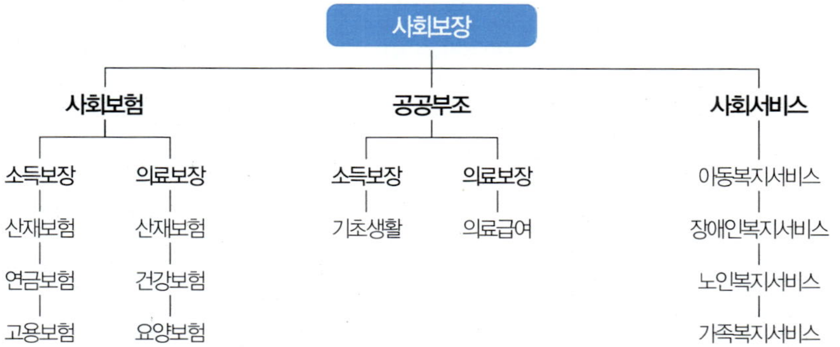

|그림 9-1| 사회보장 체계도

제2절 산업재해보상보험법

1. 의 의

산업화가 진전되면서 급격히 증가하는 산업재해근로자들을 보호하기 위하여 1964년 1월 1일에 도입된 우리나라 최초의 사회보험제도이다.

이 보험은 산재근로자와 그 가족의 생활을 보장하기 위하여 국가가 책임을 지는 의무보험으로서 근로자의 업무상 재해에 대해 국가가 사업주로부터 소정의 보험료를 징수하여 그 기금으로 사업주를 대신하여 보상을 해주는 제도이다.

산업재해보상보험은 강제가입을 원칙으로 하고 있으며, 다른 사회보험제도와는 달리 고용주가 산재보험가입자가 되며, 재해는 업무상 재해로 인정받아야 하고, 과실의 책임소재를 고려하지 않으며, 산업재해가 발생한 경우 산재보험에 의해 보상되는 제도이다.

2. 연 혁

산업재해보상보험제도는 정부수립 이전인 1915년 조선광업령에 의하여 광업자에게 업무상의 재해에 대한 부조의무제도를 실시함으로써 시작되었다. 1948년 정부수립 이후 제헌헌법에 규정된 노조3권의 근거로 근로자 보호를 제도화하기 위하여 1997년 3월 13일 근로기준법이 전면개정됨으로써 산업재해의 개별 사용주 책임제도가 확립되었다. 따라서 산업재해보상보험법은 우리나라의 모든 국민을 대상으로 하는 최초의 사회보험법으로 제정되었다.

2024년 10월 22일 개정에서는 매년 4월 28일을 산업재해근로자를 위한 법정기념일로 지정하고, 2025년 11월 11일 개정에서는 「공공기관의 운영에 관한 법률」의 개정으로 재직 근로자 중 1명을 해당 기관의 이사로 임명하도록 하는 '공공기관 노동이사제'가 도입됨에 따라, 근로복지공단의 근로자도 이사가 될 수 있도록 하였다.

주요 제·개정 및 발전과정은 다음과 같다.

1963. 11. 05.	산업재해보상보험법 제정
1964. 01. 01.	산업재해보상보험법 시행
주요 개정 내용 요약(개정일 기준)	
2012. 12. 18.	수급자격에 연령제한 삭제, 수급자격 범위를 19세 미만으로 연장
2018. 06. 12.	전용계좌 개설 압류금지, 유족보상연금자격자 자녀 25세 미만으로 확대
2020. 06. 09.	헌법재판소의 결정으로 출퇴근 재해도 산재인정으로 개정
2023. 08. 08.	산재 근로자 손자녀 유족보상연금 수급자격 연령을 25세 미만으로 상향
2024. 10. 22.	매년 4월 28일을 산업재해근로자를 위한 법정기념일로 지정
2025. 11. 11.	근로복지공단의 근로자도 이사가 될 수 있도록 관련법 개정

3. 내 용

1) 목 적

이 법은 산업재해보상보험 사업을 시행하여 근로자의 업무상의 재해를 신속하고 공정하게 보상하며, 재해근로자의 재활 및 사회복귀를 촉진하기 위하여 이에 필요한 보험시설을 설치·운영하고, 재해 예방과 그 밖에 근로자의 복지 증진을 위한 사업을 시행하여 근로자 보호에 이바지하는 것을 목적으로 한다.

2) 관 장

이 법에 따른 산업재해보상보험 사업은 고용노동부장관이 관장한다.

3) 정 의

이 법에서 사용하는 용어의 뜻은 다음과 같다.

① "업무상의 재해"란 업무상의 사유에 따른 근로자의 부상·질병·장해 또는 사망을 말한다.

② "근로자"·"임금"·"평균임금"·"통상임금"이란 각각 근로기준법에 따른 "근로자"·"임금"·"평균임금"·"통상임금"을 말한다. 다만, 근로기준법에 따라 "임금" 또는 "평균임금"을 결정하기 어렵다고 인정되면 고용노동부장관이 정하여 고시하는 금액을 해당 "임금" 또는 "평균임금"으로 한다.

③ "유족"이란 사망한 자의 배우자(사실상 혼인관계에 있는 자를 포함한다)·자녀·부모·손자녀·조부모 또는 형제자매를 말한다.

④ "치유"란 부상 또는 질병이 완치되거나 치료의 효과를 더 이상 기대할 수 없고 그 증상이 고정된 상태에 이르게 된 것을 말한다.

⑤ "장해"란 부상 또는 질병이 치유되었으나 정신적 또는 육체적 훼손으로 인하여 노동능력이 손실되거나 감소된 상태를 말한다.

⑥ "중증요양상태"란 업무상의 부상 또는 질병에 따른 정신적 또는 육체적 훼손으로 노동능력이 상실되거나 감소된 상태로서 그 부상 또는 질병이 치유되지 아니한 상태를 말한다.

⑦ "진폐"란 분진을 흡입하여 폐에 생기는 섬유증식성 변화를 주된 증상으로 하는 질병을 말한다.

⑧ "출퇴근"이란 취업과 관련하여 주거와 취업 장소 사이의 이동 또는 한 취업 장소에서 다른 취업 장소로의 이동을 말한다.

4) 적용범위

(1) 보험가입자

이 법은 근로자를 사용하는 모든 사업 또는 사업장에 적용한다. 다만, 위험률·규모 및 장소 등을 고려하여 대통령령으로 정하는 사업에 대하여는 이 법을 적용하지 아니한다.

(2) 보험료

이 법에 따른 보험 사업에 드는 비용에 충당하기 위하여 징수하는 보험료나 그 밖의 징수금에 관하여는 「고용보험및산업재해보상보험의보험료징수등에관한법률」에서 정하는 바에 따른다.

(3) 보험료의 산정

사업주가 부담하여야 하는 산재보험료는 그 사업주가 경영하는 사업에 종사하는 근로자의 개인별 보수총액에 산재보험료율을 곱한 금액을 합한 금액으로 한다.

보험료 = 보수총액 × 산재보험료율

(4) 보험료율의 결정

산업재해보상보험법에 따른 업무상의 재해에 관한 산재보험료율은 매년 6월 30일 현재 과거 3년 동안의 보수총액에 대한 산재보험급여총액의 비율을 기초로 하여, 산업재해보상보험법에 따른 연금 등 산재보험급여에 드는 금액, 재해예방 및 재해근로자의 복지증진에 드는 비용 등을 고려하여 사업의 종류별로 구분하여 고용노동부령으로 정한다.

(5) 보험관계의 성립과 소멸

① 보험관계의 성립

당연적용사업에 있어서는 해당 사업이 개시되어 적용요건을 충족하게 되었을 때 사업주의 의사와는 관계없이 자동적으로 보험관계가 성립하며, 적용제외사업의 경우에도 보험가입자는 당연적용사업과 동일하며, 근로복지공단의 승인을 얻으면 보험가입자가 될 수 있다.

② 보험관계의 소멸

보험관계는 사업이 폐지 또는 종료된 경우로서 법인의 해산등기완료, 폐업신고 또는 보험관계소멸신고 등과 같은 절차이행과 관계없이 소멸일 이후의 급여청구권과 보험료납부의무가 소멸된다.

5) 보험급여

(1) 업무상 재해 인정기준

근로자가 다음의 어느 하나에 해당하는 사유로 부상 · 질병 또는 장해가 발생하거나 사망하면 업무상 재해로 본다. 다만, 업무와 재해 사이에 상당인과관계(相當因果關係)가 없는 경우에는 그러하지 아니하다. 근로자의 고의 · 자해행위나 범죄행위 또는 그것이 원인이 되어 발생한 부상 · 질병 · 장해 또는 사망은 업무상의 재해로 보지 아니한다.

① 업무상 사고

근로자가 근로계약에 따른 업무나 그에 따르는 행위를 하던 중 발생한 사고일 경우, 사업주가 제공한 시설물 등을 이용하던 중 그 시설물 등의 결함이나 관리소홀로 발생한 사고 또는 사업주가 주관하거나 사업주의 지시에 따라 참여한 행사나 행사준비 중에 발생한 사고, 휴게시간 중 사업주의 지배관리하에 있다고 볼 수 있는 행위로 발생한 사고, 그 밖에 업무와 관련하여 발생한 사고에 대하여 업무상 재해로 본다.

② 업무상 질병

업무수행과정에서 물리적 인자(因子), 화학물질, 분진, 병원체, 신체에 부담을 주는 업무 등 근로자의 건강에 장해를 일으킬 수 있는 요인을 취급하거나 그에 노출되어 발생한 질병일 경우, 업무상 부상이 원인이 되어 발생한 질병, 그 밖에 업무와 관련하여 발생한 질병에 대하여 업무상 재해로 본다.

③ 출퇴근 재해

사업주가 제공한 교통수단이나 그에 준하는 교통수단을 이용하는 등 사업주의 지배관리하에서 출퇴근하는 중 발생한 사고와 그 밖에 통상적인 경로와 방법으로 출퇴근하는 중 발생한 사고에 대해 업무상 재해로 본다.

(2) 보험급여의 종류

보험급여는 수급권자의 청구에 따라 지급하며, 보험급여의 종류에는 요양급여, 휴업급여, 장해급여, 간병급여, 유족급여, 상병보상연금, 장의비, 직업재활급여가 있다. 단, 진폐에 따른 보험급여의 종류는 요양급여, 간병급여, 장의비, 직업재활급여, 진폐보상연금 및 진폐유족연금으로 한다.

① **요양급여**

요양급여는 근로자가 업무상의 사유로 부상을 당하거나 질병에 걸린 경우에 그 근로자에게 지급한다. 그러나 업무상 부상 또는 질병이 3일 이내의 요양으로 치유될 수 있으면 요양급여를 지급하지 아니한다.

② **휴업급여**

휴업급여는 업무상 사유로 부상을 당하거나 질병에 걸린 노동자에게 요양으로 취업하지 못한 기간에 대하여 지급하되, 산재 근로자와 그 가족의 생활보호를 위하여 1일당 평균임금의 100분의 70에 상당하는 금액으로 한다. 다만, 취업하지 못한 기간이 3일 이내이면 지급하지 아니한다.

③ **장해급여**

장해급여는 근로자가 업무상 재해의 치유 후 당해 재해와 인과관계가 있는 장해가 남게 되는 경우 그 장해의 정도에 따라 지급하는 급여이다. 급여의 종류는 장해보상연금과 장해보상일시금이 있는데, 수급권자의 선택에 따라 지급한다.

④ **간병급여**

간병급여는 요양급여를 받은 자 중 치유 후 의학적으로 상시 또는 수시로 간병이 필요하여 실제로 간병을 받는 자에게 지급하는 급여이다.

⑤ **유족급여**

유족급여는 근로자가 업무상의 사유로 사망한 경우에 유족에게 지급한다. 유족급여는 유족의 청구에 의해 유족보상연금 또는 유족보상일시금 중 수급권자의 선택에 의해 지급한다.

⑥ **상병보상연금**

상병보상연금이란 요양급여를 받는 근로자가 요양을 시작한 지 2년이 지난 날 이후에 그 부상이나 질병이 치유되지 않은 상태인 경우, 그 부상 또는 질병에 따른 중증요양상태의 정도가 대통령령이 정하는 중증요양상태등급 기준에 해당하는 경우, 요양으로 인해 취업하지 못하였을 경우에는 휴업급여 대신 상병보상연금을 그 근로자에게 지급한다. 상병보상연금은 중증요양상태등급에 따라 지급한다.

⑦ **장의비**

장의비는 노동자가 업무상 사유로 사망한 경우에 지급하되, 평균임금의 120일분에 상당하는 금액을 장제를 지낸 유족에게 지급한다.

⑧ **직업재활급여**

직업재활급여에는 장해급여 또는 진폐보상연금을 받은 자나 장해급여를 받을 것이 명백한 자로서 직업훈련에 드는 비용 및 직업훈련수당, 업무상의 재해가 발생할 당시의 사업에 복귀한 장해급여자에 대하여 사업주가 고용을 유지하거나 직장적응훈련 또는 재활운동을 실시하는 경우에 각각 지급하는 직장복귀지원금, 직장적응훈련비 및 재활운동비 등이 있다.

⑨ **특별급여**

가. 장해특별급여

보험가입자의 고의 또는 과실로 발생한 업무상 재해로 근로자가 장해등급 또는 진폐장해등급에 해당하는 장해를 입은 경우 수급권자가 민법에 따른 손해배상청구를 갈음하여 장해특별급여를 청구하면 장해급여 또는 진폐보상연금 외에 장해특별급여를 지급할 수 있다. 다만, 근로자와 보험가입자 사이에 장해특별급여에 관하여 합의가 이루어진 경우에 한정한다.

나. 유족특별급여

보험가입자의 고의 또는 과실로 발생한 업무상 재해로 근로자가 사망한 경우에 수급권자가 민법에 따른 손해배상청구를 갈음하여 진폐유족연금 외에 유족특별급여를 지급할 수 있다.

제3절 국민연금법

1. 의 의

국민연금제도는 산업화와 함께 사회구조가 점차 고령화 시대로 나아감에 따라 국가는 다양한 사회적 위험으로부터 모든 국민을 보호하고 국민생활의 질 향상을 위하여 제도적 장치를 마련하였는데 이것이 사회보장제도이다.

우리나라의 사회보장제도는 1970년대까지만 해도 구호사업과 구빈정책이 위주였으나 1970년대 후반에 도입된 의료보험과 1988년 실시된 국민연금제도를 통해 그 외연을 확장할 수 있었다.

현재 우리 사회는 부모를 모시는 가정이 현저히 줄고 있으며, 출생률 저하 등으로 연금제도에 대한 필요성이 증가하였고, 스스로 미래를 준비하는 사람이 적으며, 증가하는 사회적 위험에 대비하는 생계대책으로서 꼭 필요한 국민연금은 사회 구성원 간의 공동체적 연대와 세대 간의 부양시스템에 기초를 두고 있다.

2. 연 혁

1960년대 추진된 경제개발계획으로 산업화, 도시화, 핵가족화, 노령화가 빠른 속도로 진행되고, 이로 인해 발생된 사회문제의 해결방안으로 1973년 국민복지연금법이 제정되었으며, 노동시장 확대와 계속적인 출생률 저하 등으로 국민연금제도에 대한 필요성이 증가되면서 1986년부터 종전의 국민복지연금제도를 수정 · 보완하여 1988년 1월 1일부터 국민연금제도를 시행하게 되었다.

이러한 국민연금제도는 기금운용 등 효율적인 관리운영을 위해 1987년 9월에 국민연금공단을 설립하였으며, 우선적으로 10인 이상 사업장에 근무하는 18세 이상 60세 미만의 근로자 및 사업주를 대상으로 실시하였다.

따라서 정부는 적용대상 확대라는 일관된 정책목표하에 포괄되는 가입자 수를 늘려 왔으며, 1998년 12월 31일 개정에서는 도시지역으로 확대 적용함으로써 비로소 전 국민의 연금시대가 열리게 되었다.

2020년 1월 21일 개정에서는 연금보험료 연체금은 상당수가 생계형 체납자라는 점을 고려하여 가입자의 납부부담을 경감하도록 하였다.

2023년 6월 13일 개정에서는 부양가족연금 및 유족연금 지급대상의 장애 인정 기준이 되는 장애상태에, 「장애인복지법」에 따른 장애인 중 '장애의 정도가 심한 장애인'까지를 포함하도록 하였다.

2024년 9월 20일 개정에서는 농어업인의 연금보험료 납부에 대한 부담을 완화하기 위하여 농어업인에 대한 연금보험료 보조 특례의 적용기한을 2024년 12월 31일에서 2031년 12월 31일로 7년 연기하였다.

주요 제 · 개정 및 발전과정은 다음과 같다.

1986. 12. 31.	국민연금법 제정(국민복지연금법 대체입법)
1988. 01. 01.	국민연금법 시행
주요 개정 내용 요약(개정일 기준)	
1998. 12. 31.	도시지역 연금 확대 적용(적용대상을 전 국민으로 확대)
2017. 10. 24.	반환일시금 수급권의 소멸시효를 현행 5년에서 10년으로 연장
2017. 12. 19.	분할연금 혼인관계가 존재하지 않았던 기간 제외 규정
2020. 01. 21.	연금보험료 연체금 납입자의 납부 부담 경감 제도로 개정
2023. 06. 13.	부양가족연금액 및 유족연금 지급대상에 장애 인정기준 확대
2024. 09. 20.	농어업인의 연금보험료 납부에 대한 부담을 완화(7년 연기)

3. 내 용

1) 목 적

이 법은 국민의 노령, 장애 또는 사망에 대하여 연금급여를 실시함으로써 국민의 생활안정과 복지증진에 이바지하는 것을 목적으로 한다.

2) 관 장

이 법에 따른 국민연금사업은 보건복지부장관이 맡아 주관한다.

3) 정 의

이 법에서 사용하는 용어의 뜻은 다음과 같다.

① "근로자"란 직업의 종류가 무엇이든 사업장에서 노무를 제공하고 그 대가로 임금을 받아 생활하는 자(법인의 이사와 그 밖의 임원을 포함한다)를 말한다. 다만, 대통령령으로 정하는 자는 제외한다.

② "사용자"란 해당 근로자가 소속되어 있는 사업장의 사업주를 말한다.

③ "소득"이란 일정한 기간 근로를 제공하여 얻은 수입에서 대통령령으로 정하는 비과세소득을 제외한 금액 또는 사업 및 자산을 운영하여 얻는 수입에서 필요 경비를 제외한 금액을 말한다.

④ "평균소득월액"이란 매년 사업장가입자 및 지역가입자 전원의 기준소득월액을 평균한 금액을 말한다.

⑤ "기준소득월액"이란 연금보험료와 급여를 산정하기 위하여 가입자의 소득월액을 기준으로 하여 정하는 금액을 말한다.

⑥ "사업장가입자"란 사업장에 고용된 근로자 및 사용자로서 국민연금에 가입된 자를 말한다.

⑦ "지역가입자"란 사업장가입자가 아닌 자로서 국민연금에 가입된 자를 말한다.

⑧ "임의가입자"란 사업장가입자 및 지역가입자 외의 자로서 국민연금에 가입된 자를 말한다.

⑨ "임의계속가입자"란 국민연금 가입자 또는 가입자였던 자가 가입자로 된 자를 말한다.

⑩ "연금보험료"란 국민연금사업에 필요한 비용으로서 사업장가입자의 경우에는 부담금 및 기여금의 합계액을, 지역가입자 · 임의가입자 및 임의계속가입자의 경우에는 본인이 내는 금액을 말한다.

⑪ "부담금"이란 사업장가입자의 사용자가 부담하는 금액을 말한다.

⑫ "기여금"이란 사업장가입자가 부담하는 금액을 말한다.

⑬ "사업장"이란 근로자를 사용하는 사업소 및 사무소를 말한다.

4) 국민연금 가입자

(1) 가입대상

국내에 거주하는 국민으로서 18세 이상 60세 미만인 자는 국민연금 가입 대상이 된다. 다만, 공무원연금법, 군인연금법, 사립학교교직원연금법 및 별정우체국법을 적용받는 공무원, 군인, 교직원 및 별정우체국 직원, 그 밖에 대통령령으로 정하는 자는 제외한다.

(2) 가입자의 종류

가입자의 종류는 사업장가입자, 지역가입자, 임의가입자 및 임의계속가입자로 구분한다.

① 사업장가입자

사업의 종류, 근로자의 수 등을 고려하여 대통령령으로 정하는 사업장(당연적용사업장)의 18세 이상 60세 미만인 근로자와 사용자는 당연히 사업장가입자가 된다. 다만, 공무원연금법, 공무원 재해보상법, 사립학교교직원 연금법 또는 별정우체국법에 따른 퇴직연금, 장해연금 또는 퇴직연금일시금이나 군인연금법에 따른 퇴역연금, 상이연금, 퇴역연금일시금을 받을 권리를 얻은 자(퇴직연금등수급권자)에 해당하는 자는 제외한다.

② **지역가입자**

사업장가입자가 아닌 자로서 18세 이상 60세 미만인 자는 당연히 지역가입자가 된다. 다음 어느 하나에 해당하는 자는 제외한다.

㉠ 아래 어느 하나에 해당하는 자의 배우자로서 별도의 소득이 없는 자

- 국민연금 가입대상에서 제외되는 자
- 사업장가입자 · 지역가입자 · 임의계속가입자
- 노령연금수급권자 및 퇴직연금등수급권자

㉡ 퇴직연금등수급권자(퇴직연금등수급권자가 국민연금과 직역연금의 연계에 관한 법률 제8조에 따라 연계신청을 한 경우에는 그러하지 아니함)

㉢ 18세 이상 27세 미만인 자로서 학생이거나 군 복무 등의 이유로 소득이 없는 자(연금보험료를 납부한 사실이 있는 자는 제외)

㉣ 국민기초생활보장법 제7조제1항제1호에 따른 생계급여수급자 또는 의료급여수급자

㉤ 1년 이상 행방불명된 자(이 경우 행방불명된 자에 대한 인정기준 및 방법은 대통령령으로 정함)

③ **임의가입자**

사업장가입자와 지역가입자에 해당하는 자 외의 자로서 18세 이상 60세 미만인 자는 보건복지부령으로 정하는 바에 따라 국민연금관리공단에 가입을 신청하면 임의가입자가 될 수 있다. 임의가입자는 보건복지부령으로 정하는 바에 따라 국민연금공단에 신청하여 탈퇴할 수 있다.

④ **임의계속가입자**

국민연금 가입자 또는 가입자였던 자로서 60세가 된 자는 65세가 될 때까지 보건복지부령으로 정하는 바에 따라 국민연금공단에 가입을 신청하면 임

의계속가입자가 될 수 있다. 이 경우 가입 신청이 수리된 날에 그 자격을 취득한다.

5) 국민연금공단

(1) 설립목적

보건복지부장관의 위탁을 받아 국민의 노령, 장애 또는 사망에 대하여 연금급여를 실시함으로써 국민의 생활 안정과 복지 증진을 도모하고자 그 목적을 달성하기 위한 사업을 효율적으로 수행하기 위하여 국민연금공단을 설립한다.

(2) 주요 업무

공단은 다음의 업무를 한다.

국민연금공단의 주요 업무

- 가입자에 대한 기록의 관리 및 유지
- 연금보험료의 부과
- 급여의 결정 및 지급
- 가입자 · 가입자였던 자 및 수급권자를 위한 자금의 대여와 복지시설의 설치 · 운영 등 복지사업
- 가입자 · 가입자였던 자에 대한 기금증식을 위한 자금의 대여사업
- 가입대상과 수급권자 등을 위한 노후준비서비스 사업
- 그 밖에 이 법 또는 다른 법령에 따라 위탁받은 사항
- 기타 국민연금사업에 관하여 보건복지부장관이 위탁하는 사항

|그림 9-2| 국민연금공단의 주요 업무

(3) 법인격 및 사무소

공단은 법인으로 한다. 공단의 주된 사무소 및 기금이사가 관장하는 부서의 소재지는 전라북도로 하며, 필요하면 정관으로 정하는 바에 따라 분사무소를

둘 수 있다. 또한 공단은 국민연금제도 · 재정계산 · 기금운용에 관한 조사연구의 업무를 수행하기 위하여 공단 산하에 국민연금연구원을 둘 수 있다.

(4) 복지사업과 대여사업 등

공단은 가입자, 가입자였던 자 및 수급권자의 복지를 증진하기 위하여 대통령령으로 정하는 바에 따라 자금의 대여, 노인복지법에 따른 노인복지시설의 설치 · 공급 · 임대와 운영, 노인복지시설의 부대시설로서 「체육시설의 설치 · 이용에 관한 법률」에 따른 체육시설의 설치 및 운영, 그 밖에 대통령령으로 정하는 복지사업 및 국민연금기금의 증식을 위한 대여사업을 할 수 있다.

(5) 업무 위탁

공단은 정관으로 정하는 바에 따라 대여금 상환금의 수납, 급여 · 대여금의 지급에 관한 업무, 그 밖에 그 업무의 일부를 다른 법령에 따른 사회보험 업무를 수행하는 법인, 체신관서, 금융기관, 그 밖의 자에게 위탁할 수 있다. 공단이 위탁할 수 있는 업무와 위탁받을 수 있는 자의 범위는 대통령령으로 정한다.

(6) 노후준비서비스

공단은 가입대상 및 수급권자를 포함한 국민의 안정된 노후생활 보장을 위하여 노후준비서비스와 관련된 사업을 실시할 수 있다. 노후준비사업은 노후준비서비스의 제공, 노후준비서비스에 관한 조사 · 연구, 노후준비서비스에 필요한 프로그램의 개발 · 보급, 노후준비서비스 제공자의 양성 · 관리, 노후준비서비스를 위한 정보시스템의 구축 · 운영, 그 밖에 노후준비서비스 제공에 관하여 보건복지부장관이 위탁하는 사항 등이 있다.

6) 국민연금의 보험급여

(1) 급여의 종류

① 노령연금

노령연금수급자는 가입기간이 10년 이상인 가입자 또는 가입자였던 자에 대하여 60세(특수직종근로자는 55세)가 된 때부터 그가 생존하는 동안 노령연금을 받을 수 있다. 또한 가입기간이 10년 이상인 가입자 또는 가입자였던 자로서 55세 이상인 자가 대통령령으로 정하는 소득이 있는 업무에 종사하지 아니하는 경우 본인이 희망하면 60세가 되기 전이라도 본인이 청구한 때부터 그가 생존하는 동안 일정한 금액의 연금(조기노령연금)을 받을 수 있다.

② 장애연금

가입자 또는 가입자였던 자가 질병이나 부상으로 신체상 또는 정신상의 장애가 있고, 아래의 요건을 모두 충족하는 경우에는 장애정도를 결정하는 기준이 되는 날(장애결정기준일)부터 그 장애가 계속되는 기간 동안 장애 정도에 따라 장애연금을 지급한다.

③ 유족연금

국민연금에 가입하고 있는 사람 또는 연금을 받던 사람이 사망하면 지급되는 연금이다. 유족연금은 사망한 사람의 배우자, 자녀, 부모, 손자녀, 조부모 순으로 받을 수 있다. 연금을 받을 수 있는 요건이 안 되면 납입한 연금보험료에 이자가 더해져 일시금으로 지급된다.

④ 반환일시금 · 사망일시금

반환일시금이란 가입자 또는 가입자였던 자가 가입기간이 10년 미만인 자가 60세가 된 때, 가입자 또는 가입자였던 자가 사망한 때(단, 유족연금이 지급되는 경우에는 그러하지 아니하다), 국적을 상실하거나 국외로 이주한 때 중 어느 하나에 해당하게 되면 본인이나 그 유족의 청구에 의하여 반환일시금을 지급받을 수 있다.

사망일시금이란 가입자 또는 가입자였던 자가 사망한 때에 유족이 없으면 그 배우자 · 자녀 · 부모 · 손자녀 · 조부모 · 형제자매 또는 4촌 이내 방계혈족에게 사망일시금을 지급한다.

(2) 수급권의 발생과 소멸

급여는 수급권자의 청구에 따라 공단이 지급하며, 연금액은 지급사유에 따라 기본연금액과 부양가족연금액을 기초로 산정한다. 연금은 지급하여야 할 사유가 생긴 날이 속하는 달의 다음 달부터 수급권이 소멸한 날이 속하는 달까지 지급한다.

수급권이 소멸되는 경우에는 수급권자가 사망한 때, 배우자인 수급권자가 재혼한 때, 자녀나 손자녀인 수급권자가 파양된 때, 중증장애인에 해당하지 아니한 자녀인 수급권자가 25세가 된 때 또는 중증장애인에 해당하지 아니한 손자녀인 수급권자가 19세가 된 때의 어느 하나에 해당하게 되면 수급권은 소멸한다.

(3) 수급권의 보호

급여를 받을 권리는 양도 · 압류하거나 담보로 제공할 수 없으며, 수급권자에게 지급된 급여로서 대통령령으로 정하는 금액 이하의 급여는 압류할 수 없다.

(4) 급여의 지급

급여는 수급권자의 청구에 따라 공단이 지급하며, 연금액은 그 지급사유에 따라 기본연금액과 부양가족연금액을 기초로 산정한다.

① 연금액 산정

기본연금액 산정식 = 1.2×(A+B)×(1+0.05n)/12)

※ 1년치 연금액이며, 실제 지급할 때는 12로 나눈 금액을 매월 지급함

A : 연금수급 전 3년간의 평균소득월액의 평균액

B : 가입자 개인의 가입기간 중 기준소득월액의 평균액

n : 20년 초과 가입월수

② **부양가족연금액**

수급권자(유족연금의 경우에는 사망한 가입자 또는 가입자였던 자를 말함)를 기준으로 하는 배우자, 자녀 또는 부모로서 수급권자에 의해 생계를 유지하고 있는 자에 대하여 지급하는 일종의 가족수당 성격의 부가급여이다.

제4절 고용보험법

1. 의 의

고용보험제도는 실업자에 대해 필요한 급여를 제공하여 생활의 안정을 도모함과 동시에 구직활동을 용이하게 하는 등 재취업을 촉진하는 것과 근로자의 직업안정에 기여하기 위해 실업예방, 고용기회의 증대, 고용구조의 개선, 직업능력 개발, 기타 근로자의 복지증진 등 노동시장정책을 적극적으로 연계하여 통합적으로 실시하는 강제가입 형태의 사회보험제도이다.

2. 연 혁

고용보험은 근로자가 실직했을 때 실직근로자와 그 가족의 생활을 안정시키고 실직자의 재취업을 촉진하기 위한 사회보장제도의 일종으로 고용보험에 가입한 사업장에 재직하고 있는 모든 근로자는 고용보험의 혜택을 받을 수 있다.

고용보험법은 1993년 12월 27일에 제정되어 1995년 7월 1일부터 시행되고 있다.

2022년 12월 31일 개정에서는 실업의 신고방법에 비대면에 의한 신고방법을 추가하여 국민편의를 증진시키고, 기간제 · 파견근로자의 잔여 유산 · 사산휴가 급여의 지급을 보장하여 경제적 부담을 완화시켰다.

2024년 10월 22일 개정을 통하여 배우자 출산휴가의 급여지급 기간을 최초

5일에서 휴가 전체 기간으로 확대하여 모성보호 지원을 강화하였다.

2025년 11월 11일 개정에서는 근로자의 '임금'에서 '사업주가 근로자에게 지급하는 금품'으로 변경하여 고용유지 지원이 필요한 사업주와 근로자에 대하여 코로나 사태와 같이 현저한 경기 변동으로 대규모 고용위기가 초래되는 경우에 「고용정책 기본법」에 따른 신속한 지원을 할 수 있도록 하였다.

주요 제·개정 및 발전과정은 다음과 같다.

1993. 12. 27.	고용보험법 제정
1995. 07. 01.	고용보험법 시행
주요 개정 내용 요약(개정일 기준)	
2001. 08. 14.	육아휴직급여 및 산전휴가급여를 신설함
2011. 07. 21.	자영업자도 고용보험의 실업급여 혜택
2015. 01. 20.	실업급여에 대한 압류금지 제도를 실효성 있게 강화
2019. 08. 27.	출산전후휴가급여 등을 지급할 수 있는 근거를 마련
2024. 10. 22.	휴가기간 확대 등 모성보호 지원 강화
2025. 11. 11.	근로자의 '임금'에서 '사업주가 근로자에게 지급하는 금품'으로 변경

3. 내 용

1) 목 적

이 법은 고용보험의 시행을 통하여 실업의 예방, 고용의 촉진 및 근로자의 직업능력의 개발과 향상을 꾀하고, 국가의 직업지도와 직업소개 기능을 강화하며, 근로자가 실업한 경우에 생활에 필요한 급여를 실시하여 근로자의 생활안정과 구직활동을 촉진함으로써 경제·사회발전에 이바지하는 것을 목적으로 한다.

2) 보험의 관장

고용보험은 고용노동부장관이 관장한다.

3) 정 의

이 법에서 사용하는 용어의 뜻은 다음과 같다.

① "피보험자"란 「고용보험 및 산업재해보상보험의 보험료징수 등에 관한 법률」에 따른 보험에 가입되거나 가입된 것으로 보는 근로자 또는 보험료징수법에 따른 고용보험에 가입하거나 가입된 것으로 보는 자영업자를 말한다.

② "이직"이란 피보험자와 사업주 사이의 고용관계가 끝나게 되는 것을 말한다.

③ "실업"이란 근로의 의사와 능력이 있음에도 불구하고 취업하지 못한 상태에 있는 것을 말한다.

④ "실업의 인정"이란 직업안정기관의 장이 수급자격자가 실업한 상태에서 적극적으로 직업을 구하기 위하여 노력하고 있다고 인정하는 것을 말한다.

⑤ "보수"란 소득세법에 따른 근로소득에서 대통령령으로 정하는 금품을 뺀 금액을 말한다. 다만, 휴직이나 그 밖에 이와 비슷한 상태에 있는 기간 중에 사업주 외의 자로부터 지급받는 금품 중 고용노동부장관이 정하여 고시하는 금품은 보수로 본다.

⑥ "일용근로자"란 1개월 미만 동안 고용되는 자를 말한다.

4) 고용보험사업

보험은 고용보험법의 목적을 이루기 위하여 고용보험사업으로 고용안정 · 직업능력개발 사업, 실업급여, 육아휴직급여 및 출산전후휴가 급여 등을 실시한다. 보험사업의 보험연도는 정부의 회계연도에 따른다.

5) 국고의 부담

국가는 매년 보험사업에 드는 비용의 일부를 일반회계에서 부담하여야 하며, 매년 예산의 범위에서 보험사업의 관리 · 운영에 드는 비용을 부담할 수 있다.

6) 보험료

이 법에 따른 보험사업에 드는 비용을 충당하기 위하여 징수하는 보험료와 그 밖의 징수금에 대하여는 보험료징수법으로 정하는 바에 따른다. 보험료징수법에 따라 징수된 고용안정 · 직업능력개발사업의 보험료 및 실업급여의 보험료는 각각 그 사업에 드는 비용에 충당한다. 다만, 실업급여의 보험료는 육아휴직 급여 및 출산전후휴가 급여 등에 드는 비용에 충당할 수 있다.

7) 적용 범위

(1) 적용대상 사업장

이 법은 근로자를 사용하는 모든 사업 또는 사업장에 적용한다. 다만, 산업별 특성 및 규모 등을 고려하여 대통령령으로 정하는 사업에 대하여는 적용하지 아니한다.

(2) 적용 제외

다음의 어느 하나에 해당하는 자에게는 이 법을 적용하지 아니한다. 다만, 제1호의 근로자 또는 자영업자에 대한 고용안정 · 직업능력개발 사업에 관하여는 그러하지 아니하다.

① 65세 이후에 고용되거나 자영업을 개시한 자
② 소정(所定)근로시간이 대통령령으로 정하는 시간 미만인 자
③ 국가공무원법과 지방공무원법에 따른 공무원. 다만, 대통령령으로 정하는 바에 따라 별정직공무원, 임기제공무원의 경우는 본인의 의사에 따라 고용보험에 가입할 수 있다.
④ 사립학교교직원 연금법의 적용을 받는 자
⑤ 그 밖에 대통령령으로 정하는 자

8) 고용보험의 보험급여

고용보험의 급여는 고용안정 · 직업능력개발사업, 실업급여, 육아휴직급여 및 출산전후휴가 급여로 구분할 수 있다.

(1) 고용안정 · 직업능력개발사업

고용노동부장관은 피보험자 및 피보험자였던 자, 그 밖에 취업할 의사를 가진 자에 대한 실업의 예방, 취업의 촉진, 고용기회의 확대, 직업능력개발 · 향상의 기회 제공 및 지원, 그 밖에 고용안정과 사업주에 대한 인력 확보를 지원하기 위하여 고용안정 · 직업능력개발 사업을 실시한다.

고용노동부장관은 고용안정 · 직업능력개발 사업을 실시할 때에는 근로자의 수, 고용안정 · 직업능력개발을 위하여 취한 조치 및 실적 등 대통령령으로 정하는 기준에 해당하는 기업을 우선적으로 고려하여야 한다.

(2) 실업급여

실업급여는 구직급여와 취업촉진수당으로 구분하며, 취업촉진수당은 다시 조기(早期)재취업수당, 직업능력개발수당, 광역구직활동비, 이주비 등으로 나누어진다.

① 구직급여

〈표 9-1〉 구직급여의 소정급여일수(이직일 2019. 10. 01 이후)

구 분		피보험 기간				
		1년 미만	1년 이상 3년 미만	3년 이상 5년 미만	5년 이상 10년 미만	10년 이상
이직일 현재 연령	50세 미만	120일	150일	180일	210일	240일
	50세 이상 및 장애인	120일	180일	210일	240일	270일

* 장애인이라 함은 「장애인고용촉진 및 직업재활법」에 따른 장애인을 말한다.

② 취업촉진수당

가. 조기재취업수당

조기재취업수당은 수급자격자가 안정된 직업에 재취직하거나 스스로 영리를 목적으로 하는 사업을 영위하는 경우로서 대통령령으로 정하는 기준에 해당하면 지급한다.

나. 직업능력개발수당

직업능력개발수당은 수급자격자가 직업안정기관의 장이 지시한 직업능력개발 훈련 등을 받는 경우에 직업능력개발 훈련 등을 받는 기간에 대하여 지급한다.

직업능력개발수당은 수급자격자가 직업안정기관의 장이 지시한 직업훈련 등을 받은 날로서 구직급여의 지급대상이 되는 날에 대하여 지급한다. 그 금액은 교통비 · 식대 등 직업훈련 등의 수강에 필요한 비용을 고려하여 고용노동부장관이 결정 · 고시하는 금액으로 한다.

다. 광역구직활동비

광역구직활동비는 수급자격자가 직업안정기관의 소개에 따라 광범위한 지역에 걸쳐 구직 활동을 하는 경우로서 대통령령으로 정하는 기준에 따라 직업안정기관의 장이 필요하다고 인정하면 지급할 수 있다.

라. 이주비

이주비는 수급자격자가 취업하거나 직업안정기관의 장이 지시한 직업능력개발훈련 등을 받기 위해 주거를 이전하는 경우로 대통령령으로 정하는 기준에 따라 직업안정기관의 장이 필요하다고 인정하면 지급할 수 있다.

(3) 육아휴직급여

① 육아휴직급여조건

고용노동부장관은 육아휴직을 30일(근로기준법에 따른 출산전후휴가 기간과 중복되는 기간은 제외) 이상 부여받은 피보험자 중 육아휴직을 시작한 날 이전에 피보험 단위기간이 통산하여 지급 기준에 따라 피보험자에게 육아휴직급여를 지급한다.

② 육아휴직의 확인 및 취업의 신고

사업주는 피보험자가 육아휴직급여를 받으려는 경우 고용노동부령으로 정하는 바에 따라 사실의 확인 등 모든 절차에 적극 협력하여야 한다. 피보험자가 육아휴직급여 기간 중에 이직 또는 새로 취업(취직한 경우 1주간의 소정근로시간이 15시간 미만인 경우는 제외한다)하거나 사업주로부터 금품을 지급받은 경우에는 그 사실을 직업안정기관의 장에게 신고하여야 한다.

③ 급여의 지급 제한

피보험자가 육아휴직급여 기간 중에 그 사업에서 이직하거나 새로 취업한 경우에는 이직 또는 취업하였을 때부터 육아휴직급여를 지급하지 아니한다. 피보험자가 사업주로부터 육아휴직을 이유로 금품을 지급받은 경우 규정에 따라 급여를 감액하여 지급할 수 있다.

(4) 출산전후휴가 급여

고용노동부장관은 「남녀고용평등과 일·가정 양립 지원에 관한 법률」에 따라 피보험자가 출산전후휴가 또는 유산·사산휴가를 받은 경우와 배우자출산휴가를 받은 경우에 출산전후휴가 급여 등을 지급한다.

제5절 국민건강보험법

1. 의 의

국민건강보험법은 사회적 사고가 발생한 사람의 어려움을 덜어주기 위하여 국가가 법으로 정해 실시하는 상부상조제도로서 강제가입 방식에 따라 가입한 보험가입자의 소득과 재산에 따라 보험료를 산출하고, 이를 주된 재원으로 하는 의료보장제도이다.

국민건강보험법의 기본 원칙으로는 첫째, 보험급여의 '포괄성'을 보장한다. 둘째, 보험료 부담의 '형평성'을 보장한다. 셋째, 제도운영의 '효율성'과 '투명성'을 확보한다. 이 외에 의료자원의 효율적 활용과 의료서비스의 질적 향상을 기하며 보험재정의 건전성을 확보한다.

이처럼 국민건강보험법은 각 개인의 경제적 능력에 따른 일정한 부담으로 재원을 조성하고, 개별부담과 관계없이 필요에 따라 균등한 급여를 받음으로써 질병 발생 시 가계에 지워지는 경제적 부담을 경감시켜 주는 소득재분배 기능을 수행하고 있다.

2. 연 혁

국민건강보험법은 1977년 7월부터 시행하던 의료보험법을 전부 개정한 대체입법으로서 1999년 2월 8일에 제정되어 준비기간을 거쳐 2000년 1월 1일부터 시행되고 있다. 이 법은 제정 이후 여러 차례의 개정을 거쳐 2000년 7월부터는 국민의료보험관리공단과 직장의료보험조합이 단일조직으로 통합되어 의료보험은 건강보험으로, 국민의료보험관리공단은 국민건강보험공단으로 변경되었다.

2011년 1월 1일 개정에서는 산재보험, 국민연금, 고용보험, 건강보험 등 사회보험의 징수가 통합되었고, 2024년 2월 6일 개정에서는 지역가입자의 소득에 대한 보험료가 소득월액에 비례하여 부과되도록 소득정률제 근거 규정을 명확화하였다.

2024년 10월 22일 개정에서는 지역가입자인 국내 체류 외국인 등이 보험료를 대통령령으로 정하는 기간 이상 체납한 경우 급여가 제한된다.

주요 제 · 개정 및 발전과정은 다음과 같다.

1999. 02. 08.	국민건강보험법 제정(국민의료보험법 대체입법)
1999. 02. 08.	국민건강보험법 시행
주요 개정 내용 요약(개정일 기준)	
2011. 01. 01	사회보험 징수통합(산재보험, 국민연금, 고용보험, 건강보험, 요양보험)
2018. 01. 16	임의가입자 적용대상 확대
2018. 12. 11	건강검진의 종류 및 대상을 법률에 규정하여 명확화함
2020. 04. 07	보험제도 운영 합리성, 재정 건전성 강화(보험료 면제 사유 변경)
2024. 02. 06	건강보험 지역가입자의 보험료를 소득정률제로 법률에 명시
2024. 10. 22	국내 체류 지역가입자 외국인, 보험료 체납 시 급여 제한

의료보험법 → 국민의료보험법 → 국민건강보험법

3. 내 용

1) 목 적

이 법은 국민의 질병 · 부상에 대한 예방 · 진단 · 치료 · 재활과 출산 · 사망 및 건강증진에 대하여 보험급여를 실시함으로써 국민보건 향상과 사회보장 증진에 이바지함을 목적으로 한다.

2) 관 장

건강보험 사업은 보건복지부장관이 관장하고, 건강보험의 보험자는 국민건강보험공단으로 한다.

3) 정 의

① "근로자"란 직업의 종류와 관계없이 근로의 대가로 보수를 받아 생활하는 사람(법인의 이사와 그 밖의 임원을 포함)으로서 공무원 및 교직원을 제외한 사람을 말한다.

② "사용자"란 당해 근로자가 소속되어 있는 사업장의 사업주, 공무원이 소속되어 있는 기관의 장으로서 대통령령으로 정하는 사람, 교직원이 소속되어 있는 사립학교를 설립·운영하는 자를 말한다.

4) 국민건강보험의 가입자

(1) 적용대상

국내에 거주하는 국민(의료급여수급권자, 유공자 등 의료보호대상자는 제외)은 건강보험의 가입자 또는 피부양자가 된다.

피부양자는 직장가입자의 배우자, 직장가입자의 직계존속(배우자의 직계존속을 포함), 직장가입자의 직계비속(배우자의 직계비속을 포함) 및 그 배우자, 직장가입자의 형제·자매 중 직장가입자에게 주로 생계를 의존하는 사람으로서 소득 및 재산이 보건복지부령으로 정하는 기준 이하에 해당하는 사람을 말한다.

(2) 가입자의 종류 및 신고

가입자는 직장가입자와 지역가입자로 구분한다. 모든 사업장의 근로자 및 사용자와 공무원 및 교직원은 직장가입자가 된다. 지역가입자는 직장가입자와 그 피부양자를 제외한 가입자를 말한다.

사업장의 사용자는 직장가입자가 되는 근로자·공무원 및 교직원을 사용하는 사업장이 된 경우, 휴업·폐업 등 보건복지부령으로 정하는 사유가 발생한 경우 중 어느 하나에 해당하게 되면 그때부터 14일 이내에 보건복지부령으로 정하는 바에 따라 보험자에게 신고하여야 한다.

(3) 자격취득의 시기

가입자는 국내에 거주하게 된 날에 직장가입자 또는 지역가입자의 자격을 얻는다. 그리고 자격을 얻은 경우 해당 직장가입자의 사용자 및 지역가입자의 세대주는 그 내역을 보건복지부령이 정하는 바에 의하여 자격취득일부터 14일 이내에 보험자에게 신고하여야 한다.

〈표 9-2〉 피부양자 자격의 인정기준

가입자와 관계	부양 인정기준(요건)
배우자	소득이 없어야 함
부모(직계존속)	소득이 없는 부모와 동거하고 있거나 부모와 동거하는 형제 · 자매가 없거나 있어도 소득이 없어야 함
자녀(직계비속)	미혼이며 소득이 없는 경우에 부양인정
조부모 · 외조부모	소득이 없는 조부모와 동거를 하고 있거나 비동거 시에는 조부모 · 외조부모와 동거하는 직계비속이 없거나 소득이 없으면 피부양자로 인정함
손자녀 · 외손자녀	동거 시 부모가 없거나 있어도 소득이 없는 경우 부양인정 비동거 시에도 미혼으로 부모가 없으면 인정. 가족관계등록부 확인 필요
직계비속의 배우자	동거 시 부양인정. 비동거 시에도 배우자의 형제 · 자매가 없거나 있어도 동거하는 형제 · 자매가 소득이 없는 경우에 부양인정
배우자의 부모	동거 시 부양인정. 비동거 시에도 배우자의 형제 · 자매가 없거나 있어도 동거하는 형제 · 자매가 소득이 없는 경우에는 부양인정
배우자의 조부모 · 외조부모	동거 시 부양인정. 비동거 시에도 동거하는 직계비속이 없거나 있어도 소득이 없는 경우에 한해서 부양인정
배우자의 직계비속	동거시 미혼인 경우 부양인정. 직계비속이 없거나 있어도 소득이 없는 경우에는 부양인정
(30세 미만, 65세 이상, 장애인복지법에 따라 등록된 장애인, 상이등급을 받은 사람의) 형제 · 자매	미혼으로 부모가 없거나 있어도 부모가 소득이 없는 경우 부양인정 직계비속이 없거나 있어도 소득이 없으면 부양인정 미혼으로 다른 형제 · 자매가 없거나 있어도 소득이 없는 경우 부양인정

(4) 자격상실의 시기

가입자는 사망한 날의 다음 날, 국적을 잃은 날의 다음 날, 국내에 거주하지 아니하게 된 날의 다음 날, 직장가입자의 피부양자가 된 날, 수급권자가 된 날, 건강보험의 적용을 받고 있던 자로서 유공자 등 의료보호대상자가 된 자가 건강보험의 적용배제신청을 한 날 등 어느 하나에 해당하게 된 날에 그 자격을 상실한다.

5) 운영조직

(1) 보험자

건강보험의 보험자는 국민건강보험공단으로 한다.

(2) 업무

공단은 다음과 같은 업무를 관장한다. 가입자 및 피부양자의 자격관리, 보험료 기타 이 법에 의한 징수금의 부과 · 징수, 보험급여의 관리, 가입자 및 피부양자의 건강의 유지 · 증진을 위해 필요한 예방사업, 보험급여비용의 지급, 자산의 관리 · 운영 및 증식사업의료시설의 운영, 건강보험에 관한 교육훈련 및 홍보, 건강보험에 관한 조사연구 및 국제협력, 이 법에서 공단의 업무로 정하고 있는 사항, 위탁받은 업무, 기타 건강보험과 관련해 보건복지부장관이 필요하다고 인정한 업무 등을 관장한다.

(3) 임원

공단은 임원으로서 이사장 1명, 이사 14명 및 감사 1명을 둔다. 이 경우 이사장, 이사 중 5명 및 감사는 상임으로 하며, 이사장은 공공기관의 운영에 관한 법률에 따라 복수로 추천한 사람 중에서 보건복지부장관의 제청으로 대통령이 임명한다.

6) 국민건강보험의 보험급여

(1) 요양급여

요양급여 기준은 가입자 및 피부양자의 질병·부상·출산 등에 대하여 진찰·검사, 약제·치료재료의 지급, 처치·수술 기타의 치료, 예방·재활, 입원, 간호, 이송 등의 요양급여를 실시한다. 요양급여의 방법·절차·범위·상한 등의 기준은 보건복지부령으로 정한다.

(2) 요양비

공단은 가입자나 피부양자가 보건복지부령으로 정하는 긴급하거나 그 밖의 부득이한 사유로 요양기관과 비슷한 기능을 하는 기관으로서 보건복지부령으로 정하는 기관에서 질병·부상·출산 등에 대하여 요양을 받거나 요양기관이 아닌 장소에서 출산한 경우에는 그 요양급여에 상당하는 금액을 보건복지부령으로 정하는 바에 따라 가입자나 피부양자에게 요양비로 지급한다.

(3) 건강검진

공단은 가입자와 피부양자에 대하여 질병의 조기 발견과 그에 따른 요양급여를 하기 위하여 건강검진을 실시하며, 건강검진의 대상·횟수·절차와 그 밖에 필요한 사항은 대통령령으로 정한다.

건강검진은 일반건강검진, 암검진, 영유아건강검진으로 구분하여 실시하며, 2년마다 1회 이상 실시하되 사무직에 종사하지 아니하는 직장가입자에 대하여는 1년에 1회 실시한다.

(4) 부가급여

공단은 이 법에서 정한 요양급여 외에 대통령령으로 정하는 바에 따라 임신·출산 진료비, 장제비, 상병수당, 그 밖의 급여를 실시할 수 있다.

(5) 특례

① 장애인에 대한 특례

공단은 「장애인복지법」에 따라 등록한 장애인인 가입자 및 피부양자에게 「장애인보조기기법」에 따른 보조기기에 대하여 보험급여를 할 수 있다.

② 외국인 등에 대한 특례

정부는 외국 정부가 사용자인 사업장의 근로자의 건강보험에 관하여는 외국 정부와 한 합의에 따라 이를 따로 정할 수 있다. 국내에 체류하고 있는 재외국민 또는 외국인으로서 대통령령으로 정하는 사람은 이 법의 적용을 받는 가입자 또는 피부양자가 된다.

③ 실업자에 대한 특례

사용 관계가 끝난 사람 중 직장가입자로서의 자격을 유지한 기간이 보건복지부령으로 정하는 기간 동안 통산 1년 이상인 사람은 지역가입자가 된 이후 최초로 지역가입자 보험료를 고지받은 날부터 그 납부 기한에서 2개월이 지나기 이전까지 공단에 직장가입자로서의 자격을 유지할 것을 신청할 수 있다.

7) 국민건강보험료 및 국고보조

(1) 의미

국민건강보험급여와 관련 사업에 사용되는 재원은 사회보험의 기능적 특수성에서 정기적 기여금인 보험료와 보험재정에 대한 국민건강증진기금이 있다.

(2) 보험료

공단은 건강보험사업에 드는 비용에 충당하기 위하여 보험료의 납부의무자로부터 보험료를 징수한다. 보험료는 가입자의 자격을 취득한 날이 속하는 달의 다음 달부터 가입자의 자격을 잃은 날의 전날이 속하는 달까지 징수한다.

다만, 가입자의 자격을 매월 1일에 취득한 경우에는 그 달부터 징수한다.

(3) 보험료율

가입자의 보험료율의 결정은 보험제도가 가진 목적과 급여비용의 흐름, 그리고 경제·사회적 상황 등을 참고하여 결정된다.

〈표 9-3〉 건강보험료율 (단위 : %)

구 분	가입자부담	사용자부담	국가부담	가입분류
근로자	50	50	-	2자가입
공무원	50	-	50	2자가입
사립학교교직원	50	30	20	3자가입

(4) 보험료의 경감

보험가입자 중 보건복지부령이 정하는 가입자(섬·벽지·농어촌 등 대통령령으로 정하는 지역에 거주하는 자, 65세 이상인 자, 장애인복지법에 따라 등록한 장애인, 국가유공자, 휴직자 등)에 대하여는 그 가입자 또는 그 가입자가 속한 세대의 보험료의 일부를 경감할 수 있다.

(5) 건강보험심사평가원

건강보험심사평가원은 요양급여비용을 심사하고 요양급여의 적정성을 평가하기 위하여 설립된 기관이다. 심사평가원은 독립된 법인이며 다음의 업무를 관장한다. 요양급여 비용의 심사, 요양급여의 적정성 평가, 심사기준 및 평가기준의 개발, 요양급여에 따른 업무와 관련된 조사연구 및 국제협력, 다른 법률에 따라 지급되는 급여비용의 심사 또는 의료의 적정성 평가에 관하여 위탁받은 업무 등을 관장한다.

8) 이의신청 및 심사청구, 행정소송

(1) 이의신청

가입자 및 피부양자의 자격, 보험료 등, 보험급여, 보험급여 비용에 관한 공단의 처분에 이의가 있는 자는 공단에 이의신청을 할 수 있다.

(2) 심판청구

이의신청에 대한 결정에 불복하는 자는 건강보험분쟁조정위원회에 심판청구를 할 수 있다.

(3) 행정소송

공단 또는 심사평가원의 처분에 이의가 있는 자와 이의신청 또는 심판청구에 대한 결정에 불복하는 자는 행정소송법에서 정하는 바에 따라 행정소송을 제기할 수 있다.

(4) 건강보험분쟁조정위원회

심판청구를 심리 · 의결하기 위하여 보건복지부에 건강보험분쟁조정위원회를 둔다. 이 위원회를 실무적으로 지원하기 위하여 사무국을 둔다.

제6절 노인장기요양보험법

1. 의 의

우리나라 인구의 고령화가 세계에서 유례가 없을 정도로 빠르게 진행됨에 따라 치매, 중풍 등 일상생활이 어려운 노인들이 증가하고 있다.

핵가족화, 여성의 사회참여 증가 등으로 장기요양이 필요한 노인을 가정에서 돌보는 것이 어렵고, 그 가정의 비용부담이 과중됨에 따라 노인장기요양 문제는 우리 사회가 시급히 해결해야 할 심각한 사회적 문제로 대두되고 있다.

이처럼 의료 기술의 발달과 경제 성장으로 인한 급속한 고령화의 진행으로 노인 인구의 증가와 더불어 노인성 질병이 증가함으로써 변화된 가족 구조로는 노인 부양이 어려운 실정에 이르렀다.

따라서 이 제도는 일상생활을 혼자서 수행하기 어려운 노인들에게 신체활동 또는 가사활동 지원 등의 장기요양급여를 제공하여 노후의 건강증진 및 생활안정을 도모하고, 그 가족의 부담을 덜어주어 국민의 삶의 질 향상을 도모하기 위하여 제정된 법이다.

2. 연 혁

고령화 시대에 대비하여 노인성 장기질환에 대한 사회보험의 필요성을 공감하는 사회적 합의를 바탕으로 노인장기요양보험법이 2007년 4월 27일 제정되었고 2008년 7월 1일부터 시행되고 있다.

따라서 보험료 부과 및 급여 제공이 개시되었으며, 모든 노인을 대상으로 하는 보편적인 정책으로서 노인 문제의 사회 문제화를 막고 국가 차원에서의 복지서비스를 제공하게 되었다.

2018년 3월 27일 개정에서는 급속한 인구 고령화에 따른 치매·중풍 등 일상생활이 어려운 노인인구의 증가로 가족의 돌봄 부담이 증가하고 있어 장기요양보험의 본인일부부담금 경감혜택을 확대하였다.

2024년 1월 2일 개정에서는 노인의 심신상태·생활환경 및 돌봄가족의 욕구까지 종합적으로 고려한 통합 서비스 제공의 법적 근거를 신설하였고, 2024년 2월 6일 개정을 통해서는 장기요양급여 제공 기준의 세부사항 설정 및 보완에 관한 사항 등을 심의하기 위한 장기요양급여심사위원회의 설치 근거를 법률로 상향하여 규정하였다.

주요 제·개정 및 발전과정은 다음과 같다.

2007. 04. 27.	노인장기요양보험법 제정
2008. 07. 01.	노인장기요양보험법 시행
주요 개정 내용 요약(개정일 기준)	
2013. 08. 13.	장기요양기관의 운영질서 확립 및 관리 강화(위반사실 공표 등)
2016. 12. 02.	특별현금급여수급계좌의 예금에 압류 못하는 법적 근거 마련
2018. 03. 27.	치매국가책임제 시행으로 본인일부부담금 경감혜택 확대
2020. 03. 31.	장기요양급여비용 부정청구·부정수급에 대한 제재 강화
2024. 01. 02.	노인장기요양보험통합재가서비스 법적 근거 마련
2024. 02. 06.	장기요양급여심사위원회의 설치 근거를 법률로 상향하여 규정

3. 내 용

1) 목 적

이 법은 고령이나 노인성 질병 등의 사유로 일상생활을 혼자서 수행하기 어려운 노인 등에게 제공하는 신체활동 또는 가사활동 지원 등의 장기요양급여에 관한 사항을 규정하여 노후의 건강증진 및 생활안정을 도모하고 그 가족의 부담을 덜어줌으로써 국민의 삶의 질을 향상하도록 함을 목적으로 한다.

2) 정 의

이 법에서 사용하는 용어의 정의는 다음과 같다.

① "노인 등"이란 65세 이상의 노인 또는 65세 미만의 자로서 치매·뇌혈관성 질환 등 대통령령이 정하는 노인성 질병을 가진 자를 말한다.

② "장기요양급여"란 6개월 이상 혼자서 일상생활을 수행하기 어렵다고 인정되는 자에게 신체활동·가사활동의 지원 또는 간병 등의 서비스나 이에 갈음하여 지급하는 현금 등을 말한다.

③ "장기요양사업"이란 장기요양보험료, 국가 및 지방자치단체의 부담금 등을 재원으로 하여 노인 등에게 장기요양급여를 제공하는 사업을 말한다.
④ "장기요양기관"이란 지정을 받은 기관 또는 지정의제된 재가장기요양기관으로서 장기요양급여를 제공하는 기관을 말한다.
⑤ "장기요양요원"이란 장기요양기관에 소속되어 노인 등의 신체활동 또는 가사활동 지원 등의 업무를 수행하는 자를 말한다.

3) 장기요양급여 제공의 기본 원칙

장기요양급여는 노인 등이 자신의 의사와 능력에 따라 최대한 자립적으로 일상생활을 수행할 수 있도록 제공하여야 하며, 심신상태 · 생활환경과 노인 및 그 가족의 욕구 · 선택을 종합적으로 고려하여 필요한 범위 안에서 이를 적정하게 제공하여야 한다. 그리고 노인 등이 가족과 함께 생활하면서 가정에서 장기요양을 받는 재가급여를 우선적으로 제공하여야 하며, 노인 등의 심신 상태나 건강 등이 악화되지 아니하도록 의료서비스와 연계하여 이를 제공하여야 한다.

4) 장기요양 급여에 대한 국가 정책 방향

국가는 장기요양기본계획을 수립 · 시행함에 있어서 노인뿐만 아니라 장애인 등 일상생활을 혼자서 수행하기 어려운 모든 국민이 장기요양급여, 신체활동지원서비스 등을 제공받을 수 있도록 노력하고 나아가 이들의 생활안정과 자립을 지원할 수 있는 시책을 강구하여야 한다.

5) 장기요양기본계획

보건복지부장관은 노인 등에 대한 장기요양급여를 원활하게 제공하기 위하여 5년 단위로 장기요양기본계획을 수립 · 시행하여야 한다. 또한 지방자치단체의 장은 장기요양기본계획에 따라 세부시행계획을 수립 · 시행하여야 한다.

6) 장기요양보험제도의 시행

우리나라 장기요양보장제도는 사회보험방식을 근간으로 일부는 공적부조방식을 가미한 형태로 설계·운영되고 있다. 장기요양보험사업은 보건복지부장관이 관장하며, 장기요양보험사업의 보험자는 공단으로 한다.

7) 장기요양보험료의 징수와 산정

공단은 장기요양사업에 소요되는 비용을 충당하기 위하여 장기요양보험료를 징수한다. 장기요양보험료는 국민건강보험법에 따른 보험료(건강보험료)와 통합하여 징수한다. 이 경우 공단은 장기요양보험료와 건강보험료를 구분하여 고지하여야 한다.

8) 장기요양인정의 신청자격과 장기요양인정의 신청

장기요양인정을 신청할 수 있는 자는 노인 등으로서 장기요양보험가입자 또는 그 피부양자, 의료급여법에 따른 수급권자 중 어느 하나에 해당하는 자격을 갖추어야 한다. 장기요양인정을 신청하는 자는 공단에 보건복지부령으로 정하는 바에 따라 장기요양인정신청서에 의사(또는 한의사)소견서를 첨부하여 제출해야 한다.

9) 장기요양급여의 종류

장기요양급여의 종류는 재가급여, 시설급여, 특별현금급여로 구분하며, 재가급여는 다시 방문요양, 방문목욕, 방문간호, 주·야간보호, 단기보호, 기타 재가급여 등으로 세분화하고 시설급여는 노인의료복지시설 등에 장기간 동안 입소하여 신체활동 지원 및 심신기능의 유지·향상을 위한 교육·훈련 등을 제공하는 장기요양급여이며, 특별현금급여는 가족요양비, 특례요양비, 요양병원간병비 등으로 구분하고 있다.

10) 장기요양급여의 제공

장기요양급여의 제공 시기는 수급자에게 장기요양인정서가 도달한 날부터 장기요양급여를 받을 수 있다. 장기요양급여는 월 한도액 범위 안에서 제공한다. 이 경우 월 한도액은 장기요양등급 및 장기요양급여의 종류 등을 고려하여 산정한다.

11) 장기요양급여비용의 본인 일부부담

재가 및 시설 급여비용에서 재가급여는 해당 장기요양급여비용의 100분의 15, 시설급여는 해당 장기요양급여비용의 100분의 20, 국민기초생활보장수급자는 이를 부담하지 아니하며, 의료급여법의 규정에 따른 수급권자, 소득·재산이 일정 금액 이하인 자, 생계곤란자 등은 본인일부부담금의 100분의 60의 범위에서 보건복지부장관이 정하는 바에 따라 차등하여 감경할 수 있다.

12) 부당이득의 징수 등

공단은 장기요양급여를 받은 자 또는 장기요양급여비용을 받은 자가 월 한도액 범위를 초과하여 장기요양급여를 받은 경우, 장기요양급여의 제한 등을 받을 자가 장기요양급여를 받은 경우, 거짓이나 그 밖의 부정한 방법으로 재가 및 시설급여비용을 청구하여 이를 지급받은 경우 등 어느 하나에 해당하는 경우 그 장기요양급여 또는 장기요양급여비용에 상당하는 금액을 징수한다.

KEY POINT

5대 사회보험법

법	제정일	시행일
산재보험법	1963. 11. 05.	1964. 01. 01.
국민연금법	1986. 12. 31.	1988. 01. 01.
고용보험법	1993. 12. 27.	1995. 07. 01.
건강보험법	1999. 02. 08.	2000 01. 01.
요양보험법	2007. 04. 27.	2008. 07. 01.

특수직역연금

특수직역연금은 사회보험으로 국민연금법 적용 외의 자가 가입자격

① 공무원연금

② 군인연금

③ 사립학교교직원연금

④ 별정우체국연금

사회보험 · 공공부조

구 분	사회보험	공공부조
관 점	보편주의	선별주의
방 법	자격확인	자산조사
재 원	보험료	세금
시 점	사전적 제도	사후적 제도

사회보험법의 주요 특징

① 산재보험 – 1자 가입(사업주만 보험료 납부)
② 사학연금 – 3자 가입(국가, 학교, 근로자 보험료 납부)
③ 그 외의 사회보험은 대부분 2자 가입(사업주, 근로자 보험료 납부)

차등급여 · 균등급여

① 차등급여 – 산재보험, 국민연금, 고용보험
② 균등급여 – 건강보험, 요양보험

분할연금

① 연금납입기간 중 5년 이상 결혼생활 후 이혼자 수급권 발생
② 재혼 여부와 관계없이 평생 지급
③ 국민연금, 공무원연금, 군인연금, 사학연금, 별정우체국연금 모두 시행
④ 별거 및 사실혼의 경우 분할연금 수급자격 상실 가능

공탁

지급(변제)해야 할 금전 · 유가증권 · 기타의 물품을 법원에 맡김으로써 일정한 법률상의 목적 달성 제도

공탁금 수령

청구액보다 부족한 공탁금을 수령할 경우
① 일부변제(이의유보) 법원에 의사표시 후 수령
② 상대방에 내용증명으로 의사표시 후 수령

보석(보증금 석방)

석방 후 관련 재판을 성실히 받는다는 전제로 보증금 납입 석방
① 청구 보석 – 기소하면 바로 신청 가능(20일 내 결정)
② 직권 보석 – 법원에서 직권으로 재량 보석

10
CHAPTER

공공부조법

CHAPTER 10

공공부조법

제1절 공공부조법의 이해

1. 의 의

공공부조는 스스로 생활유지 능력이 없는 사람들에게 국가나 지방자치단체가 인간다운 생활을 영위할 수 있도록 지원하는 사회보장제도의 하나이며, 우리나라는 주로 국민기초생활보장법에 의해 이루어지고 있다.

우리나라 공공부조제도의 역사는 1961년 생활보호법의 제정으로 시작되었으나 기존의 생활보호제도가 2차적 사회안전망으로서 제 기능을 다하지 못하고 누구나 보장받을 수 있는 생존권적 권리가 아니었다.

이러한 문제를 해결하기 위해 생활보호제도를 대폭 확충하여 저소득층의 생존위기를 보호하기 위한 근본적인 대책으로 기존의 생활보호법을 폐지하고 국민기초생활보장법을 제정하여 2000년 10월부터 시행하였다.

공공부조는 과거의 자선이나 시혜와 같은 소극적 개념에서부터 급여의 권리성을 인정하는 방향으로 발전되어 왔다. 생활보호법에서 '보호대상자', '보호기관'등의 용어가 사용되었으나 국민기초생활보장제도에서는 '수급자', '보장기관' 등으로 바뀌어 저소득층의 사회보장수급권을 강화하였다.

따라서 공공부조제도는 헌법에서 말하는 인간다운 생활을 할 권리를 가진다는 생존권을 구체적으로 실현하는 법적 근거를 제시하고 있는 제도라고 할 수 있다.

2. 공공부조의 원리

1) 생존권 보장의 원리

헌법은 모든 국민은 인간다운 생활을 할 권리를 가지며, 건강하고 쾌적한 환경에서 생활할 권리와 환경보전을 위하여 노력하여야 할 의무가 있음을 명시하고 있다.

2) 국가책임의 원리

사회보장기본법은 생활유지의 능력이 없거나 생활이 어려운 국민의 최저생활을 보장하고 자립을 지원하기 위하여 국가 및 지방자치단체의 책임을 규정하고 있다.

3) 최저생활보장의 원리

국민기초생활보장법은 수급자에게 지급하는 수급품은 건강하고 문화적인 최저생활을 유지할 수 있어야 한다. 이때 최저한의 생활이란 생존수준을 말하는 것이 아니라 건강하고 문화적인 생활을 유지하기에 충분한 정도를 말한다.

4) 무차별 평등의 원리

헌법은 모든 국민은 법 앞에 평등하며, 인종 · 종교 · 성별 또는 사회적 신분에 의하여 정치적 · 경제적 · 사회적 · 문화적 생활의 모든 영역에 있어 차별대우 없이 평등한 보호를 받을 권리가 있음을 명시하고 있다.

5) 보충성의 원리(자산조사 실시)

국민기초생활보장법은 수급자에 대한 급여는 수급자가 자신의 생활유지 및 향상을 위하여 소득 · 재산 · 근로능력 등을 활용하여 최대한 노력하여야 하는 자립조장의 원리와 이를 전제로 보충·발전시키는 보충성의 기본 원칙을 규정하고 있다.

6) 자립조장의 원리

급여를 받는 국민이 가지고 있는 가능성을 최대한 끌어내어 육성함으로써 수급자가 혼자 힘으로 사회생활에 적응해 나갈 수 있도록 하는 원리이다.

3. 공공부조의 시행원칙

1) 신청보장의 원칙(신청 및 직권급여)

수급권의 신청은 수급자와 그 친족 및 기타 관계인이 관할 시장·군수·구청장에게 수급의 권리를 신청할 수 있으며, 관련 사회복지공무원은 급여가 필요한 사람이 누락되지 않도록 수급권자에 대한 급여를 직권으로 신청할 수 있다.

이 경우 수급권자의 동의를 얻어야 하며, 동의한 경우에는 수급권자가 신청한 것으로 간주한다. 이것은 권리적 차원의 선 신청보호와 보충적 차원의 후 직권보호를 의미한다.

2) 필요즉응의 원칙(개별처우)

수급의 권리는 필요시 즉시 이루어져야 하며, 시장·군수·구청장은 신청이 있을 경우 지체 없이 조사를 실시하고, 급여실시의 여부와 급여의 내용을 결정하여 신청인에게 알려야 한다는 원칙이다.

3) 세대단위의 원칙(가구단위)

국민기초생활보장법의 규정에 따라 수급자에 대한 수급품은 세대를 단위로 실시하여야 한다. 그러나 가구원에게 개별적인 급여가 필요한 경우에는 개인을 단위로 실시할 수 있다.

4) 금전보장의 원칙(현금부조)

수급자에게 생계급여를 지급할 경우 금전을 지급하는 것을 원칙으로 한다. 그러나 금전지급을 할 수 없거나 적당하지 않을 경우에는 물품을 직접 지급할 수 있다.

이것은 수급자의 낙인감과 오명을 최소화할 수 있고, 수급자에게 선택의 기회를 제공할 수 있는 권리적 장점이 있다. 반면 사회복지사업법은 보호대상자에 대한 보호의 방법을 현물보장의 원칙으로 규정하고 있다.

5) 주거보장의 원칙(거택보호)

수급자에게 생계급여를 실시할 경우 주거에서 실시하여야 한다. 그러나 주거가 없거나 있어도 그곳에서 급여의 목적을 달성할 수 없을 때와 특별히 수급자가 희망하는 경우에는 사회복지시설이나 타인의 가정에 위탁할 수 있다.

6) 타법 우선보장의 원칙

부양의무자의 부양과 기타 다른 법령에 의한 보호는 국민기초생활보장법에 의한 급여에 우선하여 실시하여야 한다.

4. 공공부조와 사회보험의 차이점

공공부조와 사회보험은 모두 사회보장제도의 하나로 실시되나 목적, 이념, 대상, 수급자격 요건, 급여수준, 수급권의 성격 등에서 큰 차이가 있는데 이를 비교하면 다음과 같다.

첫째, 목적에 차이가 있다. 공공부조는 빈곤 등의 사회적 위험이 발생한 이후 국가나 지방자치단체가 최후에 해결하는 사후적 대응책이다. 이에 대하여 사회보험은 미래에 직면할 수 있는 사회적 위험을 정형화하여 보험기술을 통해 미리 대비하는 제도이다.

둘째, 이념상에 차이가 있다. 공공부조제도는 도움이 필요한 사람을 선정하여 원조를 제공하는 선별주의에 입각하고 있으나, 사회보험은 모든 국민을 대상으로 하고 적당한 자격요건을 갖추어서 보험사고를 당할 때 급여를 제공하는 점에서 보편주의를 택하고 있다.

셋째, 원리상에 차이가 있다. 공공부조는 사람들을 무차별 평등하게 취급하여 빈곤에 처한 모든 사람에게 동일한 조건에서 똑같은 급여를 제공한다는 점에서 무차별 평등주의이다. 이에 반하여 사회보험은 특히 급여의 제공에 있어 가능한 한 기여금에 비례하거나 가입연한에 비례하여 제공하는 경향이 있다.

넷째, 대상의 차이가 있다. 공공부조는 소수의 빈곤층이 주 대상인 데 반하여 사회보험은 국민 전체를 대상으로 규정하는 경우가 대부분이다.

다섯째, 수급자격요건의 차이가 있다. 공공부조는 자산조사를 통해서, 그리고 사회보험은 기여금의 제공과 가입기간 등을 요건으로 정하고 있다.

여섯째, 재원의 차이가 있다. 공공부조는 일반조세를 통하여 재원을 마련하나(소득의 일방적 이전), 사회보험은 가입자의 보험료를 통하여 재원을 마련한다.

일곱째, 급여수준의 차이가 있다. 공공부조는 인간다운 생활을 보장하려고 하지만, 근로의욕을 저하시키지 않는 수준에서, 그리고 사회적 자원의 정의로운 배분을 위하여 가능한 한 사회적 최소한의 수준을 설정하고 있다.

사회보험은 급여수준이 기계적으로 산정되어 있는데, 가능한 한 기여금 정도와 과거의 생활수준 그리고 사회적 통념 등을 고려하여 급여의 적정선을 선택한다.

여덟째, 수급권의 성격차이가 있다. 수급권의 성격과 연관하여 공공부조는 권리성이 약한 데 비하여 사회보험은 권리성이 상대적으로 강한 성격을 가진다.

아홉째, 수급권 선정 선·후의 차이가 있다. 공공부조는 2차적 사회 안전망이고 사회보험은 1차적 사회 안전망이다. 따라서 사회보험으로 해결이 안 될 경우 공공부조로 수급권을 선정함을 원칙으로 한다.

〈표 10-1〉 공공부조와 사회보험의 차이점

구 분	공공부조	사회보험
목 적	사후적 대응	사전적 대응
이 념	선별주의	보편주의
원 리	무차별주의(같은 급여 제공)	비례원리(비례급여 제공)
대 상	소수의 빈곤층	국민 전체
자격요건	자산조사	기여금의 제공, 가입기간 등
재 원	일반조세	가입자의 보험료
급여수준	최저생계비를 매개로 하여 책정한 최소한의 수준	최저생계비, 최저임금수준 등을 고려한 적정선
수급권의 성격	권리성 약함	권리성 강함

제2절 국민기초생활보장법

1. 의 의

국민기초생활보장법은 헌법에 규정된 인간다운 생활을 할 권리, 생존권, 사회권, 복지권 내지 사회보장수급권을 실현하기 위한 공적부조제도의 근거법으로서 그 의의가 있다.

이에 따라 국민기초생활보장법은 헌법에 근거하여 국가와 지방자치단체가 생활이 어려운 자에게 빈곤의 정도에 따라 필요한 급여를 행하여 법으로 정한 최저생계비 수준 이상의 생활을 보장하고 자활을 조성하는 것을 목적으로 하고 있다.

따라서 국민기초생활보장법은 생계급여, 주거급여, 의료급여, 교육급여, 해산급여, 장제급여 등을 지급하여 생활상 곤란을 완화시켜 주고, 자활급여를 제공함으로써 빈곤에 처한 사람들이 스스로 자립·자활할 수 있도록 국가가 적극적으로 지원하는 종합적인 빈곤대책 제도이다.

〈표 10-2〉 생활보호법과 국민기초생활보장법 비교

구 분	생활보호법	국민기초생활보장법
복지이념	시혜적, 온정주의적 보호의 제공	권리성의 강화, 생산적 복지이념 구현
수급자 구분	근로능력 유무에 따른 거택 · 자활보호대상자로 구분	수급자 구분 폐지, 다만 근로능력이 있는 자는 조건부급여
수급자 선정요건	• 부양의무자 요건(법정요건) • 보건복지부장관이 정하는 소득과 재산 기준 이하인 자	• 부양의무자 요건 완화 및 폐지 • 소득과 재산의 소득환산액을 합한 금액이 최저생계비 이하인 자
급여수준 및 종류	• 생계보호(거택보호자에게만 지급) • 자활보호 • 의료보호, 교육보호, 장제보호, 해산보호	• 생계급여(근로능력자는 조건부로 지급) • 주거급여 및 긴급급여 신설 • 자활급여(조건부 급여 소득공제제도 신설) • 의료 · 교육 · 해산 · 장제급여

2. 연 혁

1961년 12월 30일 제정되어 시행해 오던 생활보호법을 폐지하고, 1999년 9일 7일 제정되어 2000년 10월 1일부터 시행되고 있는 국민기초생활보장법은 사회안전망의 기초를 튼튼히 하는 한편, 빈곤가구별로 그에 맞는 자활급여를 실시함으로써 빈곤의 장기화를 방지하려는 데 그 목적이 있다.

2005년 12월 23일 개정에서는 기초생활보장제도의 운영을 내실화하기 위하여 부양의무자의 범위를 1촌 직계혈족 및 그 배우자로 축소하였고, 2018년 12월 11일 개정에서는 급여수급계좌가 압류의 대상이 될 수 없도록 하여 수급권 보호 제도를 마련하였다.

2019년 12월 3일 개정에서는 생계급여 등의 실시 여부와 급여 내용 및 급여의 산출 근거를 통지함으로써 수급자의 알권리 보장을 강화하였으며, 2023년 8월 16일 개정에서는 장애의 정도가 심한 장애인 경우에는 개인 단위로 실시할 수 있게 되었다.

2024년 9월 20일 개정에서는 수급권자, 수급자, 부양의무자 및 차상위계층을 조사하였을 때에는 보건복지부령으로 정하는 바에 따라 조사결과의 통보 과정이 재규정되었다.

주요 제 · 개정 및 발전과정은 다음과 같다.

1999. 09. 07.	국민기초생활보장법 제정(생활보호법 대체입법)
2000. 10. 01.	국민기초생활보장법 시행
주요 개정 내용 요약(개정일 기준)	
2012. 02. 01.	취업 · 창업을 위한 자활촉진프로그램 개발 및 지원 추가
2014. 12. 30.	맞춤형 급여체계 개편을 위하여 최저보장수준과 기준 중위소득 정의
2018. 12. 11.	급여수급계좌로 입금하여야 하는 급여는 압류 불가능 제도 마련
2019. 12. 03.	수급자에게 급여의 산출 근거 등을 통보 · 통지하여 알 권리 신장
2023. 08. 16.	중증장애인에 대한 개인 단위 급여 실시 사항을 법률에 명시
2024. 09 20.	조사결과 통보의 재규정

3. 내 용

1) 목 적

이 법은 생활이 어려운 사람에게 필요한 급여를 실시하여 이들의 최저생활을 보장하고 자활을 돕는 것을 목적으로 한다.

2) 정 의

이 법에서 사용하는 용어의 뜻은 다음과 같다.

① "수급권자"란 이 법에 따른 급여를 받을 수 있는 자격을 가진 사람을 말한다.

② "수급자"란 이 법에 따른 급여를 받는 사람을 말한다.

③ "수급품"이란 이 법에 따라 수급자에게 지급하거나 대여하는 금전 또는 물품을 말한다.

④ "보장기관"이란 이 법에 따른 급여를 실시하는 국가 또는 지방자치단체를 말한다.

⑤ "부양의무자"란 수급권자를 부양할 책임이 있는 사람으로서 수급권자의 1촌의 직계혈족 및 그 배우자를 말한다. 다만, 사망한 1촌의 직계혈족의 배우자는 제외한다.

⑥ "최저보장수준"이란 국민의 소득 · 지출 수준과 수급권자의 가구 유형 등 생활실태, 물가상승률 등을 고려하여 제6조(최저보장수준의 결정 등)에 따라 급여의 종류별로 공표하는 금액이나 보장수준을 말한다.

⑦ "최저생계비"란 국민이 건강하고 문화적인 생활을 유지하기 위하여 필요한 최소한의 비용으로서 제20조의2 제4항(보건복지부장관은 수급권자, 수급자 및 차상위계층 등의 규모 · 생활실태 파악, 최저생계비 계측 등을 위하여 3년마다 실태조사를 실시 · 공표하여야 한다)에 따라 보건복지부장관이 계측하는 금액을 말한다.

⑧ "개별가구"란 이 법에 따른 급여를 받거나 이 법에 따른 자격요건에 부합하는지에 관한 조사를 받는 기본 단위로서 수급자 또는 수급권자로 구성된 가구를 말한다. 이 경우 개별가구의 범위 등 구체적인 사항은 대통령령으로 정한다.

⑨ "소득인정액"이란 보장기관이 급여의 결정 및 실시 등에 사용하기 위하여 산출한 개별가구의 소득평가액과 재산의 소득환산액을 합산한 금액을 말한다.

⑩ "차상위계층"이란 수급권자(제14조의2에 따라 수급권자로 보는 사람은 제외한다)에 해당하지 아니하는 계층으로서 소득인정액이 대통령령으로 정하는 기준 이하인 계층을 말한다.

⑪ "기준 중위소득"이란 보건복지부장관이 급여의 기준 등에 활용하기 위하여 제20조 제2항에 따른 중앙생활보장위원회의 심의 · 의결을 거쳐 고시하는 국민 가구소득의 중위값을 말한다.

3) 급여의 기본 원칙 및 기준

(1) 급여의 기본 원칙

이 법에 따른 급여는 수급자가 자신의 생활의 유지 · 향상을 위하여 그의 소득, 재산, 근로능력 등을 활용하여 최대한 노력하는 것을 전제로 이를 보충 · 발전시키는 것을 기본원칙으로 한다.

부양의무자의 부양과 다른 법령에 따른 보호는 이 법에 따른 급여에 우선하여 행하여지는 것으로 한다. 다만, 다른 법령에 따른 보호의 수준이 이 법에서 정하는 수준에 이르지 아니하는 경우에는 나머지 부분에 관하여 이 법에 따른 급여를 받을 권리를 잃지 아니한다.

(2) 급여의 기준

이 법에 따른 급여는 건강하고 문화적인 최저생활을 유지할 수 있는 것이어야 한다. 이 법에 따른 급여의 기준은 수급자의 연령, 가구규모, 거주지역, 그 밖의 생활여건 등을 고려하여 급여의 종류별로 보건복지부장관이 정하거나 급여를 지급하는 중앙행정기관의 장(소관 중앙행정기관의 장)이 보건복지부장관과 협의하여 정한다.

지방자치단체인 보장기관은 해당 지방자치단체의 조례로 정하는 바에 따라 이 법에 따른 급여의 범위 및 수준을 초과하여 급여를 실시할 수 있다.

4) 외국인에 대한 특례

국내에 체류하고 있는 외국인 중 대한민국 국민과 혼인하여 본인 또는 배우자가 임신 중이거나 대한민국 국적의 미성년 자녀를 양육하고 있거나 배우자의 대한민국 국적인 직계존속(直系尊屬)과 생계나 주거를 같이하고 있는 사람으로서 대통령령으로 정하는 사람이 이 법에 따른 급여를 받을 수 있는 자격을 가진 경우에는 수급권자가 된다.

5) 최저보장수준의 결정 등

보건복지부장관 또는 소관 중앙행정기관의 장은 급여의 종류별 수급자 선정기준 및 최저보장수준을 결정하여야 한다. 보건복지부장관 또는 소관 중앙행정기관의 장은 매년 중앙생활보장위원회의 심의·의결을 거쳐 다음 연도의 급여의 종류별 수급자 선정기준 및 최저보장수준을 공표하여야 한다.

6) 기준 중위소득의 산정

기준 중위소득은 통계청이 공표하는 통계자료의 가구 경상소득(근로소득, 사업소득, 재산소득, 이전소득을 합산한 소득을 말한다)의 중간값에 최근 가구소득 평균 증가율, 가구규모에 따른 소득수준의 차이 등을 반영하여 가구규모별로 산정한다.

7) 소득인정액의 산정

개별가구의 소득평가액은 개별가구의 실제소득에도 불구하고 보장기관이 급여의 결정 및 실시 등에 사용하기 위하여 산출한 금액으로 근로소득, 사업소득, 재산소득, 이전소득을 합한 개별가구의 실제소득에서 장애 · 질병 · 양육 등 가구 특성에 따른 지출요인, 근로를 유인하기 위한 요인, 그 밖에 추가적인 지출요인에 해당하는 금액을 감하여 산정한다.

8) 부양능력 등 부양의무자 기준

부양의무자가 기준 중위소득 수준을 고려하여 대통령령으로 정하는 소득 · 재산 기준 미만인 경우, 각 급여에 따른 부양의무자 기준, 직계존속 또는 장애인연금법의 중증장애인인 직계비속을 자신의 주거에서 부양하는 경우로서 보건복지부장관이 정하여 고시하는 등 어느 하나에 해당하는 경우에는 부양능력이 없는 것으로 본다.

9) 급여의 종류

이 법에 따른 급여의 종류는 생계급여, 주거급여, 의료급여, 교육급여, 해산급여, 장제급여, 자활급여 등이 있다.

수급권자에 대한 급여는 수급자의 필요에 따라 급여의 전부 또는 일부를 실시하는 것으로 한다. 차상위계층에 속하는 사람에 대한 급여는 보장기관이 차상위자의 가구별 생활여건을 고려하여 예산의 범위에서 급여의 전부 또는 일부를 실시할 수 있다.

(1) 생계급여

생계급여는 수급자에게 의복, 음식물 및 연료비와 그 밖에 일상생활에 기본적으로 필요한 금품을 지급하여 그 생계를 유지하게 하는 것으로 한다. 생계급여 수급권자는 부양의무자가 없거나 부양의무자가 있어도 부양능력이 없거나 부양을 받을 수 없는 사람으로서 그 소득인정액이 중앙생활보장위원회의 심의·의결을 거쳐 결정하는 금액(생계급여 선정기준) 이하인 사람으로 한다.

(2) 주거급여

주거급여는 수급자에게 주거 안정에 필요한 임차료, 수선유지비, 그 밖의 수급품을 지급하는 것으로 한다.

(3) 교육급여

소득인정액이 중앙생활보장위원회의 교육급여 선정기준 이하인 사람으로, 교육급여는 수급자에게 입학금, 수업료, 학용품비, 그 밖의 수급품을 지급하는 것으로 하되, 학교의 종류·범위 등에 관하여 필요한 사항은 대통령령으로 정하고 교육부장관의 소관으로 한다. 교육급여의 신청 및 지급 등에 대하여는 초·중등교육법에 따른 교육비 지원절차를 준용한다.

(4) 의료급여

의료급여는 수급자에게 건강한 생활을 유지하는 데 필요한 각종 검사 및 치료 등을 지급하는 것으로 한다. 의료급여 수급권자는 부양의무자가 없거나, 부양의무자가 있어도 부양능력이 없거나 부양을 받을 수 없는 사람으로서 그 소득인정액이 중앙생활보장위원회의 의료급여 선정기준 이하인 사람으로 한다.

(5) 해산급여

해산급여는 생계급여, 주거급여, 의료급여 중 하나 이상의 급여를 받는 수급자에게 조산, 분만 전과 분만 후에 필요한 조치와 보호 등의 급여를 실시하는 것으로 한다. 해산급여에 필요한 수급품은 보건복지부령으로 정하는 바에 따라 수급자나 그 세대주 또는 세대주에 준하는 사람에게 지급한다. 다만, 그 급여를 의료기관에 위탁하는 경우에는 수급품을 그 의료기관에 지급할 수 있다.

(6) 장제급여

장제급여는 생계급여, 주거급여, 의료급여 중 하나 이상의 급여를 받는 수급자가 사망한 경우 사체의 검안(檢案) · 운반 · 화장 또는 매장, 그 밖의 장제조치를 하는 것으로 한다. 장제급여는 보건복지부령으로 정하는 바에 따라 실제로 장제를 실시하는 사람에게 장제에 필요한 비용을 지급하는 것으로 한다. 다만, 그 비용을 지급할 수 없거나 비용을 지급하는 것이 적당하지 아니하다고 인정하는 경우에는 물품을 지급할 수 있다.

(7) 자활급여

자활급여는 수급자의 자활을 돕기 위하여 자활에 필요한 금품의 지급 또는 대여, 자활에 필요한 근로능력의 향상 및 기능습득의 지원, 취업알선 등 정보의 제공, 자활을 위한 근로기회의 제공, 창업교육, 기능훈련 및 기술 · 경영지도 등 창업지원, 자활에 필요한 자산형성 지원 등을 실시한다.

10) 자활 지원

(1) 한국자활복지개발원

자활 지원을 위한 사업의 개발 및 평가, 자활지원을 위한 조사 · 연구 및 홍보, 광역자활센터와 지역자활센터 및 자활기업의 기술 · 경영지도 및 평가, 자활관련 기관 간의 협력체계 및 정보네트워크 구축 · 운영, 취업 · 창업을 위한 자활촉진프로그램 개발 및 지원, 고용지원서비스 연계 및 사회서비스의 지원대상자 관리, 관련 기관의 종사자 및 참여자에 대한 교육 · 훈련 및 지원, 위탁받은 자활 관련 사업 등을 수행한다.

(2) 광역자활센터

보장기관은 수급자 및 차상위자의 자활촉진에 필요한 시 · 도 단위의 자활기업 창업지원 시 · 도 단위의 수급자 및 차상위자에 대한 취업 · 창업 지원 및 알선, 지역자활센터 종사자 및 참여자에 대한 교육훈련 및 지원, 지역 특화형 자활프로그램 개발 · 보급 및 사업개발 지원, 지역자활센터 및 자활기업에 대한 기술 · 경영지도 등을 수행한다.

(3) 지역자활센터 등

보장기관은 수급자 및 차상위자의 자활 촉진에 필요한 자활의욕 고취를 위한 교육, 자활을 위한 정보제공, 상담, 직업교육 및 취업알선, 생업을 위한 자금융자 알선, 자영창업 지원 및 기술 · 경영지도, 자활기업의 설립 · 운영 지원, 그 밖에 자활을 위한 각종 사업 등을 수행하기 위하여 사회복지법인, 사회적 협동조합 등 비영리법인과 단체(법인 등)의 신청을 받아 지역자활센터로 지정할 수 있다. 보장기관은 지역자활센터에 대하여 지역자활센터의 설립 · 운영비용 또는 사업수행비용의 전부 또는 일부, 국유 · 공유 재산의 무상임대, 보장기관이 실시하는 사업의 우선 위탁 등을 지원할 수 있다.

(4) 자활기관협의체

시장 · 군수 · 구청장은 자활지원사업의 효율적인 추진을 위하여 지역자활센터, 직업안정법의 직업안정기관, 사회복지사업법의 사회복지시설의 장 등과 상시적인 협의체계를 구축하여야 한다.

(5) 자활기업

수급자 및 차상위자는 상호 협력하여 자활기업을 설립 · 운영할 수 있고, 자활기업은 조합 또는 부가가치세법상의 사업자로 하며, 보장기관은 자활기업에게 직접 또는 자활복지개발원, 광역자활센터 및 지역자활센터를 통하여 지원을 할 수 있다.

11) 급여의 결정 및 실시

(1) 급여의 신청

수급권자와 그 친족, 그 밖의 관계인은 관할 시장 · 군수 · 구청장에게 수급권자에 대한 급여를 신청할 수 있다. 차상위자가 급여를 신청하려는 경우에도 같다.

(2) 신청에 의한 조사

시장 · 군수 · 구청장은 급여신청이 있는 경우에는 사회복지공무원으로 하여금 급여의 결정 및 실시 등에 필요한 부양의무자의 유무 및 부양능력 등 부양의무자와 관련된 사항, 수급권자 및 부양의무자의 소득 · 재산에 관한 사항, 수급권자의 근로능력, 취업상태, 자활욕구 등 자활지원계획 수립에 필요한 사항 등을 조사할 수 있다.

(3) 차상위계층에 대한 조사

시장 · 군수 · 구청장은 급여의 종류별 수급자 선정기준의 변경 등에 의하여 수급권자의 범위가 변동함에 따라 다음 연도에 이 법에 따른 급여가 필요할 것으로 예측되는 수급권자의 규모를 조사하기 위하여 보건복지부령으로 정하는 바에 따라 차상위계층에 대하여 조사할 수 있다.

(4) 급여의 결정

시장 · 군수 · 구청장은 급여의 신청에 따라 조사를 하였을 때에는 지체 없이 급여 실시 여부와 급여의 내용을 결정하여야 한다. 그리고 시장 · 군수 · 구청장은 급여 실시 여부와 급여 내용을 결정하였을 때에는 그 결정의 요지(급여의 산출근거 포함), 급여의 종류 · 방법 및 급여의 개시 등을 서면으로 수급자 또는 신청인에게 통지하여야 한다.

(5) 급여의 지급방법

보장기관이 급여를 금전으로 지급할 때에는 수급자의 신청에 따라 수급자 명의의 지정된 계좌로 입금하여야 한다.

12) 급여의 변경 및 중지

(1) 급여의 변경

보장기관은 수급자의 소득 · 재산 · 근로능력 등이 변동된 경우에는 직권으로 또는 수급자나 그 친족, 그 밖의 관계인의 신청에 의하여 그에 대한 급여의 종류 · 방법 등을 변경할 수 있으며, 급여의 변경은 서면으로 그 이유를 구체적으로 밝혀 수급자에게 통지하여야 한다.

(2) 급여의 중지 등

보장기관은 수급자에 대한 급여의 전부 또는 일부가 필요 없게 된 경우, 수급자가 급여의 전부 또는 일부를 거부한 경우 등 어느 하나에 해당하는 경우에는 급여의 전부 또는 일부를 중지하여야 한다.

13) 수급자의 권리와 의무

(1) 급여 변경의 금지

수급자에 대한 급여는 정당한 사유 없이 수급자에게 불리하게 변경할 수 없다.

(2) 압류 및 양도 금지

수급자에게 지급된 수급품과 이를 받을 권리는 압류할 수 없으며, 지정된 급여수급계좌의 예금에 관한 채권은 압류할 수 없다. 또한 수급자는 급여를 받을 권리를 타인에게 양도할 수 없다.

(3) 신고의 의무

수급자는 거주 지역이나 세대의 구성 또는 임대차 계약내용이 변동되거나 부양의무자의 유무 및 부양능력과 관련된 사항, 수급권자 및 부양의무자의 소득 · 재산 등이 현저하게 변동되었을 때에는 지체 없이 관할 보장기관에 신고하여야 한다.

제3절 의료급여법

1. 의 의

의료급여제도는 소득이 없거나 일정한 소득이 있어도 생계유지가 곤란한 저소득층을 대상으로 그들이 자력으로 의료문제를 해결할 수 없는 경우, 또는 국가 · 사회에 공헌을 하였거나 희생한 유공자와 그 가족에 대하여 응분의 예우 차원에서 급여를 실시하는 데 의의가 있다.

또한 이재민, 18세 미만 입양아동, 중요 무형문화재의 보호, 북한이탈주민의 보호, 민주화운동 관련자와 노숙인 등의 보호를 위해 국가재정으로 의료혜택을 제공함으로써 국민보건 향상과 사회복지 증진에 기여하는 공공부조제도의 일환으로 실시된다.

이는 건강보험과 더불어 국민의 건강한 생활을 보장하기 위한 의료보장제도로서 저소득층의 의료복지를 위한 중요한 사회보장제도이다.

2. 연 혁

생활보호법상의 의료급여는 빈곤계층의 건강을 국가가 책임지는 제도로는 미흡한 점이 있어 의료보호에 관한 규정을 생활보호법에서 분리하여 1977년 12월 31일 의료보호법으로 제정되었고 같은 날 시행되었다. 이후 2001년 5월 24

일 기존의 의료보호법을 전부 개정하여 의료급여법이라는 법제명으로 2001년 10월 1일부터 시행되고 있다.

2017년 3월 21일 개정에서는 의료급여비용의 심사 · 조정 등에 대한 이의신청의 주체 및 대상을 확대하여 수급권자에 대한 의료보장을 강화하였다.

2024년 1월 16일 개정을 통해서는 보건복지부장관이 의료급여기관, 의료급여를 받는 자 등에 대한 보고 · 질문 또는 검사업무를 효율적으로 수행하기 위하여 건강보험심사평가원으로 하여금 업무를 지원하게 할 수 있도록 규정하였고, 2024년 1월 23일 개정에서는 의료급여 및 의료급여비용의 부정수급자에 대하여 부당이득을 전액 환수할 수 있도록 제도를 정비하였다.

주요 제 · 개정 및 발전과정은 다음과 같다.

2001. 05. 24	의료급여법 제정(의료보호법 대체입법)
2001. 10. 01	의료급여법 시행
주요 개정 내용 요약(개정일 기준)	
2005. 12. 23	수급권자에게 행한 의료급여와 관련된 문서 등의 보존의무 및 기간 명확화
2014. 01. 28	의료급여비용의 이의신청에 건강보험분쟁조정위원회에 심판 청구하도록 함
2017. 03. 21	의료급여비용 이의신청의 주체 및 대상을 확대
2019. 04. 23	어려운 한자어인 '보장구(保障具)'를 '보조기기'로 명칭 변경
2024. 01. 16	효율적인 수행을 위해 건강보험심사평가원으로 하여금 업무 지원 규정
2024. 01. 23	의료급여, 의료급여비용 부정수급자의 부당이득 전액 환수 제도 정비

3. 내 용

1) 목 적

이 법은 생활이 어려운 자에게 의료급여를 실시함으로써 국민보건의 향상과 사회복지의 증진에 이바지함을 목적으로 한다.

2) 정 의

이 법에서 사용하는 용어의 정의는 다음과 같다.

① "수급권자"라 함은 이 법에 따라 의료급여를 받을 수 있는 자격을 가진 자를 말한다.

② "의료급여기관"이라 함은 수급권자에 대한 진료 · 조제 또는 투약 등을 담당하는 의료기관 및 약국 등을 말한다.

③ "부양의무자"라 함은 수급권자를 부양할 책임이 있는 자로서 수급권자의 1촌의 직계혈족 및 그 배우자를 말한다.

3) 적용대상

(1) 수급권자

이 법에 따른 수급권자는 다음과 같다.

① 「국민기초생활 보장법」에 따른 의료급여 수급자

② 「재해구호법」에 따른 이재민으로서 보건복지부장관이 의료급여가 필요하다고 인정한 사람

③ 「의사상자 등 예우 및 지원에 관한 법률」에 따라 의료급여를 받는 사람

④ 「입양특례법」에 따라 국내에 입양된 18세 미만의 아동

⑤ 「독립유공자예우에 관한 법률」, 「국가유공자 등 예우 및 지원에 관한 법률」 및 「보훈보상대상자 지원에 관한 법률」의 적용을 받고 있는 사람과 그 가족으로서 국가보훈부장관이 의료급여가 필요하다고 추천한 사람 중에서 보건복지부장관이 의료급여가 필요하다고 인정한 사람

⑥ 「무형문화재 보전 및 진흥에 관한 법률」에 따라 지정된 국가무형문화재의 보유자(명예보유자를 포함한다)와 그 가족으로서 국가유산청장이 의료급여가 필요하다고 추천한 사람 중에서 보건복지부장관이 의료급여가 필요하다고 인정한 사람

⑦ 「북한이탈주민의 보호 및 정착지원에 관한 법률」의 적용을 받고 있는 사람과 그 가족으로서 보건복지부장관이 의료급여가 필요하다고 인정한 사람
⑧ 「5 · 18민주화운동 관련자 보상 등에 관한 법률」 제8조에 따라 보상금 등을 받은 사람과 그 가족으로서 보건복지부장관이 의료급여가 필요하다고 인정한 사람
⑨ 「노숙인 등의 복지 및 자립지원에 관한 법률」에 따른 노숙인 등으로서 보건복지부장관이 의료급여가 필요하다고 인정한 사람
⑩ 그 밖에 생활유지 능력이 없거나 생활이 어려운 사람으로서 대통령령으로 정하는 사람

(2) 수급권자의 인정 절차 등

수급권자가 되려는 사람은 보건복지부령으로 정하는 바에 따라 특별자치시장 · 특별자치도지사 · 시장 · 군수 · 구청장에게 수급권자 인정 신청을 하여야 한다.

시장 · 군수 · 구청장은 신청인을 수급권자로 인정하는 것이 타당한지를 확인하기 위하여 필요한 경우 그 신청인에게 국민기초생활보장법에 따른 자료 또는 정보의 제공에 동의한다는 서면을 제출하게 할 수 있다. 조사, 확인조사, 금융정보 등의 제공 등에 관하여는 국민기초생활 보장법을 준용한다.

(3) 의료급여증 발급

시장 · 군수 · 구청장은 수급권자에게 의료급여증을 발급하여야 한다. 다만, 부득이한 사유가 있는 경우에는 의료급여증을 갈음하여 의료급여증명서를 발급하거나 보건복지부령으로 정하는 바에 따라 의료급여증을 발급하지 아니할 수 있다.

(4) 적용 배제

수급권자가 업무 또는 공무로 생긴 질병 · 부상 · 재해로 다른 법령에 따른 급여나 보상 또는 보상을 받게 되는 경우에는 이 법에 따른 의료급여를 하지 아니한다. 수급권자가 다른 법령에 따라 의료급여를 받고 있는 경우에는 그 한도에서 이 법에 따른 의료급여를 하지 아니한다.

(5) 난민에 대한 특례

난민법에 따른 난민인정자로서 국민기초생활 보장법에 따른 의료급여 수급권자의 범위에 해당하는 사람은 수급권자로 본다.

4) 수행기관

(1) 보장기관

이 법에 따른 의료급여에 관한 업무는 수급권자의 거주지를 관할하는 특별시장 · 광역시장 · 도지사와 시장 · 군수 · 구청장이 한다. 주거가 일정하지 아니한 수급권자에 대한 의료급여 업무는 그가 실제 거주하는 지역을 관할하는 시장 · 군수 · 구청장이 한다.

(2) 의료급여심의위원회

이 법에 따른 의료급여사업의 실시에 관한 사항을 심의하기 위하여 보건복지부, 시 · 도 및 시 · 군 · 구에 각각 의료급여심의위원회를 둔다.

(3) 사례관리

보건복지부장관, 특별시장 · 광역시장 · 도지사 및 시장 · 군수 · 구청장은 수급권자의 건강관리 능력 향상 및 합리적 의료이용 유도 등을 위하여 사례관리를 실시할 수 있다. 사례관리를 실시하기 위하여 의료급여관리사를 두며, 보건복지부장관은 사례관리사업의 전문적인 지원을 위하여 해당 업무를 공공 또는 민간 기관 · 단체 등에 위탁하여 실시할 수 있다.

5) 의료급여의 내용

(1) 수급권자의 질병 · 부상 · 출산 등에 대한 의료급여

이 법에 따른 수급권자의 질병 · 부상 · 출산 등에 대한 의료급여의 내용은 진찰 · 검사, 약제 · 치료재료의 지급, 처치 · 수술과 그 밖의 치료, 예방 · 재활, 입원, 간호, 이송과 그 밖의 의료목적 달성을 위한 조치 등이다.

(2) 급여비용의 부담

급여비용은 대통령령으로 정하는 바에 따라 그 전부 또는 일부를 의료급여기금에서 부담하되, 의료급여기금에서 일부를 부담하는 경우 그 나머지 비용은 본인이 부담한다.

(3) 급여비용의 청구와 지급

의료급여기관은 의료급여기금에서 부담하는 급여비용의 지급을 시장 · 군수 · 구청장에게 청구할 수 있다.

(4) 요양비

시장 · 군수 · 구청장은 수급권자가 보건복지부령으로 정하는 긴급하거나 그 밖의 부득이한 사유로 의료급여기관과 같은 기능을 수행하는 기관으로서 보건복지부령으로 정하는 기관에서 질병 · 부상 · 출산 등에 대하여 의료급여를 받거나 의료급여기관이 아닌 장소에서 출산을 하였을 때에는 그 의료급여에 상당하는 금액을 보건복지부령으로 정하는 바에 따라 수급권자에게 요양비로 지급한다.

(5) 장애인 및 임산부에 대한 특례

시장 · 군수 · 구청장은 「장애인복지법」에 따라 등록한 장애인인 수급권자에게 보조기기에 대하여 급여를 실시할 수 있으며, 임신한 수급권자가 임신기간 중 의료급여기관에서 받는 진료에 드는 비용(출산비용을 포함한다)에 대하여 추가급여를 실시할 수 있다.

(6) 건강검진

시장 · 군수 · 구청장은 이 법에 따른 수급권자에 대하여 질병의 조기발견과 그에 따른 의료급여를 하기 위하여 건강검진을 할 수 있다.

(7) 의료급여의 제한

시장 · 군수 · 구청장은 수급권자가 자신의 고의 또는 중대한 과실로 인한 범죄행위에 그 원인이 있거나 고의로 사고를 일으켜 의료급여가 필요하게 된 경우 등을 제외하고는 급여를 제한할 수 없다.

(8) 의료급여의 변경

시장 · 군수 · 구청장은 수급권자의 소득, 재산상황, 근로능력 등이 변동되었을 때에는 직권으로 또는 수급권자나 그 친족, 그 밖의 관계인의 신청을 받아 의료급여의 내용 등을 변경할 수 있다.

(9) 의료급여의 중지 등

시장 · 군수 · 구청장은 수급권자에 대한 의료급여가 필요 없게 된 경우, 수급권자가 의료급여를 거부한 경우에는 의료급여를 중지하여야 하며, 수급권자가 의료급여를 거부한 경우에는 수급권자가 속한 가구원 전부에 대하여 의료급여를 중지하여야 한다.

6) 수급권의 보호 및 구상권

의료급여를 받을 권리는 양도하거나 압류할 수 없으며, 시장 · 군수 · 구청장은 제3자의 행위로 인하여 수급권자에게 의료급여를 한 경우에는 그 급여비용의 범위에서 제3자에게 손해배상을 청구할 권리를 얻는다.

7) 의료급여기금의 설치 및 조성

이 법에 따른 급여비용의 재원에 충당하기 위하여 시 · 도에 의료급여기금(이하 "기금"이라 한다)을 설치하며, 기금은 국고보조금, 지방자치단체의 출연금, 상환받은 대지급금, 징수한 부당이득금, 징수한 과징금, 기금의 결산상 잉여금 및 그 밖의 수입금 등의 재원으로 조성하며, 기금은 일반회계와 구분하여 별도의 계정을 설정하여 관리하여야 한다.

8) 소멸시효

의료급여를 받을 권리, 급여비용을 받을 권리, 대지급금을 상환받을 권리 등은 3년간 행사하지 아니하면 소멸시효가 완성되며, 시효는 급여비용의 청구, 대지급금에 대한 납입의 고지 및 독촉의 어느 하나에 해당하는 사유로 중단된다. 소멸시효 및 시효중단에 관하여 이 법에서 정한 사항 외에는 민법에 따른다.

제4절 긴급복지지원법

1. 의 의

긴급복지지원법은 가구의 주요 소득자의 사망, 가출, 가구 구성원의 질병, 학대, 폭력, 그리고 화재 등으로 갑자기 생계를 유지하기 곤란해졌을 때 3개월간 정부의 도움을 받을 수 있도록 한 제도이다.

이 법은 갑작스럽게 경제적 · 사회적 어려움에 처한 사람을 조기에 발견하여 생계비, 의료 · 주거서비스 등을 적기에 지원함으로써 이들이 위기상황을 벗어나는 데 크게 도움을 주고 있다. 지원기준은 생계지원, 의료지원, 주거지원, 사회복지시설 이용 지원 등으로 구분된다.

따라서 긴급복지지원법은 지역사회의 각종 복지자원을 활용하여 위기상황에 처한 자를 조기에 찾을 수 있도록 체제를 갖추고, 이들에게 필요한 지원을 신속하게 실시하며, 기존의 공공부조나 사회서비스 등 연계서비스를 제공하기 위한 기구를 설치 · 운영하고, 긴급지원사업을 원활하게 수행하기 위하여 사회복지사업법에 따른 지역사회보장협의체를 통하여 사회복지 · 보건의료 관련 기관 · 단체 간의 연계 · 협력 등을 강화하고 있다.

2. 연 혁

위기가 발생했을 때 긴급한 도움을 받을 수 있도록 하기 위한 법으로 2005년 12월 23일 제정되었으며, 제정 당시에는 시행일로부터 5년 효력(2010년 12월까지)을 갖는 한시적인 법으로 출발하였다.

2009년 5월 28일 전부 개정에서는 한시적 조항을 삭제하여 계속 존속시키기로 하였고, 2018년 12월 11일 개정에서는 위기상황에 해당하는 사유에 "자연재해" 및 "휴업 · 폐업 또는 사업장의 화재 등으로 실질적인 영업이 곤란해지거나 소득을 상실한 경우" 등을 추가하여 긴급 지원하도록 개정하였다.

2021년 7월 27일 개정에서는 긴급지원을 요청할 수 있는 사람 등을 긴급지원대상자뿐 아니라 친족, 관계인까지 광범위하게 정하고, 시장 · 군수 · 구청장이 지정한 법인 · 단체 · 시설 · 기관 등은 긴급지원대상자의 요청에 따라 지원할 수 있도록 하였다.

2023년 6월 13일 개정에서는 긴급지원의 실효성을 높이기 위해 생계지원에 대한 긴급지원 기간을 1개월에서 3개월로 연장하였다.

주요 제 · 개정 및 발전과정은 다음과 같다.

2005. 12. 23.	긴급복지지원법 제정
2006. 03. 24.	긴급복지지원법 시행
주요 개정 내용 요약(개정일 기준)	
2009. 05. 28.	한시법에서 존속법으로 공공부조법 중 하나로 연속 역할하도록 개정
2012. 10. 22.	주거지원 기간의 상한을 현행 6개월에서 12개월로 연장
2014. 12. 30.	위기상황에 대하여 지방자치단체의 재량을 확대
2018. 12. 11.	긴급지원에 자연재해 및 휴업 · 폐업 또는 사업장의 화재 등에 지원 확대
2021. 07. 27.	긴급지원대상자의 요청에 따른(법인, 단체, 시설, 기관 등) 지원 확대 신설
2023. 06. 13.	생계지원에 대한 긴급지원 기간 연장

3. 내 용

1) 목 적

이 법은 생계곤란 등의 위기상황에 처하여 도움이 필요한 사람을 신속하게 지원함으로서 이들이 위기상황에서 벗어나 건강하고 인간다운 생활을 하게 함을 목적으로 한다.

2) 정 의

이 법에서 '위기상황'이란 본인 또는 본인과 생계 및 주거를 같이하고 있는 가구 구성원이 다음의 어느 하나에 해당하는 사유로 인하여 생계유지 등이 어렵게 된 것을 말한다.

① 주 소득자가 사망, 가출, 행방불명, 구금시설에 수용되는 등의 사유로 소득을 상실한 경우
② 중한 질병 또는 부상을 당한 경우
③ 가구 구성원으로부터 방임 또는 유기되거나 학대 등을 당한 경우
④ 가정폭력을 당하여 가구 구성원과 함께 원만한 가정생활을 하기 곤란하거나 가구 구성원으로부터 성폭력을 당한 경우
⑤ 화재 등으로 인하여 거주하는 주택 또는 건물에서 생활하기 곤란하게 된 경우
⑥ 보건복지부령으로 정하는 기준에 따라 지방자치단체의 조례로 정한 사례가 발생한 경우
⑦ 그 밖에 보건복지부장관이 정하여 고시하는 사유가 발생한 경우

3) 긴급지원 대상자 및 기본 원칙

(1) 대상자

이 법에 따른 지원대상자는 위기상황에 처한 사람으로서 이 법에 따른 지원

이 긴급하게 필요한 사람으로 한다. 외국인에 대한 특례로서 국내에 체류하고 있는 외국인 중 대통령령으로 정하는 사람인 경우에는 긴급지원대상자가 된다.

(2) 기본 원칙

이 법에 따른 지원은 위기상황에 처한 사람에게 일시적으로 신속하게 지원하는 것을 기본 원칙으로 하며, 재해구호법, 국민기초생활보장법, 의료급여법, 사회복지사업법, 가정폭력방지 및 피해자보호 등에 관한 법률, 성폭력방지 및 피해자보호 등에 관한 법률 등 다른 법률에 따라 이 법에 따른 지원 내용과 동일한 내용의 구호·보호 또는 지원을 받고 있는 경우에는 이 법에 따른 지원을 하지 아니한다.

4) 긴급지원의 종류

긴급지원은 금전 또는 현물 등의 직접지원, 민간기관·단체와의 연계지원 등이 있고, 직접지원은 생계지원, 의료지원, 주거지원, 사회복지시설 이용지원, 교육지원 등이 있다.

5) 긴급지원의 기간

긴급지원은 3개월간의 생계유지 등에 필요한 지원으로 한다. 다만, 시장·군수·구청장이 긴급지원대상자의 위기상황이 계속된다고 판단하는 경우에는 1개월씩 두 번의 범위에서 기간을 연장할 수 있다.

6) 긴급지원심의위원회

긴급지원을 심의·의결하기 위하여 시·군·구에 긴급지원심의위원회를 둔다. 긴급지원심의위원회는 위원장 1명을 포함한 15명 이내의 위원으로 구성한다.

7) 사후조사 및 적정성 심사

시장 · 군수 · 구청장은 긴급지원대상자에 대하여 소득 또는 재산 등 대통령령으로 정하는 기준에 따라 긴급지원이 적정한지를 조사하여야 한다. 긴급지원심의위원회는 시장 · 군수 · 구청장이 시행한 사후조사 결과를 참고하여 긴급지원의 적정성을 심사한다.

8) 지원중단 또는 비용환수

시장 · 군수 · 구청장은 심사 결과 거짓이나 그 밖의 부정한 방법으로 지원을 받은 것으로 결정된 사람에게는 긴급지원심의위원회의 결정에 따라 지체 없이 지원을 중단하고 지원한 비용의 전부 또는 일부를 반환하게 하여야 한다.

9) 압류 등의 금지

이 법에 다라 긴급지원대상자에게 지급되는 금전 또는 현물은 압류할 수 없다. 긴급지원수급계좌의 긴급지원금과 이에 관한 채권은 압류할 수 없다.

10) 국가 및 지방자치단체의 책무

국가 및 지방자치단체는 위기상황에 처한 사람을 찾아내어 최대한 신속하게 필요한 지원을 하도록 노력하여야 한다.

제5절 장애인연금법

1. 의 의

경제활동이 어려운 중증장애인은 생활수준이 열악하고 국민연금 등 공적소득보장제도의 사각지대에 놓인 경우가 많으므로 18세 이상의 등록한 중증장애인으로서 소득인정액이 선정기준액 이하인 자에게 매월 일정액의 연금을 지급하는 제도이다.

이 법은 중증장애인에 대한 사회보장 사각지대를 해소하고, 사회통합을 강화하는 긍정적인 효과를 기대하며, 중증장애인의 좀 더 나은 삶의 질을 보장하고, 더 나아가 우리사회의 소득분배 상황을 보다 정의롭게 개선하기 위한 제도이다.

2. 연 혁

2010년 4월 12일 제정되고 동년 7월 1일 시행된 장애인연금법은 18세 이상의 중증장애인에게 지급하는 장애인연금 중 기초급여를 인상하여 장애로 인하여 생활이 어려운 중증장애인의 생활안정을 지원하고자 2014년 5월 20일 이 법의 일부를 개정하였다.

2017년 12월 19일 개정에서는 '장애등급' 용어를 '장애정도'로 변경하고, 2018년 12월 11일 개정에서는 중증장애인에게 장애인연금을 지급함으로써 입법목적을 달성하고 중증장애인의 경제적 부담을 완화하였다.

2021년 6월 8일 개정에서는 장애인연금을 신청하려는 경우, 전국 어느 지역에서나 장애인연금을 신청할 수 있도록 제도를 개선하였다.

주요 제·개정 및 발전과정은 다음과 같다.

2010. 04. 12.	장애인연금법 제정
2010. 07. 01.	장애인연금법 시행
주요 개정 내용 요약(개정일 기준)	
2014. 05. 20.	중증장애인의 생활안정을 지원하도록 하는 등 현행 제도 개선·보완
2016. 02. 03.	장애인연금의 종류·내용·신청방법 등 관련 정보제공 제도 개선
2016. 05. 29.	장애인연금수급계좌로 입금하여야 하고 압류할 수 없도록 규정
2017. 12. 19.	'장애등급' 용어를 '장애정도'로 변경(중증, 경증으로 분류)
2020. 01. 21.	기초급여액의 조정연도 조정(1월~12월), 다른 공적연금과 형평성 확보
2021. 06. 08.	장애인연금 신청 시 지역 구분 없이 신청할 수 있도록 제도 개선

3. 내 용

1) 목 적

이 법은 장애로 인하여 생활이 어려운 중증장애인에게 장애인연금을 지급함으로써 중증장애인의 생활 안정 지원과 복지 증진 및 사회통합을 도모하는 데 이바지함을 목적으로 한다. 장애인복지의 기본이념은 장애인의 완전한 사회 참여와 평등을 통하여 사회통합을 이루는 데에 있다.

2) 정 의

이 법에서 사용하는 용어의 뜻은 다음과 같다.

① "중증장애인"이란 장애인복지법 제32조에 따라 등록한 장애인 중 근로능력이 상실되거나 현저하게 감소되는 등 장애 정도가 중증인 사람으로서 대통령령으로 정하는 사람을 말한다.

② "수급권"이란 이 법에 따라 장애인연금을 받을 수 있는 자격을 말한다.

③ "수급권자"란 수급권을 가진 사람을 말한다.

④ "수급자"란 이 법에 따라 장애인연금을 받는 사람을 말한다.

⑤ "소득인정액"이란 수급권자와 그 배우자의 소득평가액과 재산의 소득환산액을 합산한 금액을 말한다.

⑥ "수급권자와 그 배우자의 소득평가액"이란 수급권자와 그 배우자의 실제 소득에도 불구하고 장애인연금의 지급 결정 및 실시 등에 사용하기 위하여 산출한 금액을 말한다. 이 경우 소득평가액 산출의 기초가 되는 소득의 범위는 대통령령으로 정하고, 구체적인 산정방식은 보건복지부령으로 정한다.

⑦ "재산의 소득환산액"이란 수급권자와 그 배우자의 재산가액에 재산의 소득환산율을 곱하여 산출한 금액을 말한다. 이 경우 수급권자와 그 배우자의 재산 범위, 재산가액의 산정기준, 재산의 소득환산율, 그 밖에 재산의 소득환산액 산정방식에 필요한 사항은 보건복지부령으로 정한다.

3) 국가 및 지방자치단체의 책무

국가 및 지방자치단체는 장애인연금이 중증장애인의 생활 안정을 지원하고 복지를 증진하는 데 필요한 수준이 되도록 최대한 노력하여야 하며, 매년 필요한 재원(財源)을 조달하여야 한다.

4) 수급권자의 범위

수급권자는 18세 이상의 중증장애인으로서 소득인정액이 그 중증장애인의 소득·재산·생활수준과 물가상승률 등을 고려하여 보건복지부장관이 정하여 고시하는 금액(선정기준액) 이하인 사람으로 한다. 다만, 20세 이하로서 초·중등교육법 제2조에 따른 학교에 재학 중인 사람은 제외한다.

5) 장애인연금의 종류 및 내용

이 법에 따른 장애인연금의 종류 및 내용은 다음과 같다.

〈표 10-3〉 장애인연금의 종류 및 내용

종 류	내 용
기초급여	근로능력의 상실 또는 현저한 감소로 인하여 줄어드는 소득을 보전하여 주기 위하여 지급하는 급여로 소득보장 성격의 연금(모든 장애인연금 대상자)
부가급여	장애로 인하여 추가로 드는 비용의 전부 또는 일부를 보전하여 주기 위하여 지급하는 급여로 추가지출비용 보전 성격의 연금(기초생활수급자, 차상위계층, 차상위초과자)

6) 장애인연금의 신청 및 조사

수급희망자는 관할 특별자치시·도지사 및 시장·군수·구청장(주소지 읍·면사무소/ 동주민센터에서도 신청 가능)에게 장애인연금의 지급을 신청할 수 있다.

7) 장애인연금 지급의 결정

특별자치시·도지사 및 시장·군수·구청장은 조사를 하였을 때에는 지체 없이 장애인연금 지급의 여부와 내용을 결정하여야 한다. 장애인연금 지급의 여부와 내용을 결정하였을 때에는 그 결정의 요지, 장애인연금의 종류 및 지급 개시시기 등을 서면으로 수급권자에게 통지하여야 한다.

8) 수급자에 대한 사후관리

보건복지부장관은 수급자에 대한 장애인연금 지급의 적정성을 확인하기 위하여 매년 연간조사계획을 수립하고, 전국의 수급자를 대상으로 장애연금의 실시에 필요한 사항을 조사하여야 한다.

9) 장애인연금의 지급기간 및 지급시기

특별자치시·도지사 및 시장·군수·구청장은 장애인연금의 지급이 결정되면 해당 수급권자에게 장애인연금을 신청한 날이 속하는 달부터 수급권이 소멸한 날이 속하는 달까지 매월 정기적으로 지급한다.

10) 수급권의 소멸과 지급정지 및 시효

특별자치시장·특별자치도지사·시장·군수·구청장은 등록증을 받은 사람이 다음 하나에 해당하는 경우에는 장애인 등록을 취소하여야 한다.

수급권자가 사망한 경우, 국적을 상실하거나 외국으로 이주하기 위하여 출국하는 경우, 수급권자의 범위에 해당하지 아니하게 된 경우, 장애 정도의 변경 등으로 중증장애인에 해당하지 아니하게 된 경우에는 수급권은 소멸한다. 수급자의 장애인연금을 받을 권리와 장애인연금을 환수할 지방자치단체의 권리는 5년간 행사하지 아니하면 시효의 완성으로 소멸된다.

제6절 기초연금법

1. 의 의

우리나라 노인들은 선진국이 되는 토대를 마련하였으며, 자녀들이 잘 살 수 있도록 헌신해 왔지만 본인들의 노후대비는 제대로 하지 못하였다.

따라서 현재의 심각한 노인빈곤문제를 해결하면서 미래세대의 부담을 덜어주고 노후에 안정된 혜택을 누릴 수 있도록 기초연금제도를 도입하게 되었다.

기초연금법은 생활이 어려운 65세 이상 노인들에게 매월 일정액의 연금을 지급하기 위하여 제정된 법으로 보편주의 성격의 사회보험인 국민연금과는 다르다. 기초연금법의 명칭은 연금이라는 용어가 있지만 노인의 기여 없이 소득인정액이 일정 기준 이하일 경우 세금으로 지급하는 선별주의 성격의 공공부조에 속한다.

2. 연 혁

2007년 4월 25일 제정되어 시행해 오던 기초노령연금법을 폐지하고, 대체 입법으로 2014년 5월 20일 기초연금법을 제정하여 동년 7월 1일부터 시행하고 있다. 이는 노인의 생활안정 지원과 복지증진을 목적으로 노인세대를 위하여 세금으로 지급하는 공적연금제도이다.

따라서 대상자는 자녀의 소득이나 재산 유무에 관계없이 노인 단독 또는 부부의 소득과 재산만을 고려하여 선정하는 것이 특징이다.

2016년 2월 3일 일부 개정에서는 노인이 정보 부족 등의 이유로 부당하게 기초연금 수급 기회를 상실하는 것을 방지하기 위하여 보건복지부장관 또는 지방자치단체의 장이 관련 정보를 제공하도록 하였다.

2020년 1월 21일 개정에서는 기준연금액에 물가변동률을 반영하는 시기를 매년 4월에서 매년 1월로 앞당김으로써 다른 공적 연금과의 형평성을 확보하도록 하였다.

2021년 6월 8일 개정에서는 신청서를 작성하기 어려운 취약계층의 접근성을 높이기 위해 특별자치시장 · 특별자치도지사 · 시장 · 군수 · 구청장이 지정한 법인 · 단체 · 시설 · 기관 등은 기초연금 수급희망자의 요청에 따라 기초연금 지급신청을 지원할 수 있도록 하였다.

주요 제 · 개정 및 발전과정은 다음과 같다.

2014. 05. 20	기초연금법 제정(기초노령연금법 대체입법)
2014. 07. 01	기초연금법 시행
주요 개정 내용 요약(개정일 기준)	
2016. 02. 03	기초연금의 지급대상, 금액 및 신청방법 등 기초연금 관련 정보 제공
2018. 03. 27	기초연금 수급금액 인상을 통하여 노후소득 보장을 실질적으로 강화
2020. 01. 21	물가변동률 반영시기 매년 1월로 변경(다른 공적 연금과 같게 함)
2021. 06. 08	기초연금 지급신청 지원 확대(법인 · 단체 · 시설 · 기관 등)

3. 내 용

1) 목 적

이 법은 노인에게 기초연금을 지급하여 안정적인 소득기반을 제공함으로써 노인의 생활안정을 지원하고 복지를 증진함을 목적으로 한다.

2) 정 의

이 법에서 사용하는 용어의 정의는 다음과 같다.

① "기초연금 수급권"이란 이 법에 따른 기초연금을 받을 권리를 말한다.

② "기초연금 수급권자"란 수급권을 가진 자를 말한다.

③ "기초연금 수급자"란 이 법에 따라 기초연금을 지급받는 자를 말한다.

④ "소득인정액"이란 본인 및 배우자의 소득평가액과 재산의 소득환산액을 합산한 금액을 말한다. 이 경우 소득평가액과 재산의 소득환산액을 산정

하는 소득 및 재산의 범위는 대통령령으로 정하고, 구체적인 산정 방법은 보건복지부령으로 정한다.

3) 기초연금 지급대상 및 기본 시책

(1) 기초연금 지급대상

65세 이상인 사람으로서 소득인정액이 보건복지부장관이 정하여 고시하는 금액 이하인 사람에게 연금을 지급한다.

(2) 기본 시책(국가 및 지방자치단체의 책무)

기초연금 지급액에 관한 기본 시책으로 국가 및 지방자치단체는 기초연금이 이 법의 목적에 따라 노인의 생활안정을 지원하고 복지를 증진하는 데 필요한 수준이 되도록 최대한 노력하여야 한다.

4) 기초연금의 신청 및 연금 지급

(1) 기초연금의 신청

기초연금을 지급받으려는 사람 또는 대리인(배우자, 자녀, 형제자매, 친족 등), 관계공무원은 특별자치시장 · 특별자치도지사 · 시장 · 군수 · 구청장에게 기초연금의 지급을 신청할 수 있다.

(2) 기초연금의 지급기간 및 지급시기

기초연금은 수급권자로 결정된 경우 기초연금을 신청한 날이 속하는 달부터 수급권을 상실한 날이 속하는 달까지 매월 정기적으로 기초연금을 지급한다. 기초연금 지급이 정지된 기간에는 이를 지급하지 아니한다.

(3) 미지급 기초연금

수급자가 사망한 경우 수급자에게 지급하여야 할 기초연금으로서 아직 지급되지 아니한 것이 있을 때에는 수급자의 사망 당시 생계를 같이한 부양의무자(배우자와 직계혈족 및 그 배우자를 말한다)는 미지급 기초연금을 청구할 수 있다.

5) 수급권의 상실 및 부당이득의 환수

수급권자가 사망한 때, 국적을 상실하거나 국외로 이주한 때, 기초연금 수급권자에 해당하지 아니하게 된 때의 어느 하나에 해당하게 되면 수급권을 상실한다. 또한 거짓이나 그 밖의 부정한 방법으로 기초연금을 받은 경우에는 환수할 수 있다.

6) 기초연금정보시스템 구축 및 운영

보건복지부장관은 기초연금 관련 자료 또는 정보의 효율적 처리 · 관리를 위하여 대통령령으로 정하는 바에 따라 기초연금정보시스템을 구축 · 운영할 수 있다.

KEY POINT

공공부조

① 세금으로 빈곤에 대한 사후적 최후의 국가적 대응
② 대상자를 선정하여 원조를 제공하는 선별주의 제도
③ 소득의 재분배적 기능이 사회보험보다 높은 제도

5대 공공부조법

법	제정일	시행일
국민기초생활보장법	1999. 09. 07.	2000. 10. 01.
의료급여법	2001. 05. 24.	2001. 10. 01.
긴급복지지원법	2005. 12. 23.	2006. 03. 24.
장애인연금법	2010. 04. 12.	2010. 07. 01.
기초연금법	2014. 05. 20.	2014. 07. 01.

공공부조성 연금

국민의 일반조세인 세금으로 지급하는 연금으로 공공부조
① 장애인연금
② 기초연금

기초생활보장수급자

국민기초생활보장법에 따라 최저생계비를 지급받는 사람(공공부조의 대표적 수급자)

차상위계층

기초생활보장수급자의 바로 위의 계층으로 기초생활보장 대상자에서 제외된 빈곤층

위임

하부 행정기관이나 보조기관을 대상으로 권한을 이양하는 것
(주로 상급기관과 하급기관 사이에 이루어짐)

위탁

다른 행정기관이나 법인단체 또는 민간인을 대상으로 운영권을 이양하는 것
(주로 수평적 관계에서 이루어짐)

주택임대차보호법

1. 세입자(임차인)는 다음 다섯 가지 조건을 완성 후 다음 날부터 권리가 보호됨
① 소유자와 계약
② 전입신고
③ 실제 거주
④ 계약서, 주민등록, 등기부등본 주소 일치
⑤ 확정일자 날인(읍 · 면 · 동 서비스)

2. 묵시적 재계약
① 계약만료 6개월~1개월 전까지 조건변경 통보 없으면 묵시적 재계약
② 묵시적 재계약의 경우 종전계약 조건으로 다시 2년간 사용 가능

3. 재계약 시 종전 계약서 원본은 보관

임차권등기명령제도

기간 만료 후 임차인이 전세금을 반환받지 못할 경우 이 제도로 등기 후 이사하면 실제 거주와 관계없이 대항력 있음

주택임대차보험

확정일자나 전세권설정등기의 세입자도 계약 만료 후 전세금 반환이 안 될 때 보증보험회사가 이를 반환하는 보험

11

CHAPTER

사회복지 관련법

CHAPTER 11

사회복지 관련법

제1절 건강가정기본법

1. 제정의 배경

건강한 가정이 건강한 사회를 만든다. 따라서 가정이 건강해야 사회가 건강하다고 할 수 있다. 건강한 가정이란 가족 구성원의 욕구가 충족되고 인간다운 삶이 보장되는 가정으로 규정하고 있으며, 우리나라의 건강가정에 대한 연구는 1990년대부터 시작되었다.

건강한 가정에 대한 우리나라 학자들의 공통적인 의견은 가족 간의 규칙적이고 다양한 상호작용을 통하여 가족의 공동체적 · 정서적 · 도덕적 관계 향상을 도모하는 가족이라고 정의하고 있으며, 건강한 가정에 대한 연구와 관심 그리고 지원은 2004년 2월 9일 제정되고 2005년 1월 1일부터 시행되고 있는 건강가정기본법으로 좀 더 구체화되었다.

2020년 5월 19일 개정에서는 가족실태조사의 실시주기를 5년에서 3년으로 단축하였고, 2024년 3월 26일 개정에서는 한국건강가정진흥원 내부 조직으로 두었던 양육비이행관리원을 독립된 기관으로 하여 그 역할과 책임을 강화하고, 운전면허 정지, 출국금지 및 명단공개 대상을 '법원의 감치명령 결정을 받은 양육비 채무자'에서 '양육비 지급 이행명령을 받고도 이를 이행하지 않은 양육비 채무자'로 변경하여 양육비 채무자에 대한 제재를 강화하였다.

2025년 4월 22일 개정에서는 가족정책을 효율적이고 체계적으로 지원하기 위하여 국가 및 지방자치단체가 이 법에 따른 건강가정지원센터와 「다문화가족지원법」에 따른 다문화가족지원센터를 통합하여 가족센터를 설치·운영할 수 있도록 하였다. 그리고 가족센터의 사업수행 실적을 3년마다 평가하여 그 결과를 공표하고, 해당 평가결과를 가족센터의 감독 및 지원 등에 반영할 수 있도록 하였다.

주요 제·개정 및 발전과정은 다음과 같다.

2004. 02. 09.	건강가정기본법 제정
2005. 01. 01.	건강가정기본법 시행
주요 개정 내용 요약(개정일 기준)	
2014. 03. 24.	한국건강가정진흥원을 이 법에 따라 설립되는 특수법인으로 전환
2016. 03. 02.	한국건강가정진흥원이 기부금품을 접수할 수 있도록 관련 규정 신설
2016. 05. 29.	모성보호에 부성보호와 육아환경조성 지원 의무를 규정
2020. 05. 19.	가족실태조사의 실시주기를 5년에서 3년으로 단축
2024. 03. 26.	양육비 이행확보 및 지원에 관한 법률 일부개정(타법개정)
2025. 04. 22	건강가정지원센터와 다문화가족지원센터를 가족센터로 통합

2. 내 용

1) 목적과 기본 이념

(1) 목적

이 법은 건강한 가정생활의 영위와 가족의 유지 및 발전을 위한 국민의 권리·의무와 국가 및 지방자치단체 등의 책임을 명백히 하고, 가정문제의 적절한 해결방안을 강구하며 가족 구성원의 복지증진에 이바지할 수 있는 지원정책을 강화함으로써 건강가정 구현에 기여하는 것을 목적으로 한다.

(2) 기본 이념

가정은 개인의 기본적인 욕구를 충족시키고 사회통합을 위하여 기능할 수 있도록 유지·발전되어야 한다.

2) 용어의 정의

이 법에서 사용하는 용어의 정의는 다음과 같다.

① "가족"이라 함은 혼인 · 혈연 · 입양으로 이루어진 사회의 기본 단위를 말한다.

② "가정"이라 함은 가족 구성원이 생계 또는 주거를 함께하는 생활공동체로서 구성원의 일상적인 부양 · 양육 · 보호 · 교육 등이 이루어지는 생활단위를 말한다.

③ "1인 가구"라 함은 1명이 단독으로 생계를 유지하고 있는 생활단위를 말한다.

3) 주체와 책임

(1) 주체(권리와 의무)

모든 국민은 가정의 구성원으로서 안정되고 인간다운 삶을 유지할 수 있는 가정생활을 영위할 권리를 가진다. 그리고 가정의 중요성을 인식하고 그 복지의 향상을 위하여 노력하여야 한다.

(2) 국가 및 지방자치단체의 책임

국가 및 지방자치단체는 건강가정을 위하여 필요한 제도와 여건을 조성하고 이를 위한 시책을 강구하여 추진하여야 한다. 국가 및 지방자치단체는 이러한 시책을 강구함에 있어 가족 구성원의 특성과 가정유형을 고려하여야 한다.

그리고 민주적인 가정형성, 가정친화적 환경조성, 양성평등한 가족가치 실현 및 가사노동의 정당한 가치평가를 위하여 노력하여야 한다.

4) 가족의 보호

가족 구성원은 부양 · 자녀양육 · 가사노동 등 가정생활의 운영에 함께 참여하여야 하고 서로 존중하며 신뢰하여야 한다. 모든 국민은 혼인과 출산의 사회적 중요성을 인식하여야 한다.

국가 및 지방자치단체는 출산과 육아에 대한 사회적 책임을 인식하고, 모·부성권 보호와 태아의 건강보장 등 적절한 출산·육아 환경을 조성하기 위하여 적극적으로 지원하여야 한다.

가족 구성원 모두는 가족해체를 예방하기 위하여 노력하여야 한다. 국가 및 지방자치단체는 가족해체를 예방하기 위하여 필요한 제도와 시책을 강구하여야 한다.

가정의 중요성을 고취하고 건강가정을 위한 개인·가정·사회의 적극적인 참여 분위기를 조성하기 위하여 매년 5월을 가정의 달로 하고, 5월 15일을 가정의 날로 한다.

5) 건강가정정책

(1) 가정에 대한 지원

국가 및 지방자치단체는 가정이 원활한 기능을 수행하도록 지원하여야 한다. 가족 구성원의 정신적·신체적 건강지원, 소득보장 등 경제생활의 안정, 안정된 주거생활, 태아검진 및 출산·양육의 지원, 직장과 가정의 양립, 음란물·유흥가·폭력 등 위해환경으로부터의 보호, 가정폭력으로부터의 보호, 가정 친화적 사회 분위기의 조성, 그 밖에 건강한 가정의 기능을 강화·지원할 수 있는 관련 사항 등을 지원하여야 한다.

(2) 자녀양육지원의 강화

국가 및 지방자치단체는 자녀를 양육하는 가정에 대하여 자녀양육으로 인한 부담을 완화하고 아동의 행복추구권을 보장하기 위한 보육 및 방과 후 서비스, 양성이 평등한 육아휴직제 등의 정책을 적극적으로 확대 시행하여야 한다.

(3) 가족단위 복지 증진

국가 및 지방자치단체는 사회보험 · 공공부조 등 사회보장제도의 운용과 관련하여 보험료의 산정 · 부과, 급여 등을 운용함에 있어서 가족을 지지하는 시책을 개발 · 추진하여야 한다. 그리고 경제 · 사회, 교육 · 문화, 체육, 지역사회 개발 등 각 분야의 제도 · 정책 및 사업을 수립 · 추진함에 있어 가족을 우대하는 방안을 강구하여야 한다.

(4) 가족의 건강 증진

국가 및 지방자치단체는 영 · 유아, 아동, 청소년, 중 · 장년, 노인 등 생애주기에 따르는 가족 구성원의 종합적인 건강증진대책을 마련하여야 한다.

(5) 가족부양의 지원

국가 및 지방자치단체는 영 · 유아 혹은 노인 등 부양지원을 요하는 가족 구성원이 있는 가정에 대하여 부양부담을 완화하기 위한 시책을 적극적으로 강구하여야 한다.

(6) 민주적이고 양성평등한 가족관계의 증진

국가 및 지방자치단체는 부부 및 세대 간에 가족갈등이 있는 경우 이를 예방 · 상담하고, 민주적이고 양성평등한 가족관계를 증진시킬 수 있도록 가족지원서비스를 확대하고, 다양한 가족생활교육 · 부모교육 · 가족상담 · 평등가족홍보 등을 추진하여야 한다.

(7) 가족단위의 시민적 역할 증진

국가 및 지방자치단체는 가족의 결속력과 가족 구성원의 발전을 위하여 가족이 시민으로서의 역할을 증진할 수 있는 기회와 서비스를 제공하여야 한다. 가족단위의 자원봉사참여가 확대되도록 노력하여야 한다.

(8) 가정생활문화의 발전

국가 및 지방자치단체는 건강가정의 생활문화를 고취하고 그에 대한 지원정책을 수립하여야 한다. 지원할 건강가정의 생활문화는 가족여가문화, 양성평등한 가족문화, 가족단위 자원봉사활동, 건강한 의식주 생활문화, 합리적인 소비문화, 지역사회 공동체문화, 그 밖에 건강가정의 생활문화와 관련된 사항 등을 포함한다.

(9) 가족센터

국가 및 지방자치단체는 가정문제의 예방 · 상담 및 치료, 건강가정의 유지를 위한 프로그램의 개발, 가족문화운동의 전개, 가정 관련 정보 및 자료제공 등을 위하여 가족센터를 설치 · 운영하여야 한다.

제2절 자원봉사활동기본법

1. 제정의 배경

자원봉사활동기본법은 시민사회의 성숙에 따라 자원봉사활동이 사회 각 분야에 확대되고 있으나 이에 대한 국가적 차원의 체계적 지원이 미흡한 실정이므로 자원봉사에 관한 기본적 사항을 정하여 국민의 자원봉사활동에 대한 참여를 높이고 행복한 공동체를 건설하기 위하여 2005년 8월 4일 제정하고 2006년 2월 6일부터 시행되고 있다.

2016년 12월 27일 개정에서는 누구든지 개인 또는 단체에 대하여 자원봉사활동을 강요하여서는 아니 된다는 자원봉사활동의 강요 금지사항을 신설하였고, 2023년 8월 16일 개정에서는 행정기관 소속 위원회 정비를 위한 기부금품의 모집 및 사용에 관한 법률 등 6개 법률이 타법으로 개정되었다.

주요 제 · 개정 및 발전과정은 다음과 같다.

2005. 08. 04.	자원봉사활동기본법 제정
2006. 02. 05.	자원봉사활동기본법 시행
주요 개정 내용 요약(개정일 기준)	
2013. 03. 23.	행정안전부를 안전행정부로 개칭(타법개정)
2014. 01. 07.	어려운 법 문장을 쉬운 우리말로 풀어쓰고 복잡한 법 문장 체계 정리
2014. 11. 19.	안전행정부를 행정자치부로 개칭(타법개정)
2016. 12. 27.	자원봉사활동의 강요금지 규정을 명시하여 건전한 자원봉사 문화 확립
2017. 07. 26.	행정자치부를 행정안전부로 개칭(타법개정)
2023. 08. 16.	「기부금품의 모집 및 사용에 관한 법률」 등 6개 법률 개정(타법개정)

2. 내 용

1) 목적과 기본 방향

(1) 목적

자원봉사활동에 관한 기본적인 사항을 규정함으로써 자원봉사활동을 진흥하고 행복한 공동체 건설에 기여함을 목적으로 한다.

(2) 기본 방향

자원봉사활동의 진흥을 위한 정책은 다음 사항을 기본 방향으로 하여야 한다.

① 자원봉사활동은 국민의 협동적인 참여능력을 높일 수 있는 방향으로 추진하여야 한다.

② 자원봉사활동은 무보수성 · 자발성 · 공익성 · 비영리성 · 비정파성 · 비종파성의 원칙 아래 수행될 수 있도록 하여야 한다.

③ 모든 국민은 나이 · 성별 · 장애 · 지역 · 학력 등 사회적 배경에 관계없이 누구든지 자원봉사활동에 참여할 수 있도록 하여야 한다.

④ 자원봉사활동의 진흥을 위한 정책은 민 · 관 협력의 기본 정신을 바탕으로 하여 추진하여야 한다.

2) 용어의 정의

이 법에서 사용하는 용어의 정의는 다음과 같다.

① "자원봉사활동"이라 함은 개인 또는 단체가 지역사회 · 국가 및 인류사회를 위하여 대가 없이 자발적으로 시간과 노력을 제공하는 행위를 말한다.

② "자원봉사자"라 함은 자원봉사활동을 행하는 자를 말한다.

③ "자원봉사단체"라 함은 자원봉사활동을 주된 사업으로 하거나 이를 지원하기 위하여 설립된 비영리 법인 또는 단체를 말한다.

④ "자원봉사센터"라 함은 자원봉사활동 개발 · 장려 · 연계 · 협력 등의 사업을 수행하기 위하여 법령과 조례 등에 따라 설치된 기관 · 법인 · 단체 등을 말한다.

3) 자원봉사활동의 범위

자원봉사활동은 사회복지 및 보건 증진에 관한 활동, 지역사회개발 · 발전에 관한 활동, 환경보전 및 자연보호에 관한 활동, 사회적 취약계층의 권익증진 및 청소년의 육성 · 보호에 관한 활동, 교육 및 상담에 관한 활동과 그 밖에 공익사업의 수행 또는 주민복리의 증진에 필요한 활동을 범위로 한다.

4) 자원봉사진흥위원회

자원봉사활동에 관한 주요 정책을 심의하기 위하여 국무총리 소속하에 중앙행정기관 및 민간 전문가로 구성된 자원봉사진흥위원회를 둔다.

5) 자원봉사자

(1) 포상

국가와 지방자치단체는 국가와 사회에 현저한 공로가 있는 자원봉사활동을 한 자원봉사자, 자원봉사단체, 자원봉사센터 등에 대하여 대통령령이 정하는 바에 따라 포상할 수 있다.

(2) 자원봉사자의 날 및 자원봉사주간

국가는 국민의 자원봉사활동에 대한 참여를 촉진하고 자원봉사자의 사기를 높이기 위하여 매년 12월 5일을 자원봉사자의 날로 하고 자원봉사자의 날부터 1주간을 자원봉사주간으로 설정한다.

(3) 자원봉사자의 보호

국가와 지방자치단체는 자원봉사활동이 안전한 환경 속에서 이루어질 수 있도록 노력하여야 한다. 자원봉사자에 대한 보험의 가입 등 보호의 종류와 내용에 관하여 필요한 사항은 대통령령으로 정한다.

(4) 자원봉사활동의 관리

자원봉사단체 및 자원봉사센터는 자원봉사자에 대한 교육훈련 및 안전대책 등이 체계적으로 관리될 수 있도록 노력하여야 한다.

(5) 국 · 공유재산의 사용

국가와 지방자치단체는 국유재산법 또는 공유재산 및 물품관리법 규정에도 불구하고 자원봉사활동의 진흥을 위하여 자원봉사단체 및 자원봉사센터가 대통령령이 정하는 특정 사업을 수행하기 위하여 국 · 공유재산을 필요하다고 인정하면 이를 무상으로 대여하거나 사용하게 할 수 있다.

(6) 정치활동 등의 금지

지원을 받는 자원봉사단체 및 자원봉사센터는 그 명의 또는 그 대표의 명의로 특정 정당이나 특정인의 선거운동을 하여서는 아니 된다. 선거운동이란 공직선거법에 따른 선거운동을 말한다.

6) 한국자원봉사협의회

(1) 한국자원봉사협의회의 설립

자원봉사단체는 전국단위의 자원봉사활동을 진흥·촉진하기 위한 회원단체 간의 협력 및 사업지원, 자원봉사활동의 진흥을 위한 대국민 홍보 및 국제교류, 자원봉사활동과 관련된 정책의 개발 등을 위하여 설립할 수 있다.

(2) 자원봉사단체에 대한 지원

국가 및 지방자치단체는 자원봉사단체의 활동에 필요한 행정적 지원을 할 수 있으며, 비영리민간단체지원법에 따라 사업비를 지원할 수 있다.

(3) 자원봉사센터의 설치 및 운영

국가기관 및 지방자치단체는 자원봉사센터를 설치할 수 있다. 이 경우 자원봉사센터를 법인으로 하여 운영하거나 비영리 법인에게 위탁하여 운영하여야 한다. 자원봉사활동을 효율적으로 추진하기 위하여 필요하다고 인정할 때에는 국가기관 및 지방자치단체가 운영할 수 있다.

제3절 저출산 · 고령사회기본법

1. 제정의 배경

1962년부터 경제개발계획에 의해서 시작된 인구 억제정책은 우리나라의 합계출산율을 세계 최저 수준으로 떨어뜨리고 있으며, 이는 지속적인 국가경쟁력에 심각한 장애요인이 되고 있다. 인구고령화 또한 급속도로 진행되어 이미 고령사회로 진입하였으며, 심각한 사회문제로 대두되고 있다.

이와 같은 사회문제는 노동생산성에 따른 경제성장의 둔화, 노년부양의 사회적 부담 증가 등 부정적인 결과를 초래하고 있으며, 출산율을 높이고 노인인구가 사회의 생산의 주체가 될 수 있도록 「저출산 · 고령사회기본법」이 2005년 5월 18일 제정되고 동년 9월 1일부터 시행되고 있다.

2021년 12월 14일 개정에서는 출생 아동에게 200만 원의 첫만남이용권을 지급할 수 있도록 하는 규정을 신설하였고, 2023년 12월 26일 개정을 통해서는 첫만남이용권 지급 금액을 200만 원에서 200만 원 이상으로 정하였다. 2024년 1월 23일 개정에서는 저출산 고령사회위원회의 원활한 운영을 지원하고, 사무를 처리하기 위한 사무기구의 법적 근거를 마련하였다.

주요 제 · 개정 및 발전과정은 다음과 같다.

2005. 05. 18.	저출산 · 고령사회기본법 제정
2005. 09. 01.	저출산 · 고령사회기본법 시행
주요 개정 내용 요약(개정일 기준)	
2008. 02. 29.	저출산 · 고령사회위원회를 폐지하고 보건복지가족부장관이 그 기능을 수행
2011. 08. 04.	매년 7월 11일을 인구의 날로 지정
2014. 03. 18.	저출산 · 고령사회기본법 일부인 '연령단계별'을 '성별 · 연령별'로 개정
2021. 12. 14.	출생 아동에게 200만 원의 첫만남이용권을 지급 규정 신설
2023. 12. 26.	첫만남이용권 지급 금액을 200만 원에서 200만 원 이상으로 변경
2024. 01. 23.	저출산 · 고령사회위원회의 운영지원과, 사무기구의 법적 근거 마련

2. 내 용

1) 목적과 기본 이념

(1) 목적

이 법은 저출산 및 인구의 고령화에 따른 변화에 대응하는 저출산 · 고령사회 정책의 기본방향과 그 수립 및 추진체계에 관한 사항을 규정함으로써 국가의 경쟁력을 높이고 국민의 삶의 질 향상과 국가의 지속적인 발전에 이바지함을 목적으로 한다.

(2) 기본 이념

이 법은 국가의 지속적인 발전을 위한 인구 구성의 균형과 질적 향상을 실현하고, 국민이 건강하고 안정된 노후생활을 할 수 있도록 하는 것을 기본 이념으로 한다.

2) 용어의 정의

이 법에서 사용하는 용어의 정의는 다음과 같다.

① "인구의 고령화"라 함은 전체인구에서 노인의 인구비율이 증가하는 현상을 말한다.

② "저출산·고령사회정책"이라 함은 저출산 및 인구의 고령화에 따른 변화에 대응하기 위하여 수립·시행하는 정책을 말한다.

3) 국가와 국민의 책무

(1) 국가 및 지방자치단체의 책무

국가는 종합적인 저출산·고령사회정책을 수립·시행하고, 지방자치단체는 국가의 저출산·고령사회정책에 맞추어 지역의 사회·경제적 실정에 부합하는 저출산·고령사회정책을 수립·시행하여야 한다.

(2) 국민의 책무

국민은 출산 및 육아의 사회적 중요성과 인구의 고령화에 따른 변화를 인식하고 국가 및 지방자치단체가 시행하는 저출산·고령사회정책에 적극 참여하고 협력하여야 한다.

4) 저출산 대책

(1) 인구정책 · 인구교육

국가 및 지방자치단체는 적정인구의 구조와 규모를 분석하고 인구변동을 예측하여 국가 및 지방자치단체의 지속적인 성장과 발전을 위한 인구정책을 수립 · 시행하여야 한다.

(2) 자녀의 출산과 보육 등

국가 및 지방자치단체는 모든 자녀가 차별받지 아니하고 안전하고 행복한 생활을 영위하며 교육과 인성함양에 도움을 주는 사회환경을 조성하기 위한 시책을 강구하여야 한다.

(3) 모자보건의 증진 등

국가 및 지방자치단체는 임산부 · 태아 및 영유아에 대한 건강진단 등 모자보건의 증진과 태아의 생명존중을 위하여 필요한 시책을 수립 · 시행하여야 한다. 국가 및 지방자치단체는 임신 · 출산 · 양육의 사회적 의미와 생명의 존엄성 및 가족 구성원의 협력의 중요성 등에 관한 교육을 실시하여야 한다.

(4) 경제적 부담의 경감

국가 및 지방자치단체는 자녀의 임신 · 출산 · 양육 및 교육에 소요되는 경제적 부담을 경감하기 위하여 필요한 시책을 강구하여야 한다.

5) 고령사회정책

(1) 고용과 소득보장

국가 및 지방자치단체는 일할 의욕과 능력이 있는 고령자가 최대한 일할 수 있는 환경을 조성하여야 한다.

(2) 건강증진과 의료제공

국가 및 지방자치단체는 성별·연령별 건강상의 특성과 주요 건강위험요인을 고려하여 국민의 건강증진을 위한 시책을 강구하여야 한다.

(3) 생활환경과 안전보장

국가 및 지방자치단체는 노후생활에 필요한 기능과 설비를 갖춘 주거와 이용시설을 마련하고 노인이 안전하고 편리하게 이동할 수 있는 환경을 조성하여야 한다.

(4) 여가·문화 및 사회활동의 장려

국가 및 지방자치단체는 노후의 여가와 문화활동을 장려하고 이를 위한 기반을 조성하여야 한다. 그리고 자원봉사 등 노인의 사회활동 참여를 촉진하는 사회적 기반을 조성하여야 한다.

(5) 평생교육과 정보화

국가 및 지방자치단체는 모든 세대가 평생에 걸쳐 학습하고 능력과 적성에 따라 교육을 받을 수 있도록 교육의 기회를 제공하고, 이를 위한 교육시설의 설치·인력의 양성 및 프로그램의 개발 등 필요한 시책을 강구하여야 한다.

(6) 취약계층노인 등

국가 및 지방자치단체는 저출산·고령사회정책을 수립·시행함에 있어서 여성노인·장애노인 등 취약계층의 노인에 대하여 특별한 배려를 하고 도시·농어촌지역 간 격차 등 지역의 특수한 상황을 반영하여야 한다.

(7) 가족관계와 세대 간 이해 증진

국가 및 지방자치단체는 효행을 장려함으로써 노인이 가정과 사회에서 공경받을 수 있도록 하고 세대 간 교류의 활성화와 세대 간 이해를 증진함으로써 민주적이고 평등한 가족관계가 형성되도록 필요한 사회환경을 조성하여야 한다.

(8) 경제와 산업 등

국가 및 지방자치단체는 인구의 고령화에 따른 경제 · 산업구조 및 노동환경의 변화에 부응하는 시책을 수립 · 시행하여야 한다.

(9) 고령 친화적 산업의 육성

국가 및 지방자치단체는 인구의 고령화에 따른 상품 및 서비스 수요의 변화에 대비한 새로운 산업을 육성하기 위한 기반을 구축하여야 한다. 그리고 노인에게 필요한 용구와 용품 등의 연구개발 · 생산 및 보급의 활성화를 위하여 필요한 시책을 강구하여야 한다.

(10) 노후설계

국가 및 지방자치단체는 국민이 행복하고 활기찬 노후생활을 설계하기 위하여 재무, 건강, 여가, 사회참여 등 각 분야에서 적절한 상담과 교육을 받을 수 있도록 필요한 시책을 강구하여야 한다.

6) 저출산 · 고령사회정책의 수립 및 추진체계

(1) 저출산 · 고령사회기본계획

정부는 저출산 · 고령사회 중 · 장기 정책목표 및 방향을 설정하고, 이에 따른 저출산 · 고령사회기본계획을 수립 · 추진하여야 한다.

(2) 연도별 시행계획

중앙행정기관의 장은 기본계획에 따라 소관별로 연도별 시행계획을 수립 · 시행하고, 지방자치단체의 장은 기본계획 및 중앙행정기관의 시행계획에 따라 당해 지방자치단체의 시행계획을 수립 · 시행하여야 한다.

(3) 업무의 협조

국가 및 지방자치단체는 기본계획 및 시행계획의 수립 · 시행을 위하여 관계

공무원 또는 관계 전문가의 의견을 듣거나 관계 기관 및 단체 등에 필요한 자료제출 등 협조를 요청할 수 있다.

7) 저출산 · 고령사회위원회

저출산 · 고령사회정책에 관한 중요사항을 심의하기 위하여 대통령 소속하에 저출산 · 고령사회위원회를 둔다.

8) 인구의 날

인구구조 불균형이 초래하는 정치적 · 경제적 · 사회적 파급영향에 대하여 국민의 이해와 관심을 높이고, 저출산 · 고령화 대응에 민간의 참여를 유도하기 위하여 매년 7월 11일을 인구의 날로 정한다.

제4절 고용상 연령차별금지 및 고령자고용촉진에 관한 법률

1. 제정의 배경

인구 고령화의 급속한 진전으로 우리나라의 인구는 이미 고령사회로 진입하였으며, 이는 2000년 고령화사회에 진입한 지 18년 만의 기록으로 세계에서 가장 빠른 고령화 속도이다. 이는 일본, 독일 등 선진 국가보다도 빨리 진행되는 고령화는 심각한 사회문제를 발생시키고, 특히 노인부양비의 증가는 기존 세대에게는 큰 부담이 되고 있다.

이에 따라 정부에서는 고령자의 고용안정과 국민경제의 발전에 이바지하는 것을 목적으로 1991년 12월 31일에 「고령자고용촉진법」을 제정하였으며, 2008년 3월 21일 개정에서는 법률 제명을 「고용상 연령차별금지 및 고령자고용촉진에 관한 법률」로 변경하고, 모집 · 채용부터 퇴직 · 해고까지 고용의 모든 단계에서의 연령차별을 금지하였다.

2013년 5월 22일 개정에서는 사업주로 하여금 정년을 60세 이상으로 의무화하고, 2022년 6월 10일 개정에서는 기관의 지정취소에 대한 청문 절차를 규정하여 취소의 부당함을 소명할 수 있는 기회를 부여하였다.

주요 제 · 개정 및 발전과정은 다음과 같다.

1991. 12. 31.	고령자고용촉진법 제정
1992. 07. 01.	고령자고용촉진법 시행
2008. 03. 21.	고용상 연령차별금지 및 고령자고용촉진에 관한 법률 제정(법제명 변경)
2009. 03. 22.	고용상 연령차별금지 및 고령자고용촉진에 관한 법률 시행
주요 개정 내용 요약(개정일 기준)	
2013. 05. 22.	근로자의 정년을 60세 이상으로 정하도록 의무화
2016. 01. 27.	고용노동부장관이 기본계획을 수립 후 국회 소관 상임위원회에 보고
2019. 04. 30.	비자발적 사유로 이직 예정인 (준)고령자에게 재취업지원서비스 제공
2022. 06. 10.	기관의 지정을 취소하는 경우, 「행정절차법」에 따른 청문 실시 신설

2. 내 용

1) 목 적

합리적인 이유 없이 연령을 이유로 하는 고용차별을 금지하고, 고령자(高齡者)가 그 능력에 맞는 직업을 가질 수 있도록 지원하고 촉진함으로써, 고령자의 고용안정과 국민경제의 발전에 이바지하는 것을 목적으로 한다.

2) 용어의 정의

이 법에서 사용하는 용어의 뜻은 다음과 같다.

① "고령자"란 인구와 취업자의 구성 등을 고려하여 대통령령으로 정하는 연령 이상인 자를 말한다.

② "준고령자"란 대통령령으로 정하는 연령 이상인 자로서 고령자가 아닌 자를 말한다.

③ "사업주"란 근로자를 사용하여 사업을 하는 자를 말한다.

④ "근로자"란 근로기준법에 따른 근로자를 말한다.

⑤ "기준고용률"이란 사업장에서 상시 사용하는 근로자를 기준으로 하여 사업주가 고령자의 고용촉진을 위하여 고용하여야 할 고령자의 비율로서 고령자의 현황과 고용실태 등을 고려하여 사업의 종류별로 대통령령으로 정하는 비율을 말한다.

3) 정부와 사업주의 책무

(1) 정부의 책무

정부는 고용에서 연령을 이유로 차별하는 관행을 해소하기 위하여 연령차별 금지정책을 수립·시행하며, 고령자의 고용에 관하여 사업주와 국민 일반의 이해를 높이고 고령자의 고용촉진과 직업안정을 꾀하기 위하여 고령자 고용촉진 대책의 수립·시행, 직업능력개발훈련 등 필요한 시책을 종합적이고 효과적으로 추진하여야 한다.

(2) 사업주의 책무

사업주는 연령을 이유로 하는 고용차별을 해소하고, 고령자의 직업능력계발·향상과 작업시설·업무 등의 개선을 통하여 고령자에게 그 능력에 맞는 고용 기회를 제공함과 아울러 정년연장 등의 방법으로 고령자의 고용이 확대되도록 노력하여야 한다.

4) 고령자 취업지원

고용노동부장관등은 고령자의 고용을 촉진하기 위하여 고령자와 관련된 구인·구직 정보를 수집하고 구인·구직의 개척에 노력하여야 하며 관련 정보를 구직자·사업주 및 관련 단체 등에 제공하여야 한다.

(1) 고령자에 대한 직업능력 개발훈련

고용노동부장관등은 고령자의 고용을 촉진하고 직업능력의 개발·향상을 위하여 고령자를 대상으로 대통령령으로 정하는 바에 따라 직업능력 개발훈련을 실시하여야 한다.

(2) 사업주에 대한 고용지도

고용노동부장관 등은 필요하다고 인정하면 고령자를 고용하고 있거나 고용하려는 사업주에게 채용, 배치, 작업시설, 작업환경 등 고령자의 고용 관리에 관한 기술적 사항에 대하여 상담, 자문, 그 밖에 필요한 지원을 하여야 한다.

(3) 사업주의 고령자 교육·훈련 및 작업환경 개선에 대한 지원

고용노동부장관은 사업주가 고령자의 고용촉진을 위하여 필요한 교육이나 직업훈련 또는 고령자를 위한 시설 개선 등을 실시할 경우 그 비용의 전부 또는 일부를 지원할 수 있다.

(4) 고령자의 취업알선 기능 강화

정부는 고령자가 그 능력에 맞는 직업에 취업할 수 있도록 고령자에 대한 직업상담, 직업적성검사 등 적절한 직업지도와 취업알선 등을 하여야 한다.

(5) 고령자 고용정보센터의 운영

고용노동부장관 등은 고령자의 직업지도와 취업알선 등의 업무를 효율적으로 수행하기 위하여 필요한 지역에 고령자 고용정보센터를 운영할 수 있다. 고령자 고용정보센터는 다음 각 호의 업무를 수행한다.

① 고령자에 대한 구인·구직 등록, 직업지도 및 취업알선

② 고령자에 대한 직장 적응훈련 및 교육

③ 정년연장과 고령자 고용에 관한 인사·노무관리와 작업환경 개선 등에 관한 기술적 상담·교육 및 지도

④ 고령자 고용촉진을 위한 홍보

⑤ 그 밖에 고령자 고용촉진을 위하여 필요한 업무

(6) 고령자인재은행의 지정

고용노동부장관은 고령자의 직업지도와 취업알선 또는 직업능력개발훈련 등에 필요한 전문 인력과 시설을 갖춘 단체 또는 기관을 고령자인재은행으로 지정할 수 있다.

(7) 중견전문인력 고용지원센터의 지정

고용노동부장관은 퇴직한 고령자로서 경력 등을 고려하여 고용노동부령으로 정하는 자의 직업지도와 취업알선 등을 전문적으로 지원하는 중견전문인력 고용지원센터를 지정할 수 있다.

5) 정 년

사업주는 근로자의 정년을 60세 이상으로 정해야 한다.

(1) 정년제도에 관한 계획의 작성 · 제출

대통령령으로 정하는 수 이상의 근로자를 사용하는 사업주는 고용노동부령으로 정하는 바에 따라 매년 정년 제도의 운영 현황을 고용노동부장관에게 제출하여야 한다.

(2) 정년퇴직자의 재고용

사업주는 정년에 도달한 자가 그 사업장에 다시 취업하기를 희망할 때 그 직무수행 능력에 맞는 직종에 재고용하도록 노력하여야 한다.

KEY POINT

가족센터(다문화 가족 포함)

① 지역사회 내 구성원을 위한 일차적 가족지원서비스
② 지역단위 가족생활 교육상담문화사업 실시
③ 지역사회 유관기관과의 연계를 통한 가족지원서비스

자원봉사센터

① 자원봉사자 모집, 교육, 배치, 관리
② 자원봉사 수요처 발굴 및 자원봉사프로그램 개발 · 시행
③ 지역사회 자원봉사기관 및 단체와의 네트워킹

부부간의 의무 · 권리

① 혼인 전의 각자 재산은 혼인 전에 등기해야 유효하다.
② 일상가사는 배우자 승인 없이 서로의 책임이다.
③ 별거 및 사실혼의 배우자에게는 상속권이 없을 수 있다.

재산분할 청구권

① 이혼 시 청구권(시효 2년)
② 결혼 시점부터 증가된 재산만 분할 대상
③ 결혼 전의 재산은 분할 대상이 아님

양육비이행관리원

① 양육비를 지급하기로 약속하고 지급하지 않을 경우 법적 지원 기관
② 무료 법률 지원기관

양육비 지급의무자의 직장

양육비 지급청구 받은 지급의무자의 직장의 장은 청구인에게 우선 지급 의무

주거침입죄

① 타인의 저택 · 건조물 · 선박에 침입하거나 퇴거의 요구를 받고 응하지 아니하는 범죄

② 미수범도 처벌 가능

긴급피난

① 자기 또는 타인의 생명 · 신체 또는 재산에 대한 긴급한 상태를 피하기 위한 긴급행위

② 제3자에게 피해를 주면서 긴급피난 가능

물권 · 채권

① 물권(物權) – 지배권(소유권, 전세권), 모든 사람에게 주장 가능 권리(대세권)

② 채권(債權) – 청구권(청구할 수 있는 권리), 유책 특정인에게만 요구권(대인권)

소액심판

① 소액(청구금액)

3,000만 원 이하(금전, 유가증권, 기타 대체물)

② 소송대리인

당사자의 배우자, 직계혈족, 형제자매, 당해 회사원 등

③ 심판방법

서면제출하거나 원고, 피고 쌍방이 법원에 구술제소 가능

(변론종결 즉시 선고)

소액심판 제소법원

① 법원(지방법원, 지방법원지원)에 제소

② 법원이 없는 시 · 군에서는 관할 등기소에 제소

12
CHAPTER

입법과정 및 불문법

제1절 입법과정

제2절 불문법

CHAPTER

12 입법과정 및 불문법

제1절 입법과정

1. 법률제정 관련 현행법령

우리나라 헌법에서는 입법에 관한 권한은 국회에 속하며, 대통령은 법률에서 구체적인 범위와 위임받은 사항 및 법률 집행에 관한 사항을 대통령령으로 발할 수 있도록 하였다.

또한 국회법에서는 법률안의 제출, 상임위원회·법제사법위원회 및 전문위원회의 심사, 본회의의 심의, 정부이송절차 등 입법에 관한 자세한 절차를 두고 있다. 입법과정의 마지막인 법령공포는 헌법 제53조와 「법령 등 공포에 관한 법률」 제11조에서 규정하고 있다.

이 법에서는 국회에서 법률이 이송되면 재의요구를 하지 않는 한 대통령은 15일 이내에 공포하도록 하고 있으며, 대통령이 확정된 법률을 공포하지 아니하였을 때에는 의장은 그 공포기일이 경과한 날부터 5일 이내에 공포하고, 대통령에게 통지하여야 한다(헌법 제53조). 헌법개정·법률·조약·대통령령·총리령 및 부령의 공포와 헌법개정안·예산 및 예산 외 국고부담계약의 공고는 관보(官報)에 게재하여 공포하도록 하고 있으며, 국회의장의 법률 공포는 서울특별시에서 발행되는 둘 이상의 일간신문에 게재하도록 하고 있다.

관보는 종이로 발행되는 관보(종이관보)와 전자적인 형태로 발행되는 관보(전자관보)로 운영한다. 관보의 내용 해석 및 적용 시기 등에 대하여 종이관보와 전자관보는 동일한 효력을 가진다.

대통령령, 총리령 및 부령은 특별한 규정이 없는 한 공포한 날로부터 20일이 경과함으로써 효력을 발생하도록 규정되어 있으나, 현실적으로 법령 제·개정 시 그 부칙에서 시행일을 명시하도록 규정하고 있다.

법령의 시행 유예기간은 국민의 권리제한 또는 의무부과와 직접 관련되는 법률, 대통령령, 총리령 및 부령은 긴급히 시행되어야 할 특별한 사유가 없는 한 공포일로부터 적어도 30일이 경과한 날로부터 시행되도록 하여야 한다.

또한 국민의 입법에의 참여 활성화와 민주성을 제고하기 위하여 입법예고제도의 시행 등에 관한 규정을 행정절차법(제41~45조)에 두고 있어 행정안전부는 법령의 제·개정 및 폐지 시에는 원칙적으로 모두 입법예고를 하도록 하고 있다.

입법예고 방법은 관보·공보나 신문, 방송, 인터넷 등을 통해 널리 공고하여야 하며, 예고기간은 특별한 사유가 없는 한 40일(자치법규는 20일) 이상으로 한다.

그 밖에 법제업무 운영규정을 대통령령으로 하여 법령의 제·개정 또는 폐지 등 정부의 입법 활동에 관한 법제업무를 규정해 놓고 있다.

2. 정부 및 국회의 입법과정

1) 정부의 입법과정

정부의 입법과정을 정부입법이라고도 하는데, ① 입법계획의 수립, ② 법령안의 입안(기초), ③ 관계 기관과의 협의, ④ 당정협의, ⑤ 입법예고, ⑥ 규제심사, ⑦ 법제처 심사, ⑧ 차관회의·국무회의 심의, ⑨ 대통령의 재가, ⑩ 국회제출, ⑪ 국회의 심의·의결, ⑫ 공포안 정부 이송 ⑬ 국무회의 상정, ⑭ 공포의 순으로 이루어진다.

따라서 관보에 게재되어 공포됨으로써 각각 법률 및 대통령령으로서 성립하게 된다. 부령 및 총리령은 법제처 심사가 완료된 후 소관 부처에서 해당 부령의 공포번호를 부여하고(총리령의 경우에는 국무총리의 결재를 받고, 법제처에서 공포번호를 부여한다) 행정안전부에 공포를 위한 관보 게재의뢰를 하여 공포하게 된다. 법령의 공포일은 관보가 발행된 날이다.

〈표 12-1〉 정부입법과정 진행단계별 소요기간

과정 내용	기 간
소관부처 법령안 초안작성	약 30~60일*
관계기관협의 · 당정협의	약 30~60일*
입법예고	약 40~60일(의견수렴을 위한 공청회 개최)
규제심사	약 15~20일*
법제처 심사	약 20~30일*
차관회의 심의	약 7~10일
국무회의 심의	약 5일
대통령 재가 및 국회제출	약 7~10일
국회의 심의 · 의결 및 공포안 정부 이송	약 30~60일(장기간 계류되는 경우 예외) (시행령 및 시행규칙은 국회심의 대상이 아님)
국무회의 상정	약 5일
관보게재 의뢰 및 공포	약 3~4일

*는 법령에 따라 일정하지 않은 경우이다.

2) 국회의 입법과정

국회의 입법과정을 의원입법이라고도 하는데 ① 법률안 발의 ② 법률안 제출 ③ 본회의 보고 ④ 소관(상임)위원회 회부 ⑤ 입법예고 ⑥ 위원회 심사 ⑦ 법제사법위원회 체계 · 자구심사 ⑧ 심사보고서의 작성 · 제출 ⑨ 본회의 심의 ⑩ 정부 이송 ⑪ 공포 순으로 이루어진다.

따라서 국회에서 의결된 법률안은 정부에 이송된 날부터 15일 이내에 대통령이 공포하며, 대통령은 법률안에 이의가 있을 때에는 15일 이내에 이의서를 붙여 국회로 돌려보내고, 재의를 요구할 수 있다.

국회의 폐회 중에도 또한 같다. 재의를 요구받은 국회는 총 재적의원의 과반수 출석, 출석의원의 3분의 2 이상 찬성으로 가결 확정된다.

3. 시행령과 시행규칙 입법과정

시행령(대통령령), 시행규칙(총리령, 부령)은 국회의 심의 · 의결을 거치지 않고 행정기관 내 절차만으로 제정 및 개정 작업이 완료된다. 다만, 공포 후 10일 이내에 국회에 제출해야 한다.

행정내부의 규칙, 지침, 고시 등은 법규의 성격을 갖지 못한다. 그러나 시행령, 시행규칙은 법규이므로 모든 국민에게 효력이 발생한다.

1) 시행령 입법과정

시행령(대통령령)은 법률에서 규정한 사항을 좀 더 구체적으로 정하거나 그 집행에 필요한 사항을 정하기 위해 행정기관의 권한에 따라 만들어지는 하위 법령으로 어떤 법률을 시행하는 데 필요한 규정을 주요 내용으로 하는 명령으로 일반적으로 법률에서 구체적으로 위임받은 사항에 관해 대통령령으로 제정한다.

2) 시행규칙 입법과정

시행규칙(총리령 및 부령)은 국무총리나 행정 각 부 · 처의 장이 법률이나 대통령령의 위임에 의한 위임명령이나 직권에 의한 직권명령을 발할 권한에 따라 제정되는 시행령의 하위 명령규범이다.

사회복지에 관련된 사항은 보건복지부령으로, 가족, 여성, 청소년과 관련된 사항은 성평등가족부령으로 제정된다.

시행령, 시행규칙이 없는 법률도 있을 수 있다. 사회보장기본법, 자원봉사활동기본법 등은 시행규칙이 없다.

〈표 12-2〉 사회복지사업법 · 시행령 · 시행규칙 조문 비교(예)

	사회복지사업법	시행령	시행규칙
제1장	**총 칙**		
제1조	목적	목적	목적
제1조의2	기본 이념	사회복지사업 관련 법률	삭제
제2조	정의	사회복지사의 등급별 자격기준 등	삭제
제2조의2			훈련기관 등
제3조	다른 법률과의 관계	국가시험의 시행 등	사회복지학 전공교과목과 사회복지 관련 교과목
제4조	복지와 인권증진의 책임	시험의 응시자격 및 시험관리	사회복지사자격증의 발급신청 등
제4조의2			사회복지사의 자격취소 등에 관한 세부기준
제4조의3			응시수수료의 반환기준
제5조	인권존중 및 최대봉사의 원칙	시험위원	사회복지사 임면사항 보고 및 보수교육 등
제5조의2	사회복지서비스 제공의 원칙	관계 기관 등에의 협조요청	보수교육 계획 및 실적보고 등
제5조의3			보수교육 관계서류의 보존
제6조	시설설치의 방해 금지	사회복지사의 채용	삭제
제6조의2	사회복지시설업무의 전자화		삭제
제6조의3	삭제		
제7조	삭제	삭제	법인의 설립허가 신청 등
제8조	삭제	사회복지법인의 설립허가신청 등	정관의 변경
제8조의2		이사 추천의 절차 등	
제9조	사회복지 자원봉사활동의 지원 · 육성	특별한 관계에 있는 자의 범위	인가를 요하지 아니하는 정관변경
제10조	지도 · 훈련	감사인 선임 대상 사회복지법인의 규모	임원의 임면보고
제10조의2		임원의 결격사유	
제10조의3		시정요구 없는 임원 해임명령의 세부기준	
제10조의4		회의록의 공개기간 등	
제10조의5		회의록의 비공개 사항	

4. 조례와 규칙의 입법과정

1) 조례 제정과정

조례는 지방자치단체가 법령의 범위 안에서 지방의회의 의결을 거쳐 그 지방의 사무에 관하여 제정하는 법을 말한다.

조례안이 지방의회에서 의결되면 의장은 의결된 날부터 5일 이내에 지방자치단체의 장에게 이를 이송하여야 한다.

지방자치단체의 장은 조례안을 이송받으면 20일 이내에 공포하여야 한다. 지방자치단체의 장은 이송받은 조례안에 대하여 이의가 있으면 20일 이내의 기간에 이유를 붙여 지방의회로 환부하고, 재의(再議)를 요구할 수 있다.

이 경우 지방자치단체의 장은 조례안의 일부에 대하여 또는 조례안을 수정하여 재의를 요구할 수 없다. 이때 재의요구를 받은 지방의회가 재의에 부쳐 재적의원 과반수의 출석과 출석의원 3분의 2 이상의 찬성으로 전과 같은 의결을 하면 그 조례안은 조례로서 확정된다.

지방자치단체의 장이 20일 이내의 기간에 공포하지 아니하거나 재의요구를 하지 아니할 때에도 그 조례안은 조례로서 확정되며, 지방자치단체의 장은 확정된 조례를 지체 없이 공포하여야 한다. 조례가 확정된 후 또는 확정조례가 지방자치단체의 장에게 이송된 후 5일 이내에 지방자치단체의 장이 공포하지 아니하면 지방의회의 의장이 이를 공포한다.

조례는 특별한 규정이 없으면 공포한 날부터 20일이 지나면 효력이 발생한다(지방자치법 제26조). 조례는 의회에서 이송받은 날부터 5일 이내에, 규칙은 공포예정 15일 전에 시·도지사는 행정안전부장관에게, 시장·군수 및 자치구의 구청장은 시·도지사에게 그 전문(全文)을 첨부하여 각각 보고하여야 하며, 보고를 받은 행정안전부장관은 이를 관계 중앙행정기관의 장에게 통보하여야 한다.

〈표 12-3〉 조례 입법과정

제 안		
↓		
의결(출석의원 과반수 이상 찬성)	재의요구 →	재적의원 과반수의 출석 출석의원 2/3 이상 찬성 의결
↓		↓
20일 이내 공포(단체장)		조례 확정 – 공포(단체장)
↓		↓
20일 경과 후 효력 발생		5일 이내 공포하지 아니하면 지방의회의 의장이 공포
		↓
		20일 경과 후 효력 발생

* 의회에서 의결된 조례를 단체장이 공포하지 않으면 의장이 공포할 수 있으며, 이때 단체장은 대법원에 제소할 수 있다.
* 상위법령에 위배되는 기초단체의 일은 광역단체장이, 광역단체의 일은 행정안전부장관이 집행정지결정 신청 및 직접 제소할 수 있다.

2) 규칙 제정과정

규칙은 지방자치단체의 장이 법령이나 조례가 위임한 범위에서 그 권한에 속하는 사무에 관하여 지방의회의 심의 및 의결 없이 제정하는 자치법규를 의미한다.

규칙도 조례와 마찬가지로 특별한 규정이 없으면 공포한 날부터 20일이 지나면 효력이 발생한다(지방자치법 제26조). 공포 예정일 15일 전에 감독관청(도지사·광역시장은 행정안전부장관, 시장·군수 및 자치구의 구청장은 관할 도지사·광역시장)에 보고하여야 한다.

제2절 불문법

1. 성문법과 불문법

법의 근원인 법원(法源)은 일반적으로 법의 존재형식 및 법을 인식하는 수단을 의미하며 그 표현 형식에 따라 성문법과 불문법으로 구분된다.

성문법이란 내용이 문장으로 작성되고 일정한 형식과 절차에 따라 제정 · 공포된 법을 말하며, 이를 제정법 또는 실정법이라고 한다. 성문법의 효력은 상위법이 하위법에 우선한다. 성문법의 단계적 효력의 순위는 헌법을 최상위법으로 하여 법률, 명령(시행령, 시행규칙), 자치법규(조례, 규칙), 국제조약 및 국제법규 등이 있다. 성문법은 문서의 형식으로 표현되므로 내용이 명백하고 국민에게 예측 가능성과 법적 안정성을 보장해 준다는 장점이 있다. 그러나 형식적이고 고정적이어서 사회변화에 적절히 대응하지 못하는 단점도 있다.

불문법이란 문서의 형식으로 표현되지 않은 법이다. 입법기관에 의해 일정한 절차에 따라 제정 · 공포되지 않고 존재하므로 비제정법이라고도 한다.

불문법은 주로 전통이나 경험에 의해 형성된 행위준칙이나 구체적인 사실에 일정한 법규범으로 사회 내에서 수용됨으로써 일종의 역사성을 가진 법규범으로 관습법, 판례법, 조리 등이 있다.

사회가 복잡하게 변화해 가는 오늘날에 인간의 모든 생활 관계를 성문법으로 규율하기에는 한계가 있으므로 불문법의 역할이 필요하다.

2. 불문법의 종류

1) 관습법

관습법은 국가의 입법기관을 통해 제정한 법이 아니고 국가사회 내에서 자연적으로 형성되어 관습의 형태로 존재하는 규범의 내용을 국가가 법으로 인정한 법이다. 그러므로 관습법은 사회에서 사실상 관행으로 계속적이고 일반적으로

쓰이므로 법의 효력을 가지는 불문법을 말한다.

관습법은 영국과 같은 불문법주의 국가에서는 법원(法源)의 주종을 이루고 있다. 성문법주의 국가에서도 성문법이 발달하기 전에는 관습법이 중요한 역할을 하여 왔으나, 제정법이 정비되어 감에 따라 관습법의 역할이 감소하게 되었다.

관습법이 성립하기 위해서는 첫째, 관습이 존재하고, 그 관습이 선량한 풍속 및 사회질서에 위반되지 않고 법적 확신에 따라 지지되어야 한다. 둘째, 관습이 법규범으로 인정받기 위해서는 관습이 어떤 사항에 관하여 그와 관련된 법률에 반대·배치되지 않는 경우나, 그 관습과 동일한 것을 규정하고 있지 않은 경우라야 한다. 우리나라 대법원은 관습법을 인정하고 있다.

민법 제1조에는 "민사에 관하여 법률 규정이 없으면 관습법에 의하고, 관습법이 없으면 조리에 의한다"라고 하여 관습법을 법원(法源)으로 인정한다는 조항이 명시되어 있다.

현행 사회복지법은 그 역사가 짧기 때문에 아직도 관행으로 일반화된 것이 많지 않아 사회복지에 관한 관습이 법원(法源)으로 인정되기가 어려운 경우도 있다. 그러나 현 사회복지법의 규정은 미비한 점이 많아 법해석을 보충하기 위해 관습법을 활용하지 않을 수 없으며, 또한 사회복지법 관련 소송이 많을 것으로 예상되기 때문에 사회복지법으로서 인정되어야 할 것이다.

2) 판례법

판례법은 법원(法院)이 내리는 판결사례가 유사한 사건에 반복·답습됨으로써 그 판례가 일정한 법적 규범의식을 가지게 되는 것을 말한다. 판례법은 최상위 법원(法院)인 대법원의 판례에 의하여 형성된다. 판례는 한 국가의 법원(法院)에 의하여 이루어진 판결이 모아진 것으로서 특히 성문법을 중심으로 하는 국가에서는 실정법과 법현실을 중개하는 역할을 한다.

우리나라의 경우 사회복지에 관한 판례가 많지 않지만 점점 증가하고 있는 추세이다. 군인연금법, 공무원연금법, 국민연금법, 국민건강보험법, 국민기초생활보장법, 사회복지사업법 등과 관련된 판례들이 존재한다. 사회복지권이 구체적 권리로 인정되고 국민의 복지의식이 고양될수록 재판을 통한 권익활동이 활발하게 전개될 것이기 때문에 판례법이 사회복지법의 보충적 법원(法源)으로서의 중요성은 더해 갈 것으로 보인다.

3) 조 리

조리란 사물의 도리, 합리성, 본질적 법칙을 의미한다. 조리는 당연히 그러해야 할 것이라고 인정되는 법해석의 기본 원리이다. 조리가 법원(法源)의 역할을 하는 이유는 재판은 법에 의존해야 하지만 적용해야 할 제정법, 관습법, 판례법이 없는 경우에도 재판은 해야 하기 때문이다. 조리는 이러한 법들에 없을 경우 최종적으르 적용되는 보충적 법원(法源)이다.

사회복지법에서도 조리가 중요한 이유는 현행 사회복지법이 대상자들의 욕구를 적절히 수렴하지 못하고 있으며, 법체계의 미비와 개별 법률의 모호한 내용 때문에 조리에 의해 판단 내지 해석할 수밖에 없는 법령이나 조항 또는 용어가 많기 때문이다. 일반적으로 국가가 법적 규범의식으로서 승인한 사회통념, 신의성실 비례원칙 등이 이에 해당한다.

KEY POINT

국무회의

국무회의(장관회의)는 대통령이 의장인 심의기관이며, 국가 최고정책결정에 있어 행정각부의 정책을 조정 · 결정하는 합의제기관

국회

삼권분립의 이념 아래 국민이 선출한 국회의원을 구성요소로 하는 합의체로 입법 · 예산 · 기타 중요한 국정에 역할하는 헌법기관

법의 제 · 개정 개요

중앙정부는 헌법, 법률, 시행령, 시행규칙을 제정하고 지방정부(지방자치단체)에서는 조례와 규칙을 제정한다.

중앙정부 제정 법

1. 헌법

헌법은 최상위의 법으로 국회의결 후 국민투표로 개정할 수 있다. 본 교재 제1장 헌법의 이해 편에 개정절차를 상세히 기술하였다.

2. 법률

헌법 다음의 규범으로 의원입법과 정부입법 모두 최종적으로 국회에서 의결 후 대통령 공포로 제정되나 대통령은 법률안 거부권이 있다.

3. 시행령(대통령령)

법률의 하위규범으로 시행령은 법률에서 구체적으로 위임받은 사항에 관해 대통령이 제정하는 법이다.

4. 시행규칙(총리령, 부령)

시행규칙은 법률이나 대통령령의 위임받은 사항에 관해 세부적 규칙을 국무총리나 장관이 제정하는 법이다.

지방정부 제정 자치법규

자치를 위하여 지방자치단체가 제정하는 법은 조례와 규칙이 있다.

1. 광역자치조례

광역(시 · 도)자치조례는 해당 지방의회의 의결 후 광역자치단체장의 공포로 제정된다.

2. 광역자치규칙

광역(시 · 도)자치규칙은 광역자치단체장이 지방의회 의결 없이 제정한다.

3. 기초자치조례

기초(시 · 군 · 구)자치조례는 해당 지방의회의 의결 후 기초자치단체장의 공포로 제정된다.

4. 기초자치규칙

기초(시 · 군 · 구)자치규칙은 기초자치단체장이 지방의회 의결 없이 제정한다.

성문법 · 불문법

① 성문법 – 입법기관에서 제정하는 법

② 불문법 – 비입법기관에서 형성된 법

공공단체

① 국가(중앙정부)

② 지방자치단체(지방정부)

법정단체

① 법인단체로 정관이 있다. (정부의 허가 필요)

② 사단법인, 사회복지법인, 재단법인 등

임의단체

① 비법인단체로 정관이 없다. (정부의 허가 불필요)

② 친목단체 등으로 정부의 개입이 없는 자율단체

상가건물임대차 보호법

1. 세입자(임차인)는 다음 다섯 가지 조건을 완성 후 다음 날부터 권리가 보호됨(계약갱신 요구 시 총 10년)

① 소유자와 계약

② 건물인도

③ 사업자 등록

④ 주소 일치(건물등기부등본, 계약서, 사업자등록서)

⑤ 확정일자 날인(세무서)

2. 계약만료 1개월 전까지 조건 변경 통지 없으면 자동연장(묵시적 재계약)

3. 재계약 시 종전 계약서 원본은 보관

영업소 승계

① 사업장을 인수인계한 양수자는 전임자(양도자)의 행정처분을 승계해야 한다.

② 영업소 폐소의 경우 다음 양수자는 6개월 전에는 동일 업종을 개소할 수 없다.

경업금지의무

① 양도자는 동일 시 · 군 · 구 또는 인접지에서 같은 업종을 10년간 개소할 수 없다.

② 인접지에서 경업금지를 약정했으면 같은 업종을 20년간 개소할 수 없다.

– 사회복지법제 실천 관련 주요 지원 제도 –

복지카드

① 장애정도에 따라 행정복지센터 등에서 복지카드 발급(의사의 진단)

② 복지카드 소유자는 통신료 및 고속도로 통행료 등 각종 할인 혜택

장애인 복지제도

① 경증(4~6급) 장애 – 장애수당

② 중증(1~3급) 장애 – 장애인연금

장애연금 · 장해연금

① 장애연금 – 국민연금 가입자에게 지원하는 장애연금

② 장해연금 – 산업재해보험제도로 지원하는 장해연금

의료비 지원 제도

① 수급자

병원 규모에 관계없이 세금으로 의료급여법에 관한 기준으로 지원

② 비수급자

일정규모 이상의 병원 소속 의료사회복지사의 상담 결과로 지원 가능

아동수당

① 8세 미만 아동에게 부모 자산조사 없이 아동수당 지급(보편주의)

② 노인에게 전철 무료이용과 학교 무상급식과 유사한 보편주의 제도

임의계속가입제도

① 국민연금 임의가입

국민연금 가입자가 고액수령을 목적으로 만기 이후에도 계속 가입 가능

② 건강보험 임의가입

근로자가 퇴직 후 종전 직장건강보험료 납입액 정도로 3년간 가입 가능

65세 이상 노인복지제도

1. 지하철 무료
2. 기차(KTX), 항공 및 선박이용 할인
3. 박물관, 공원, 미술관, 고궁 무료
4. 기초연금수급자 통신비 할인
5. 경로공제(자녀의 연말정산 등)
6. 상속세 할인 등

법적 연령 구분		
법률명	구 분	법적 기준
민 법	미성년	19세 미만의 자
근로기준법	연소자	18세 미만의 자
영유아보육법	영유아	7세 이하의 취학 전 아동
아동복지법	아 동	18세 미만의 자
입양특례법	아 동	18세 미만인 자
한부모가족지원법	아 동	18세 미만(취학중인 경우에는 22세 미만)
청소년기본법	청소년	9세 이상 24세 이하인 자
청소년보호법	청소년	만 19세 미만의 자
성폭력범죄의처벌등에관한특례법	아동	13세 미만의 자
아동 · 청소년의성보호에관한법률	아동 · 청소년	19세 미만의 자
청소년복지지원법	청소년증	9세 이상 18세 이하의 청소년
소년법	소 년	19세 미만의 자
	범죄 소년	14세 이상의 죄를 범한 소년
	촉법 소년	형벌 법령에 저촉 행위를 한 10세 이상 14세 미만 소년
	우범 소년	형벌 법령에 저촉 행위를 할 우려의 10세 이상 소년

부 / 록

공소시효 · 소멸시효 요약

<table>
<tr><th colspan="2">공소시효(국가처벌 기한)</th><th colspan="2">소멸시효(민사청구 기한)</th></tr>
<tr><td>1년</td><td>구류
과료
몰수
자격정지</td><td rowspan="2">1년</td><td rowspan="2">상속이의제기
여관비
의복비
학원비
노역채권
식대</td></tr>
<tr><td rowspan="3">5년</td><td rowspan="3">직무유기죄
피의사실공포죄
알선수뢰죄
범인은닉죄
실화죄
폭행죄
과실치상(사)죄
협박죄
명예훼손죄
모욕죄</td></tr>
<tr><td>2년</td><td>재산분할(이혼 시)
징계권
보상권</td></tr>
<tr><td>3년</td><td>보험금청구(교통사고 피해)
손해배상(불법피해 민사청구)
이자채권
임금채권(퇴직금 및 급료)
공사비
부양료
위자료</td></tr>
<tr><td>7년</td><td>상해죄
절도죄
신용훼손죄
횡령죄
배임죄</td><td>5년</td><td>상사채권(상거래채권)
세금환급권(추가입증, 경정청구)</td></tr>
<tr><td>10년</td><td>강간죄(성폭행죄)
강도죄
사기죄
공갈죄</td><td>10년</td><td>일반채권(민사 : 개인 간 금전채무)</td></tr>
<tr><td>공소시효
무제한</td><td>살인죄(사형에 해당)
아동(13세 미만) 성폭행죄
장애인 성폭행죄</td><td>소멸시효
무제한</td><td>원인무효 행위(불법등기 등)</td></tr>
</table>

참고문헌

1. 국내 문헌

강희갑 외(2008). 사회복지법제론. 경기 : 양서원.

김광병(2007). 사회복지법제론. 서울 : 창지사.

김귀환 외(2007). 사회복지법제론. 서울 : 나눔의집.

김기원(2009). 사회복지법제론. 서울 : 나눔의집.

김수정(2017). 사회복지법제론. 서울 : 학지사.

김준호(2007). 민법강의(전정판). 경기 : 법문사.

김진방 외(2014). 박근혜 정부 경제·복지정책의 방향과 과제. 서울 : 서울사회경제연구소.

김필헌(2014). 박근혜 신정부 복지정책의 지방재정 파급효과. 서울 : 한국지방세연구원.

김현중 외(2009). 사회복지법제론. 서울 : 시대고시기획.

김형수(2007). 법령체계와 입법절차. 공법인법률교육자료. 법제처.

김 훈(2007). 사회복지법제론. 서울 : 학지사.

남기민 외(2009). 사회복지법제론. 경기 : 공동체.

모지환 외(2008). 사회보장론. 서울 : 학지사.

박균성(2007). 행정법 강의(제4판). 서울 : 박영사.

박근수(2019). 사회복지법제론. 서울 : 양서원.

박석돈(2005). 사회복지법제 강의. 경기 : 양서원.

박차상(2007). 한국사회복지법 강의(제2판). 서울 : 학지사.

서병진(2007). 노인복지론. 서울 : 솔바람.

양재진(2013). 박근혜 정부의 복지정책 평가. 서울 : 한국정책학회.

양창수(2005). 민법입문(제4판). 서울 : 박영사.

오용식(2007). 자치입법실무. 시·도 법률교육교재. 세종 : 법제처.

오정수(2006). 지역사회복지론(제2판). 서울 : 학지사.

우종모 외(2007). 사회복지법제론. 경기 : 공동체.

유충권(2007). 사회보장법. 강원 : 강원대학교출판부.

윤명선(2004). 인터넷시대의 헌법학. 서울 : 대명출판사.

윤찬영(2007). 사회복지법제론(개정4판). 경기 : 나남출판.
이순형 외(2006). 보육학개론. 서울 : 학지사.
이용재(2019). 사회복지법제론. 서울 : 양서원.
이용환 외(2009). 사회복지법제론. 서울 : 대왕사.
이중엽(2005). 사회복지법제론. 경기 : 유풍출판사.
장동일(2008). 한국사회복지법제론. 서울 : 동문사.
조원탁 외(2009). 사회복지법제론. 경기 : 양서원.
조추용 외(2006). 사회복지법제론. 경기 : 교육과학사.
조추용 외(2009). 사회복지개론. 서울 : 창지사.
조흥식 외(2006). 가족복지학. 서울 : 학지사.
최성재 · 남기민(2006). 사회복지행정론. 경기 : 나남출판.
최승원(2018). 사회복지법제론. 서울 : 학지사.
최정섭(2009). 사회복지법제론. 경기 : 법문사.
함세남 외(2000). 선진국 사회복지발달사. 서울 : 홍익재.
현외성(2009). 사회복지법제개설. 경기 : 공동체.
홍봉수 외(2022). 사회복지학개론. 경기 : 공동체.
홍봉수 외(2022). 지역사회복지론. 경기 : 공동체.
홍봉수 외(2022). 가족복지론. 경기 : 공동체.
홍봉수 외(2023). 사회복지행정론. 경기 : 공동체.
홍봉수 외(2023). 사회복지정책론. 경기 : 공동체.

2. 국외 문헌

Beveridge, W.(1958). *Social Insurance and Allied Services*. London : Her Majesty's Stationery Office.
DiNitto, Diana M., & Dye, Thomas R.(1987). *Social Welfare*. New York : Prentice Hall.
ILO(2002). *Declaration of Philadelphia*. About the ILO, Geneva : International Labour Office.
Specht, H., & Courtney, M. E.(1994). *Unfaithful Angels : How Social Work Has Abandoned its Mission*. New York : The Free Press.
Trattner, W. I.(1994). *From Poor Law to Welfare State : A History of Social Welfare in American Society*(5th ed.). New York : The Free Press.
Zastrow, C.(1990). *Introduction to Social Welfare : Social Problems, Service and Current Issues*(4th ed.). Belmont, CA : Wadsworth Publishing Company.

3. 인터넷 사이트

고용노동부 www.moel.go.kr
고용보험 www.ei.go.kr
국민건강보험공단 www.nhis.or.kr
국민연금공단 www.nps.or.kr
근로복지공단 www.kcomwel.or.kr
대법원 www.scourt.go.kr
대법원 종합법률정보 https://glaw.scourt.go.kr
대한민국국회 www.assembly.go.kr
대한법률구조공단 www.klac.or.kr
법제처 www.moleg.go.kr
보건복지부 www.mohw.go.kr
성평등가족부 www.mogef.go.kr
한국건강가정진흥원 www.kihf.or.kr
한국보건사회연구원 www.kihasa.re.kr
한국사회보장정보원 www.ssis.or.kr
한국사회복지사협회 www.welfare.net
한국사회적기업진흥원 www.socialenterprise.or.kr
한국장애인개발원 www.koddi.or.kr
한국장애인복지관협회 www.hinet.or.kr
행정안전부 www.mois.go.kr
헌법재판소 www.ccourt.go.kr

찾아보기

인명

내용

저/자/소/개

■ 홍봉수
동덕여자대학교 뉴에듀케이션칼리지 교수

■ 길태영
중부대학교 사회복지학전공 교수

■ 민복기
건국대학교 행정대학원 겸임교수

■ 박영애
동원대학교 사회복지학과 교수

■ 이혜경
건국대학교 미래지식교육원 교수

■ 최용희
나주대학교 사회복지실천과 교수

[제6판]
사회복지법제와 실천

|공저자| 홍봉수
길태영 · 민복기 · 박영애 · 이혜경 · 최용희

|1판 1쇄| 발행 2020년 1월 15일
|2판 1쇄| 발행 2021년 8월 1일
|2판 2쇄| 발행 2022년 1월 25일
|2판 3쇄| 발행 2022년 9월 5일
|3판 1쇄| 발행 2023년 8월 7일
|4판 1쇄| 발행 2024년 3월 29일
|5판 1쇄| 발행 2025년 2월 20일
|6판 1쇄| 발행 2026년 1월 20일

|발행인| 김득훈
|발행처| 공동체

|주소| 경기도 고양시 일산동구 호수로 358-39, 동문타워 1차 905호(백석동)
|전화| 031)814-3000(대표)
|팩스| 031)814-3100
|홈페이지| http://www.compub.co.kr
|전자우편| compub@naver.com
|출판등록| 2005년 10월 6일
|등록번호| 제396-2005-36호

|ISBN| 979-11-7554-090-3
정가 21,000원